André Kostolany

Kostolanys Bilanz der Zukunft

Gestern, heute, morgen

Mit einem Vorwort von Johannes Gross

ECON

Die Deutsche Bibliothek – CIP-Einheitsaufnahme

Kostolany, André: Kostolanys Bilanz der Zukunft / André Kostolany. – Düsseldorf: ECON Verl., 1995. ISBN 3-430-15632-7. NE: Bilanz der Zukunft.

Lektorat: Roland Lange. Gesetzt aus der Century, Linotype. Satz: Heinrich Fanslau GmbH, Düsseldorf. Papier: Papierfabrik Schleipen GmbH, Bad Dürkheim. Druck und Bindearbeiten: Mohndruck, Gütersloh. Printed in Germany.
ISBN 3-430-15632-7.

Finanzminister sein: Kann ich nicht.

Bankier sein: Will ich nicht.

Spekulant sein: Das bin ich und bleibe ich.

Inhalt

André Kostolany, der Ratgeber

Von Johannes Gross

Dies ist nicht die Einführung in ein Buch, sondern eine Huldigung an seinen Verfasser. Das neue Buch von André Kostolany braucht sowenig eine Einführung wie die erfolgreichen Bücher, die ihm vorausgingen. Es erklärt sich selber, es führt den Leser auf unmerkliche und unwiderstehliche Weise, denn es ist von jener Leichtverständlichkeit, die sich aus der Klarheit des Gedankens ergibt, und von jener Menschenfreundlichkeit, wie sie anschauliche, anekdotenreiche und witzige Texte haben.

Dieses Buch, das Sie in Händen halten, ist in gewisser Weise die Summe von Kostolanys Börsenweisheit und ökonomischer Erkenntnis, die vor allem auf der tiefen Vertrautheit mit der menschlichen Psychologie beruht. Es wird aber nicht Kostolanys letztes Buch sein, denn wenngleich er gern mit seinem Alter kokettiert – im Frühjahr 1996 tritt er ins zehnte Jahrzehnt seines insgesamt glücklichen Lebens –, so ist seine Vitalität doch derart, daß die Naiven und die Dummköpfe noch Böses von ihm befürchten müssen und seine gescheiten Leser sich noch auf manches freuen dürfen. Er selbst hat bescheiden den Wunsch ausgedrückt, noch die Jahrtausendwende zu erleben, doch insgeheim wird er spätestens anläßlich der Feiern zum hundertsten Geburtstag Ernst Jüngers andere Vorsätze gefaßt haben.

Seit mehr als drei Jahrzehnten ist Kostolany der gute Ratgeber in Geldsachen gewesen, und zwei Generationen sind ihm dankbar dafür. Vornehmlich dem deutschen Publikum ist er beigestanden mit seiner Kolumne in *Capital*, die seit Bestehen der Zeitschrift nicht ein einziges Mal ausgefallen ist, in vielen Büchern und noch viel mehr Vorträgen und in den sich in den letzten zehn Jahren an Häufigkeit steigernden Fernsehauftritten. Die Deutschen hatten auch besonderen Grund, für seinen Rat dankbar zu sein, denn sie sind eine verspätete Aktien- und Börsennation, haben allzulange am Sparbuch gehangen; und sie sind zudem ein Volk, das dank einer großen Inflation und zweier verlorener Kriege keinen bürgerlichen Wohlstand entwickeln konnte, wie er anderen westlichen Nationen längst geläufig war. Kostolany hat auch eine besondere Liebe zum deutschen Publikum entwickelt, die von diesem erwidert wird. Das war nicht selbstverständlich, denn er, gebürtiger Ungar (und ungarischer Patriot ist er geblieben), hatte schon früh eine Neigung zu Frankreich gefunden, wo er noch heute seinen Hauptwohnsitz unterhält. Und er mußte sich während des Zweiten Weltkrieges nach Amerika wenden, das ihm Schutz und Paß gewährte. Deutschland kannte er, aber seine Wirkungsstätte wurde das Land erst in seinen reiferen Jahren. Als niemand Deutschland vertrauen mochte, setzte er auf die deutschen Tugenden der Ordentlichkeit, des Fleißes, der Vertragstreue und behielt damit nicht nur recht, sondern machte auch ein Vermögen, weil die Papiere, die er erworben hatte, nach dem Schuldenabkommen anständig valutiert worden sind. Sein Vertrauen in die deutsche Wirtschaft hat er zu Zeiten Adenauers und Erhards drinnen und draußen wortgewaltig ausgedrückt und nie aufgehört, es zu tun. Ich hatte ihn einmal wegen seiner großen und unleugbaren Verdienste um die Bundesrepublik zum Bundesverdienstkreuz vorgeschlagen, auch beim Auswärtigen Amt mit der Anregung wohlwollendes Gehör gefunden; der Vorstoß scheiterte am Schluß auf dem Schreibtisch des damals amtierenden Chefs des Bundespresseamtes, eines schändlich törichten Menschen, dessen Namen keine Erwähnung verdient und der nicht wollte, daß »einem Spekulanten« der Orden zuerkannt werde.

Nun, ein Spekulant und Hasardeur ist Kostolany gerade nicht, und er rät niemandem dazu, es zu werden. Kostolany ist vielmehr ein Vertreter jener alteuropäisch-bürgerlichen Zivilisation, die Kulturpessimisten vom Aussterben bedroht sehen; ein

Mann von großer literarischer und musischer Bildung, aber gerade kein Geldspezialist im Sinne einer ökonomischen Disziplin und kein Schnellfinger auf dem Börsenparkett, dessen Handwerk er beherrscht, aber nicht übermäßig hochschätzt. Sein bewundertes und sicheres Urteil in der Welt des Geldes stützt sich nicht auf eine in nationalökonomischen oder betriebswirtschaftlichen Seminaren erworbene Expertise, sondern auf die allen vermittelbaren Elemente der Menschenkenntnis, der Menschenerfahrung und des gesunden Menschenverstandes. Sein Rat besteht nicht in Tips, sowenig wie seine frühere Praxis in hektischer Disposition bestanden hat. Was er in tausend Facetten lehrt, ist im Grund immer dasselbe: mit dem eigenen Geld so gescheit, so sorgsam und so umsichtig umzugehen wie mit den anderen Bestandteilen des richtig geführten Lebens. André Kostolany ist kein Prophet und kein Magier, sondern ein Lehrer der Vernunft.

Einführung

Vor mehreren Jahren schrieb ich in eines meiner Bücher als letzten Satz:»Das Leben fängt erst mit 75 an.« Einige Jahre später arbeitete ich an einem neuen Titel und korrigierte mich:»Das Leben fängt erst mit 80 an.« Und noch einige Jahre später, während der Fertigstellung meines nächsten Buchmanuskripts, revidierte ich auf 85 Jahre.

Nun müßte ich, auf die 90 zugehend, mich erneut überbieten. Das werde ich aber nicht tun, da es schon fast eine Unverfrorenheit wäre, zu behaupten, das Leben fange erst mit 90 Jahren an. Mir wird vielmehr deutlich, daß mit meinem nächsten Lebensjahrzehnt der letzte Abschnitt meines Lebens eingeläutet wird.

Und deshalb gehe ich auch nicht mehr zur Börse, wie ich es mein Leben lang getan habe, wenn ich in einer Stadt war, in der sich eine Börse befand. Zu gern lauschte ich den anderen Börsianern, um zu erfahren, was sie tun, und dann das Gegenteil davon selbst zu tun. Heute habe ich Angst, der Allmächtige könnte mich dort entdecken, wenn er wieder einmal auf die Erde schaut und einen Blick auf die Börse wirft.»Was«, würde er wahrscheinlich denken,»der alte Kosto ist noch immer da? Er soll heraufkommen, ich kann ihn hier auch gut brauchen. Seine alten Spezis warten schon auf ihn, und sein Platz am Stammtisch ist noch frei.«

Und ich dürfte mich bestimmt nicht beklagen, denn der Allmächtige war immer gut zu mir. Er hat mich beschützt, auch in den gefährlichsten Situationen, von denen ich als Börsianer unzählige erlebt, aber dank dem Herrn auch überlebt habe. Interessanterweise erhielt ich meine erste»Watschen« nicht »an«, sondern»auf« der Börse.

Meine erste Stellung hatte ich bei einem großen Börsenmakler an der Pariser Börse. Ich erhielt damals von einem Budapester Börsianer den telefonischen Auftrag, 100 Pechiney-Aktien zu kaufen. Mein Chef führte die Order auch ohne entsprechende Deckung aus, weil ich versicherte, den Auftraggeber Emmerich Groß zu kennen. Die Kurse begannen abzubrökkeln, doch das versprochene Geld blieb leider aus. Als die Aktien erheblich gefallen und der Verlust auf mehrere tausend Franc (heute ca. 10 000 DM) angewachsen war, liquidierte mein Chef die Position und machte mich für den Schaden finanziell verantwortlich.

Ein halbes Jahr später fuhr ich in die Ferien nach Budapest. Natürlich führte mein erster Weg zur Börse, wo ich Emmerich Groß zu erwischen hoffte. Ich machte ihm eine Szene und war sogar bereit, ihn physisch zu attackieren. Mein Vater, der kein Börsianer, aber Börsenbesucher war, beobachtete die Auseinandersetzung, gab mir eine Riesenwatschen und sagte: »Marsch, nach Hause!«

Watschen sollte ich in meiner Börsianerkarriere noch unzählige bekommen, allerdings nicht »auf«, sondern »an« der Börse. Und das war auch gut so, denn nur so kann man lernen, was die Börse ist. Hinfallen wird man an der Börse immer wieder. Die Kunst dabei ist, so zu fallen, daß man wieder aufstehen kann.

»Welche Qualitäten muß man haben, um an der Börse erfolgreich zu sein?«, wurde ich einmal in einer Talk-Show gefragt. Meine Antwort war kurz und vielsagend: »Glück!« Und ich gebe gerne zu, daß ich ein Glückspilz war und noch immer bin, denn sonst könnte ich wohl kaum noch mit 89 Jahren ein weiteres Buch schreiben.

Auch wenn ich täglich schlechter sehe und hören kann und mein Gang auf der Straße immer unsicherer wird, funktioniert mein Kopf noch immer gut. Und jeder weitere Tag, an dem ich die Wirtschaft und die Finanzmärkte analysiere, mehrt meine Erfahrung.

Die Ergebnisse meiner manchmal komplizierten Analysen meinen Lesern, Schülern, Zuhörern und Freunden so zu erklären, daß sie jeder versteht, ist heute meine Berufung. Ich betone: erklären, nicht Tips geben. Fußballprofis werden, wenn sie alt sind, Trainer.

Man kann die Börse nicht aus Büchern (vielleicht mit Ausnahme meiner), sondern nur in der Praxis lernen. Ich bin der lebende Beweis dafür, und das Lehrgeld, das ich zahlen mußte, war ein Vielfaches dessen, was die besten Universitäten in Amerika gekostet hätten. Warum ich immer behaupte, volkswirtschaftliche Studien seien nicht nur völlig wertlos, sondern sogar schädlich, um für die Wirtschaft und die Finanzmärkte Prognosen zu machen? Ich kann es beurteilen!

Denn ich gestehe zum Ende dieses Buches – kurioserweise schreibt man die Einführung zuletzt –, daß ich nicht nur Philosophie und Kunstgeschichte, sondern entgegen meinen bisherigen Behauptungen auch Volkswirtschaft studiert habe. Mein Diplom liegt ganz unten in einer verschlossenen Schublade, und ich hüte mich davor, überhaupt daran zu denken. Denn das schwerste Unglück wäre für mich, in das Korsett zu rutschen, in das alle Volkswirte eingeschnürt sind und aus dem sie nicht herauskönnen. Sie rechnen und denken, und zwar in Theorien, die schon falsch waren, als ich sie lernte, und die heute noch weniger richtig sind. So wie Hamlet sagte: »Worte, Worte, Worte«, sage ich: »Zahlen, Zahlen, Zahlen.« Totaler Unsinn, aber mit Methode.

Auch ich kann nicht wissen, was morgen sein wird, aber aufgrund meiner siebzigjährigen Erfahrung weiß ich zumindest, was gestern war und heute ist. Und das ist schon sehr viel, denn die meisten meiner Kollegen wissen nicht einmal das.

Leider läuft für mich die Zeit aus, und es ist fraglich, ob ich das zweite deutsche Wirtschaftswunder, an das ich so fest glaube, noch erleben werde. Oft denke ich an Richard Strauss' Oper »Der Rosenkavalier«, in der Hugo von Hofmannsthal in seinem Text die Marschallin sagen läßt: »Manchmal steh' ich auf mitten in der Nacht und lass' die Uhren alle, alle steh'n.«

Anhalten kann ich die Zeit leider nicht, aber mein wunderbarer Münchener Arzt Dr. Boris Salamander und ich werden uns die

größte Mühe geben, damit sie für mich noch ein wenig weiter-
läuft. Mein größter Wunsch wäre, meine Kolumne für die Ausgabe Januar 2000 des *Capitals* noch schreiben zu können.
Holt mich der Herr aber irgendwann zu sich – sofern ich dieses
Privileg verdiene –, dann würde es mich mit Glück erfüllen,
wenn ich eines Tages meine Freunde, Schüler und Leser unten
sagen höre: »Der Kosto hat doch recht gehabt.«

André Kostolany

München, im April 1995

Die kommenden Jahrzehnte

Herr Kostolany, Sie sind jetzt 89 Jahre alt. Trotzdem sind Ihre Prognosen langfristiger denn je. Wie es in der Welt und an den Finanzmärkten weitergeht, erfährt der Leser ausführlich in diesem Buch. Doch vorab: Wie sehen Sie die grobe Richtung in den kommenden Jahrzehnten?

Ich fange mit einer schlechten Nachricht an. Es wird chaotisch sein, allerdings nur in den Köpfen und zeitweise an den Finanzmärkten. In Politik und Weltwirtschaft sehe ich große Ruhe. Zwei Dinge machen mich so optimistisch:

Das Wichtigste ist der Zusammenbruch der Sowjetunion. Die Spannungen zwischen den beiden Machtblöcken hatten die Welt paralysiert. Jederzeit bestand die Gefahr, daß ein Konflikt entstehen könnte, der sich bis zum Atomkrieg aufschaukelt. Ich selbst habe jeden Morgen ab sieben Uhr vor dem Radio gesessen, immer in der Angst, irgendwo könnten neue Spannungen entstehen. Das ist heute passé. Ich schalte das Radio frühestens um zehn an, und was ich höre, interessiert mich auch nicht sonderlich. Was kann man groß erfahren, außer daß Claudia Schiffer David Copperfield heiratet oder auch nicht. Das neue Zeitalter ist eine Pax Americana, denn die einzig verbleibende Großmacht sind, ob es den Leuten in Europa nun gefällt oder nicht, die USA. Der Friede ist dadurch auf lange Zeit gesichert.

Das zweite Ereignis, das allerdings schon länger wirkt, aber nicht an Bedeutung verloren hat, ist die Abschaffung des Goldstandardsystems. Die Länder können seitdem eine souveräne und an den Bedürfnissen ihrer Wirtschaft orientierte Geldpoli-

17

tik betreiben und müssen sich nicht auf die unsinnige Golddeckung konzentrieren.

Der nobelpreisgekrönte Hindu-Poet Rabindranath Tagore (ich habe ihn als Knabe noch persönlich erlebt) hat gesagt:»Faßt die Flügel eines Vogels in Gold, und nie mehr wird er sich in die Lüfte schwingen.« Da die Weltwirtschaft vom Gold befreit ist, kann sie sich in die Lüfte schwingen. Ich gehe sogar so weit, daß ich nicht nur große Ruhe, sondern eine Wirtschaftseuphorie sehe, insbesondere in Deutschland, wo ich mit einem zweiten Wirtschaftswunder rechne. Und ich glaube, ich habe das Recht, dieses vorauszusagen, da ich bereits das erste Wirtschaftswunder vorausgesehen und als Börsianer davon rasant profitiert habe. Und damals sah es in ganz Deutschland wesentlich schlimmer aus als heute in der ehemaligen DDR. Ich war damals davon überzeugt, daß Deutschland wieder auf die Beine kommen würde. Häuser und Fabriken waren zwar zerstört, das Land glich einem Trümmerhaufen, doch die Tugenden wie Fleiß, Genauigkeit und Pünktlichkeit bestanden weiter. Der zweite Punkt war die Wahl Konrad Adenauers zum ersten Bundeskanzler. Auf ihn baute sich mein Vertrauen auf. Ich kaufte also deutsche Staatsanleihen in ausländischen Währungen, in US-Dollar, britischem Pfund, Schweizer Franken und anderen. Unter ihnen befand sich auch die sogenannte 5½prozentige Young-Anleihe in französischer Währung. Der Kurs betrug 1946 ein Viertel des Nominalwertes von 1000 Franc. Meine Hoffnung war, daß Adenauer die Schulden zurückzahlen würde, um Kreditwürdigkeit und Vertrauen wiederherzustellen. Am Ende erhielt ich nicht die erwarteten 1000, sondern 35 000 Franc für jede Anleihe, die ich zu 250 bzw. 25 Prozent gekauft hatte. Wie das möglich war, werden sich jetzt viele Leser fragen. Der Franc hatte sich während des Krieges extrem abgewertet. Adenauer, der bereits die Vision der deutsch-französischen Freundschaft hatte und sogar mit einem deutsch-französischen Bündnis rechnete, sagte:»Ich kann nicht den Engländern gute Pfunde, den Amerikanern gute Dollars und den Franzosen schlechte Francs zurückbezahlen.« Er stellte die Inhaber der auf Francs lautenden Anleihen daher so, als wären sie im Besitz einer auf Dollar lautenden Younganleihe gewesen. Denn vor Kriegsausbruch betrug der Franc-Dollar-Kurs 50 Franc und nach dem Krieg 500.

Und selbst wenn einige Deutsche heute vom Bazillus der Faulheit befallen sind, so glaube ich, daß die Tugenden immer noch da sind, in Ostdeutschland genauso wie im Westen. An den Finanzmärkten wird der Trend in die gleiche Richtung gehen wie in der Wirtschaft, allerdings nur à la longue. Ich muß erneut mein altes Beispiel zitieren, das mittlerweile von so vielen benutzt wird. Ein Mann geht auf der Straße spazieren. Er hat seinen Hund dabei. Und wie es die Art von Hunden ist, läuft er vor und kommt wieder zu seinem Herrchen zurück. Dann läuft er wieder vor, sieht, daß er zu weit gelaufen ist, und kommt wieder zurück. So geht es die ganze Zeit. Am Ende erreichen sie beide das gleiche Ziel. Doch während der Mann schön langsam einen Kilometer zurückgelegt hat, ist der Hund herumgerast und hat vier Kilometer zurückgelegt. Der Mann ist die Wirtschaft, und der Hund ist die Börse. Wie richtig dieses Beispiel ist, zeigt die Entwicklung der amerikanischen Wirtschaft seit dem Ende der schweren Depression 1930 bis 1933. Die Wirtschaft ist kontinuierlich gewachsen, ein, zwei Male vielleicht auch stehengeblieben oder einen Schritt zurückgegangen, während die Börse hundertmal oben und wieder unten war.

Diese Entwicklung sehe ich auch in der Zukunft. Der Hund wird sehr wild hin und her laufen. Senken die Notenbanken die Zinsen, wird das Publikum so reagieren wie der Hund, der einem Knochen oder Ball hinterherrast. Es ist zuviel sogenanntes Hot Money in den Händen von Spielern, die versuchen, mit Milliardenbeträgen durch minimale Spannen Gewinne zu machen. Eigene Ideen oder Gedanken haben sie nicht. Sie laufen den Tips anderer hinterher, was die Bewegung in die eine oder andere Richtung verstärkt. Das Geld wird vagabundieren, heute in die Emerging Markets fließen und wenig später bei den Derivaten landen. Die moderne Nachrichtentechnik führt dazu, daß alle Börsianer in derselben Minute auf ein Ereignis reagieren.

Auf die Frage, wann wieder ruhigere Zeiten kommen werden, fällt mir eine kleine Anekdote ein. In Wien und Budapest kam es, bedingt durch die große Inflation unmittelbar nach dem Ersten Weltkrieg, zu starken Aufwärtsbewegungen an den Aktienbörsen. Alle spekulierten wild an der Börse herum, jeder wollte schnell Geld machen, Banken und Börsenmakler schossen wie Pilze aus dem Boden. Selbst aus den Kaffeehäusern wurden Banken gemacht. Man sagte damals, Ruhe werde erst dann einkehren, wenn aus den Banken wieder Kaffeehäuser würden. Heute sage ich, ruhige Zeiten werden erst wieder kommen, wenn die Golden Boys an der Wall Street und in den anderen Finanzzentren ihre Jobs los sind und wieder als Staubsaugervertreter und Waschmaschinenverkäufer arbeiten.

Aufgrund dieses Szenarios habe ich ausnahmsweise einen Tip für Anleger, die eine längerfristige Anlage suchen. Normalerweise gebe ich keine Tips, hier aber mache ich eine Ausnahme: Der Anleger sollte zuerst in eine Apotheke gehen und ein Schlafmittel kaufen. Nachdem er dann eine Auswahl erstklassiger deutscher und internationaler Papiere erworben hat, sollte er das Schlafmittel einnehmen und schlafen. Und wenn er den Wecker auf 1998 gestellt hat, wird er beim Aufwachen eine angenehme Überraschung erleben. Die Stürme und Gewitter, die in der Zwischenzeit draußen toben, darf man nicht bemerken. Sonst verkauft der unerfahrene Börsianer in einer zwischenzeitlichen Panik. Ich persönlich gönne mir jedoch den Luxus, wach zu bleiben, da ich trainiert genug bin, mich nicht von der Hysterie anstecken zu lassen. Ich habe mein Geld angelegt, seit Jahren schon, und halte Reserven, um bei eventuellen heftigen Rückschlägen nachzukaufen. Genauso habe ich es im Oktober 1987 gemacht. Und was die Tagesschwankungen betrifft, so verhalte ich mich wie der kleine Moritz, der mit seiner größeren Schwester im Salon sitzt, die auf ihren Freund wartet. Die Schwester möchte den Moritz loswerden und sagt: »Geh schlafen!« – »Ich geh' nicht!« – »Ich geb' dir einen Gulden. Geh schlafen!« – »Ich will nicht!« – »Ich geb' dir zwei Gulden.« – »Nein, ich will nicht!« – »Was willst du denn?« – »Liebe Schwester, ich will zuschauen.«

Zuschauen will ich auch. Ich muß es sogar, um meine Kolumne zu schreiben und weiter Vorträge zu halten. Ich mache meine Prognosen heute ja nicht mehr hauptsächlich für mich, sondern vielmehr für meine Leser und meine Schüler.

Ist die Börse denn heute undurchsichtiger als früher?
Ich muß lachen, wenn ich in der Presse lese, die Börse sei heute undurchsichtiger als früher. Die Börse war immer undurchsichtig. Wäre sie nicht undurchsichtig, wäre es keine Börse. Sie war undurchsichtig, ist undurchsichtig und bleibt undurchsichtig, sie ist allenfalls chaotischer geworden. Im Rückblick erscheinen die Kursbewegungen logischer, weil im nachhinein ihre Ursachen deutlicher werden. Es können in jedem Fall aber nur unerfahrene Börsianer sein, die behaupten, die Börse sei undurchsichtiger als früher. Wer die Börse länger kennt, behauptet dies sicher nicht.

Es ist angenehm, soviel Positives zu erfahren, doch steckt in dieser Zuversicht nicht auch ein wenig Zweckoptimismus, den Sie sich in Ihrem Alter leisten?
Soviel Optimismus mag erstaunen, aber ich war ja nicht immer Optimist. Es gibt keine Richtung, auf die ich festgelegt bin. Ich bin sicher kein Crashprophet, aber genausowenig bin ich ein Euphorieprophet. Ich analysiere die Lage so objektiv wie möglich und ziehe dann meine Schlüsse. Angefangen hat meine Spekulantenkarriere als eingeschworener Pessimist. Mein Freund und Partner, Gottfried Heller, mit dem ich jetzt schon seit über fünfundzwanzig Jahren zusammenarbeite, kann bezeugen, wie oft ich auch pessimistisch war. Aber ich wiederhole: Durch den Zusammenbruch der Sowjetunion ist der Weltfrieden trotz der regionalen Konflikte, mögen sie menschlich auch noch so tragisch sein, so sicher, wie er es seit 1912 nicht war.

Kosto's Erfolgsrezepte

Schwache oder starke Hände –
gegen den Konsens muß man gehen

Haben die oft zitierten Prinzipien, die Ihrer
Anlagephilosophie zugrunde liegen, in diesem
chaotischen Markt denn überhaupt noch Gültigkeit?
Auch wenn die Märkte chaotischer geworden sind, die grund-
sätzlichen Prinzipien meiner Anlagephilosophie bleiben auf
jeden Fall gültig. Die Triebfeder hinter der Spekulation ist die
Gier der Menschen, schnell und ohne Arbeit viel Geld zu
machen. Ein Prinzip, das wohl so alt wie die Menschheit selbst
ist. Ob die Börse steigt oder fällt, hängt entscheidend davon ab,
ob es für die Käufer wichtiger und dringender ist, Papiere zu
kaufen, als es für die Verkäufer ist, Papiere zu verkaufen. Das
Postulat von Angebot und Nachfrage, darauf kommt es an.
Eine noch bessere Erklärung erhielt ich an meinem ersten Tag
an der Pariser Börse. Da sprach mich ein älterer Herr an und
fragte: »Sagen Sie! Ich habe Sie hier noch nie gesehen, sind Sie
neu hier?« – »Ja, ich bin Volontär bei der Firma XY«, entgegnete ich. – »Da Ihr Chef ein guter Freund von mir ist, werde ich
Ihnen sagen, was Sie hier wissen müssen. Alles hängt davon ab,
ob mehr Dummköpfe als Papiere da sind oder mehr Papiere als
Dummköpfe.«
Dieses Prinzip stimmt heute wie damals. Und da speziell an der
Börse die Masse der Teilnehmer Dummköpfe sind, ergibt sich
als Konsequenz, gegen den allgemeinen Konsens, also antizyklisch zu handeln. Steigen die Kurse rasant an, kaufen die
Dummköpfe, ich nenne sie die schwachen Hände, dann muß

man verkaufen. Fällt die Börse in sich zusammen, dann muß man kaufen, weil die Dummköpfe auf der Verkäuferseite stehen. Nicht wegen der eigenen Klugheit, sondern an der Dummheit der anderen verdient der erfolgreiche Börsianer. Diejenigen, die zu den starken Händen zählen, machen maximal fünf Prozent der Börsenteilnehmer aus. Um die mittelfristige Börsentendenz zu prognostizieren, kommt es nur darauf an, zu wissen, ob sich die Papiere in den Händen der starken oder schwachen Teilnehmer befinden. Auf diese Theorie schwöre ich. Oder um es mit Goethe auszudrücken: verkaufen, wenn die Stimmung himmelhoch jauchzend ist, und kaufen, wenn sie zu Tode betrübt ist.

Andere Theorien haben sich im Laufe der Jahre jedoch auch verändert. Ich bin seit über siebzig Jahren an der Börse, da habe ich einiges gelernt. Einer starren Logik darf man nicht folgen. Da denke ich an den berühmten Spruch des Fürsten von Bismarck:»Nur der Ochse ist konsequent, weil er immer das gleiche Heu frißt.« Wer nicht bereit ist, seine eigenen Theorien immer wieder zu überprüfen und zu hinterfragen, der muß untergehen. Der große französische Dichter André Gide hat es folgendermaßen formuliert:»Trauen Sie nie denjenigen, die die Wahrheit schon gefunden haben, sondern nur denen, die sie noch suchen.«

Wie diagnostizieren Sie, ob die Papiere
in starken oder schwachen Händen sind?
Das ist nicht einfach. Man braucht Fingerspitzengefühl, und um dieses zu entwickeln, benötigt man Erfahrung. Im Prinzip handelt es sich um eine Psychoanalyse, bei der man nicht einen einzelnen analysieren muß, sondern die Masse, denn die Börse ist Massenpsychologie. All denen, die etwas über dieses Phänomen erfahren wollen, kann ich Gustave Le Bons *Psychologie der Massen* empfehlen. An der Börse hängt die kurz- und mittelfristige Tendenz zu 90 Prozent von der psychologischen Verfassung der Marktteilnehmer ab. Je nachdem, ob die Papiere in schwachen oder starken Händen sind, fällt ihre Reaktion ver-

schieden aus. Hier liegt auch die Chance für den Spekulanten. Er muß erahnen (von voraussagen kann keine Rede sein), welche Gruppe von Börsianern die Masse der Papiere hält. Reagiert die Börse auf gute Nachrichten nicht mit Kurssteigerungen oder fällt sie sogar, sind die Aktien bei den Schwachen. Steigt sie hingegen, obwohl schlechte Nachrichten bekannt werden, haben die Starken die Papiere. Grau ist aber auch hier alle Theorie. In der Praxis liegen die Stolpersteine. Zunächst muß man lernen, Nachrichten richtig zu interpretieren: Sind sie gut oder schlecht, und wie wird das Publikum auf sie reagieren? Dabei muß man immer berücksichtigen, daß das Publikum selbst nicht weiß, welche Nachrichten gut und welche schlecht sind.

Aber es gibt noch andere Möglichkeiten, die Situation einzuschätzen. Ist die Börse »talk of the town«, wird überall, auf Partys, im Büro, ja sogar an der Bushaltestelle, nur über Aktien gesprochen, dann ist der Börsenkrach nicht mehr weit. Diesen Indikator kann ich aufgrund meiner Popularität besonders gut nutzen. Werde ich häufiger als üblich angesprochen und um Tips gebeten, auf der Straße, im Kaffeehaus oder im Warteraum auf dem Flughafen, ziehe ich mich langsam aus der Börse zurück. Einmal bat mich sogar eine Stewardeß, nach vorne ins Cockpit zu kommen. Der Pilot habe mich erkannt und ein paar Fragen an mich. Die Meinung eines Taxifahrers oder einer Sekretärin über die Wirtschaft und die Börse interessiert mich daher viel mehr als die hochwissenschaftlichen Analysen irgendwelcher Volkswirte. Die interessieren mich überhaupt nicht.

Sie sind früher zur Börse gegangen?

Vor und nach dem Zweiten Weltkrieg, als ich als Spekulant in Paris lebte, ging ich fast jeden Tag zur Börse, und auch heute gehe ich manchmal noch dorthin, obwohl kaum noch wirkliche Präsenzbörsen existieren. Nirgendwo sonst kann ich so viele Dummköpfe pro Quadratmeter treffen wie dort. Ich belausche, was sie sagen, und handele dann genau entgegengesetzt.

Da konnten Sie die Stimmung aufnehmen, spüren,
ob die Papiere in schwachen oder starken Händen
sind. Wie kann der Börsianer das heute erfahren,
wo die Parkettbörsen langsam durch elektronische
ersetzt werden?

Man muß diese Information aus den Kursen herauslesen, so wie ich es vorher beschrieben habe. An den Kursschwankungen, ihrer Heftigkeit und Häufigkeit, kann man ablesen, wie nervös, euphorisch oder hysterisch das Publikum ist. Worauf man jedoch nichts geben kann, sind die Börsenkommentare. Manchmal lese ich sie, um mich zu amüsieren. An einem Tag berichten sie, die Börse war schwächer, weil der Dollar fest war, und am nächsten Tag kann man aus der gleichen Zeitung erfahren, daß die Börse schwach war, weil der Dollar gefallen ist. Manchmal werden Hunderte von Begründungen für die jeweiligen Börsenstimmungen geliefert.

Besonders lachen muß ich, wenn ich höre, daß die Börse angeblich fester war, weil einige Tage zuvor das Handelsbilanzdefizit geringer als im Vormonat gemeldet wurde. Ein absoluter Witz! Auf eine solche Nachricht reagiert die Börse heute nicht einmal fünf Minuten lang, dann ist sie Vergangenheit – »tempi passati«. Ich sage ja immer: »Nicht die Nachrichten machen die Kurse, sondern die Kurse machen die Nachrichten.«

Es braucht aber niemand darüber traurig zu sein, daß er bald nicht mehr zur Börse gehen kann. Insbesondere für den Anleger ist es besser, der Börse fernzubleiben und nicht täglich die Kurse zu studieren. Denn wer nicht absolut darauf trainiert ist, sich von der allgemeinen Stimmung nicht mitreißen zu lassen, für den wird der Börsenbesuch teuer. Wie oft kommt es vor, daß ein Börsianer sich nachts in aller Ruhe überlegt, seine Papiere zu verkaufen, dann zur Börse geht, die Euphorie der Kollegen mitbekommt und am Ende nicht verkauft, sondern noch zukauft. Nur derjenige, der eingebildet ist und sich sagt, das sind alles Dummköpfe, nur ich weiß Bescheid, kann sich der Stimmung widersetzen. Einbildung ist kein schöner Charakterzug, an der Börse ist sie aber häufig nützlich.

Ein richtiger Börsianer muß die Börse in einer Euphorie so verlassen, wie ein verheirateter Mann ein Freudenhaus verläßt: durch die Hintertür, wo man ihn nicht sieht. Genau deshalb rate ich den Leuten ja zu schlafen. Der Schlaf ist ein Schutz gegen die Beeinflussung durch die allgemeine Stimmung.

Wenn aber ein erfahrener Börsianer aufgrund eines Börsenengagements nicht schlafen kann, dann sollte er umgehend den Markt verlassen. Die deutlichste Erfahrung dieser Art machte ich Anfang der achtziger Jahre auf dem Höhepunkt des Goldbooms. Ich war damals sehr stark in Goldminen engagiert. An einem Wochenende, das ich in meiner Münchener Wohnung verbrachte, zerbrach ich mir ununterbrochen den Kopf über meine Minenaktien. Der Goldpreis schien mir völlig übertrieben und der Markt völlig überkauft. Die folgende Nacht war fürchterlich, ich träumte von den Goldminen und wachte immer wieder auf. Am Morgen fällte ich deshalb die Entscheidung, umgehend alle Goldminen zu verkaufen. Am Montag früh informierte ich einige meiner Freunde über meinen Entschluß. Sie alle waren sehr überrascht, glaubten sie doch, daß es gerade keine bessere Anlage gab. Doch ich hatte mich entschieden, rief meinen Broker in Paris an, gab den Verkaufsauftrag und bewahrte mich so vor einem fünfzigprozentigen Kursverlust. Denn nur wenig später kam es zu der von mir erwarteten Reaktion: Der Goldpreis gab stark nach und in seinem Gefolge auch die Goldminenaktien. Seit dieser Erfahrung löse ich eine Position sofort auf, wenn sie mir schlaflose Nächte bereitet.

Haben Sie sich denn auch manchmal mitreißen lassen von der allgemeinen Stimmung?
Ja, und fast immer war das Ergebnis der Spekulation dann negativ.
Verloren habe ich durch diesen Fehler unzählige Male. Ich erinnere mich nicht mehr, wo und wann genau. Nur eine Geschichte, bei der ich Geld gemacht habe, als ich mit der Stimmung gegangen bin, ist mir lebhaft im Gedächtnis geblieben. Es war

Ende der siebziger Jahre zur Zeit des Goldstandards. Ich bin bekanntlich ein großer Feind des Goldes und insbesondere des Goldstandardsystems, und ich war es auch zu jener Zeit. Ich war der festen Überzeugung, der Goldpreis werde nicht erhöht, solange Amerika noch Amerika ist. Und trotz dieser Überzeugung hatte ich doch im Gefühl, daß der Markt nach oben gehen würde. Die Nachfrage war größer als je zuvor, und die Federal Reserve verkaufte laufend große Mengen Gold, um den Preis auf dem festgelegten Niveau zu halten. Außerdem bestand die Gefahr, daß Amerika sich aus Vietnam zurückziehen könnte, was Uncle Sams Stärke und Selbstvertrauen erschüttert hätte. Der Druck in Richtung einer Goldpreiserhöhung, geschürt auch durch die größten Goldlieferanten, Südafrika, die Sowjetunion und einige Schweizer Banken, nahm ein solches Ausmaß an, daß ich begann, an meiner Überzeugung zu zweifeln. Ich geriet in einen Zwiespalt. Sollte ich mich, obwohl ich überall, im Kaffeehaus, bei meinen Freunden, in der Presse und auf Vorträgen verbreitete, daß ich gegen eine Goldpreiserhöhung bin, nun auf die Seite der Käufer schlagen? Ich fragte eine gute Bekannte, und sie riet mir, zu kaufen und niemandem etwas davon zu sagen. Intuition ist an der Börse sehr wichtig. Deshalb ist es oft nützlich, Frauen zu fragen, die bekanntlich über mehr Intuition verfügen als Männer. Daraufhin rief ich meinen Freund und Bankier bei der Schweizerischen Kreditanstalt Genf, Pierre de Bocard, an, um ihn zu fragen, ob er mir 10 000 Unzen Gold finanzieren könne. Er sagte ja, aber nicht für lange Zeit. Also habe ich Gold gekauft. Es war ja gar nicht möglich, etwas zu verlieren; denn der Preis konnte allenfalls auf seinem festgeschriebenen Niveau bleiben. Fallen konnte er faktisch nicht. Bereits vier Tage nachdem ich den Auftrag gegeben hatte, wurde der Markt freigegeben, und der Goldpreis stieg – wenn auch nur bescheiden – an. Von einer offiziellen Heraufsetzung bis hin zu den astronomischen Preisen, von denen die Optimisten träumten, war keine Rede mehr. Ich erzielte einen doch relativ großen Gewinn, aber schämte mich und konnte nicht in den Spiegel schauen. Daß ich, der große

Feind des Goldes, durch Handeln gegen meine Überzeugungen Gewinn gemacht hatte, war eine Blamage. Und leider wurde sie auch öffentlich, da die französische Tagespresse, durch den Hinweis eines indiskreten Freundes, von meinem »Hochverrat« erfuhr und zur Schadenfreude meiner Bekannten natürlich auch darüber berichtete. Der Praktiker hatte Geld gemacht, der Theoretiker hatte sich blamiert. Sollte ich mich nun freuen oder ärgern?

Dann glauben Sie, daß mit Ihren Erfolgsrezepten auch in den nächsten Jahrzehnten Geld zu verdienen ist?
An der Börse gemachtes Geld ist nicht »verdient«. Man kann Geld nur »machen«, wie die Amerikaner sagen. Nur die deutsche Sprache erlaubt es, zu »verdienen«. Amerikaner machen das Geld, Engländer ernten es, Franzosen gewinnen es, und wir armen Ungarn, wir suchen das Geld.
Also Geld machen kann man an der Börse, man kann sogar viel Geld machen und reich werden. Man kann aber auch verlieren, viel verlieren und pleite gehen. Geld verdienen aber kann man an der Börse nicht, machen schon, und ich glaube, daß meine Prinzipien dazu auch in Zukunft dienlich sein werden.
Allerdings rate ich nicht jedem, an der Börse anzulegen, geschweige denn zu spekulieren. Einer alten Dame von siebzig Jahren, die zudem schwache Nerven hat, würde ich eher abraten. Ich sage ja, wer viel Geld hat, darf spekulieren, wer wenig Geld hat, darf auf keinen Fall spekulieren, und wer kein Geld hat, der muß spekulieren. Das ist natürlich witzig gesagt, aber ernsthaft gedacht. Natürlich kann man ganz ohne Geld nicht an der Börse aktiv werden. Für ein kleines Startkapital muß man eben ein bißchen arbeiten. Ich habe einen guten Freund namens Oliver, der Lastkraftwagen fährt, die Börse aber durch und durch kennt. Nur hat er sich verspekuliert und braucht wieder etwas Geld für seine große Leidenschaft – die Börse. Er ist hochintelligent, aber ein Querdenker, und deshalb hat er seine Studien an der Wiener Universität nicht beendet. Und da er kein Diplom hat, ist es heute schwer für ihn, in einer Firma

unterzukommen. Denn das Diplom ist für die Firmen die Garantie, daß der Kandidat kein Analphabet ist.

Ich habe es genauso gemacht, wenn ich pleite war, was oft vorgekommen ist. Ich habe zwar nicht als Lastkraftwagenfahrer gearbeitet, dafür aber als Makler an der Börse, um mit den Provisionen wieder ein Anfangskapital zu verdienen.

Der Gründer der IBM predigte »Think«

Heute arbeiten alle großen Spekulanten und Fondsmanager mit Computern. Können Sie mit Ihrem Kopf da noch mithalten?

Also zunächst muß man unterscheiden zwischen Computer-Trading-Programmen und Kursinformationssystemen. Wenn man heutzutage in die Händlerräume oder die Börsenbüros der Banken und Broker schaut, sieht man vor Bildschirmen fast die Händler nicht mehr. Die allermeisten Computer sind jedoch Kursinformationssysteme und Nachrichtenticker. Sie treffen keine Anlageentscheidungen, sondern sind reines Werkzeug für die Händler oder, wie ich sie lieber nenne, die Golden Boys. Ob diese durch den ganzen Informationswust erfolgreicher werden, bezweifle ich jedoch stark. Das echte Börsenwissen ist das, was übrigbleibt, wenn man alle Details schon vergessen hat. Man muß nicht alles wissen, sondern alles verstehen.

Nun zu den Computertradingprogrammen. Vor ein paar Jahren war ich anläßlich eines Vortrages auf der CeBIT in Hannover. Als ich am Stand von IBM vorbeikam, erkannte mich der Direktor und fragte:»Herr Kostolany, was darf ich Ihnen zeigen, was interessiert Sie besonders?« – »Einen Computer, der mir die Börsenkurse des nächsten Tages ausspuckt, für alles andere besitze ich bereits einen PC«, entgegnete ich.»Welches Modell haben Sie«, wollte er wissen.»Meinen eigenen Kopf« war meine Antwort.»Und ich werde Ihnen erklären, wie ein Computer funktioniert.«

Dann erzählte ich ihm folgenden Witz von Fritz Muliar: In einem kleinen Städtchen in Galizien, irgendwann im letzten Jahrhundert: Der Nachtwächter bezieht seinen Posten auf dem Marktplatz, setzt sich in sein Häuschen, stellt seine Hellebarde und seine Laterne neben sich und schläft ein. Plötzlich weckt ihn ein heller Lichtschein. Was ist das? fragt er sich und beginnt – noch mit geschlossenen Augen – zu überlegen. Vielleicht eine Straßenlaterne? Aber wo gab es im 19. Jahrhundert schon Straßenlaternen in Galizien. Der Mond? Er rechnet nach, Neumond war gerade erst, nein, der Mond kann es auch nicht sein. Er streckt seine Hand aus dem Wachhäuschen heraus, zieht sie zurück. Es regnet. Das Licht der Sterne kann ihn also auch nicht geweckt haben. Daraufhin schaltet sein »persönlicher Computer« auf Schnelldurchgang, er geht die einzelnen Gedankenoperationen noch einmal rasch durch: Es ist keine Straßenlaterne, der Mond scheint nicht, die Sterne können es auch nicht sein. »Also Feuer!« bricht es aus ihm heraus.

Der Direktor hat sich prächtig amüsiert und mich seitdem mehrfach zu Vorträgen eingeladen, bei denen ich den Witz von Muliar natürlich nie auslassen darf. Der Computer kann immer nur so gut sein wie sein Programmierer. Mist hinein – Mist heraus!

Der Gründer von IBM und Vater des modernen Computers, Mr. Watson, war sich dieser Tatsache voll bewußt. Er ließ an jedem Arbeitsplatz ein kleines Schild mit der Aufschrift »Think!« anbringen, wahrscheinlich weil er Angst hatte, die Menschen würden irgendwann versuchen, das Denken den Computern zu überlassen.

Ich will Computer keinesfalls verteufeln. Sie sind in vielen Bereichen eine große Hilfe. Für Archive brauchte man früher große Räume mit vielen Regalen, unzähligen Akten und einer Reihe von Mitarbeitern. Heute steckt so etwas in einem Computer und kann von einer Person bedient werden. Ganz zu schweigen davon, daß die Informationen wesentlich schneller verfügbar sind.

Als Spekulant ist der Computer jedoch völlig ungeeignet. Es entbehrt jeder Logik anzunehmen, ein Computer-Handelspro-

gramm könne auf die Dauer erfolgreich an der Börse operieren. Denn das würde ja bedeuten, daß es ein System gäbe. Und gäbe es eines, würde es irgendwann jeder haben, und dann wäre die Börse keine Börse mehr, weil zu einer Zeit alle verkaufen und keiner kaufen und zur anderen Zeit alle kaufen und niemand verkaufen will. Leider geben sich trotzdem immer wieder Menschen der Illusion hin, sie würden eines Tages den Stein der Weisen finden. Wahrscheinlich sind es die faulen Börsianer, die hoffen, dann nicht mehr nachdenken zu müssen, weil ihr Computer die Börsenerfolge per Knopfdruck erzeugt. Der Spekulant muß täglich alle Nachrichten auswerten und seine Anlagestrategie immer wieder überprüfen. Er darf nie aufhören zu überlegen. Dazu fällt mir eine lustige Geschichte ein: Ich war an der Universität in Mannheim eingeladen, um einen Vortrag zu halten. In meinen Ausführungen hatte ich auch erklärt, daß der Börsianer ständig nachdenken müsse. Am Ende der Veranstaltung fragte mich dann ein Student der Betriebswirtschaft:»Herr Kostolany, wenn man soviel nachdenken muß, lohnt es sich dann überhaupt, Börsianer zu werden?«
Mein Ratschlag an alle Börsianer lautet: Think!

*** Die Computerprogramme basieren fast immer auf Charts. Halten Sie denn nichts davon?***
Nichts will ich nicht sagen, aber ich habe in meiner nun über siebzigjährigen Börsenerfahrung niemanden gekannt, der mit der Chartanalyse dauerhaft Erfolg gehabt hätte. Am Ende waren sie alle pleite. Ich kann natürlich nicht beweisen, daß man mit Charts kein Geld verdienen kann, doch traue ich meiner Erfahrung. Meine Definition: Chartlesen ist eine Wissenschaft, die vergebens sucht, was Wissen schafft. Genau das habe ich einmal bei einer Vortragsveranstaltung in Kulmbach gesagt. Und dann stand ein Mann auf, ein Verleger von Chartheften, und sagte:»Herr Kostolany, sehen Sie sich vor, draußen steht ein Mercedes SL, der mir gehört, und ich bin reiner Chartist.« – »Ja«, sagte ich, »weil Sie Charts verkaufen – und nicht damit operieren.«

Auch ich schaue mir Charts an, allerdings nur langfristige, die mehrere Jahre oder zumindest sechs Monate darstellen. Sie geben ein gutes Bild der Vergangenheit einer Aktie. Schon Konfuzius hat gesagt:»Erzähle mir die Vergangenheit, und ich werde dir die Zukunft erkennen.« Und manchmal kann man aus den Kursbildern sogar etwas ablesen. Eventuell verraten sie, was die Insider machen. Wollen sie Aktien loswerden, oder sind sie im Gegenteil dabei, die Papiere aufzukaufen? Der Chart sieht dann so aus, daß er einen Schritt hinauf- und zwei hinuntergeht, wenn die Insider plazieren wollen, und umgekehrt zwei Schritte hinauf und einen hinunter, wenn sie versuchen, einen größeren Anteil einer Gesellschaft aufzukaufen. Besonders deutlich wird es dann, wenn dieses Bild gegen den allgemeinen Trend läuft. Der Kurs also nach oben geht, während die Börse schwach ist, und umgekehrt der Aktienkurs fällt, während die Börse steigt. Noch ein anderes Chartbild verrät etwas. Ein Kurs fällt langsam, beispielsweise von 120 auf 90. Dann hört er auf zu fallen und steigt wieder ein bißchen. Dann fällt er wieder auf 90, steigt wieder, und das mehrere Male hintereinander. Man kann dann davon ausgehen, daß irgend jemand, zum Beispiel eine Konkurrenzfirma, die Aktie bei 90 aufkauft. Umgekehrt ist es genauso. Kann ein Kurs ein bestimmtes Niveau nicht durchbrechen, dann liegt zu diesem Limit eine große Verkaufsorder im Markt.

Auf diese Charts vertraue ich. Sie stellen jedoch nie die einzige Orientierungshilfe dar. Ergäben meine gründlichen Analysen ein anderes Bild, so würde ich niemals nur aufgrund eines Charts kaufen oder verkaufen. Allerdings handle ich genauso ungern gegen Chartsignale, was mich in einigen Fällen, wie zum Beispiel bei den IOS-Aktien, um einen Gewinn gebracht hat. Ich war der festen Überzeugung, daß Bernie Cornfield und seine IOS pleite gehen würde. Der Chart zeigte aber, daß die Aktie nicht unter zehn Dollar fallen wollte. Ich hatte Angst, short zu spekulieren, weil ich befürchtete, die IOS sei vielleicht noch potent genug, um den Kurs nach oben zu manipulieren.

Irgendwann konnte der Kurs nicht mehr gehalten werden und brach in sich zusammen.

Worauf ich allerdings überhaupt nichts gebe, sind die Charts eines Aktienindexes. Ein Arzt kann zwar aus der Fieberkurve eines Patienten etwas ablesen, aber wohl kaum mit der Durchschnittsfieberkurve aller Patienten eines Krankenhauses etwas anfangen.

Ebensowenig halte ich von Formationen wie Kopf-Schulter, Triangel, Untertasse und Wimpel, mit denen die Chartanbeter von heute operieren. Und inwieweit das Durchbrechen einer 200- oder 38-Tage-Durchschnittslinie eine Bedeutung hat, will mir auch nicht in den Sinn. Ich antworte mit Hamlet: »Totaler Unsinn, aber mit Methode.«

Pleite und Reichtum liegen dicht beieinander

War die erwähnte Spekulation auf die deutsche
Young-Anleihe Ihr größter Börsenerfolg?

Wenn man den gewonnenen Betrag als Maßstab nimmt, war diese Spekulation mein größter Coup. Was prozentuale Wertsteigerungen betrifft, so war Chrysler aber ein noch größerer Erfolg. Ich kaufte die Chrysler-Aktien zu dreieinhalb und verkaufte eine Hälfte, rechnet man die Stocksplits heraus, zu 105 Dollar. Die andere Hälfte habe ich heute noch, und sie würden heute bei 120 Dollar notieren, wenn man zwei Splits berücksichtigt. Ich habe 50 Prozent der Papiere abgestoßen, weil der Anteil der Position an meinem Depot zu groß geworden war. Auf die Spekulation mit der Young-Anleihe bin ich jedoch nach wie vor besonders stolz, weil sie meine Theorie von den vier Gs, die ein erfolgreicher Spekulant braucht, voll bestätigt hat. Das erste G: Gedanken. Ich war mir sicher, Deutschland würde wieder auf die Beine kommen und Adenauer würde, als echter Staatsmann, der er war, die Schulden zurückzahlen.

Außerdem glaubte ich fest an die Richtigkeit meiner Gedanken, das zweite G (Glauben) war also auch erfüllt. Als die Anleihe von

350 auf 250 fiel, habe ich mich nicht, wie meine Freunde, die die Anleihe auf mein Anraten hin erworben hatten, beirren lassen und verkauft. Ganz im Gegenteil: Ich verfügte auch noch über das dritte G – Geld – und habe noch zugekauft. Und zum Schluß bewies ich auch die nötige Geduld (das vierte G!), und darauf bin ich besonders stolz. Denn als sich eine Regelung abzeichnete, sind die Papiere natürlich gestiegen. Ich habe zu dem Zeitpunkt aber nicht verkauft, sondern bis zum Schluß gewartet. Ein Börsenkollege, den ich bei den Bayreuther Festspielen in der Pause von »Tristan und Isolde« traf und von dem ich nie erwartet hätte, daß er sich für Musik und erst recht nicht für eine so schwere Oper interessiert, antwortete auf meine Frage: »Was machen Sie hier?« kurz, aber vielsagend: »Ich warte auf das Ende!« Genau das habe ich mit den Young-Anleihen auch getan. Und am Ende habe ich sie nicht an der Börse verkauft, sondern zu 35 000 Franc für eine Anleihe mit einem Nominalwert von 1000 Franc ausgezahlt bekommen. Und da mir diese Spekulation in so guter Erinnerung geblieben ist, habe ich vor einiger Zeit noch mal eine ähnliche gewagt. Wenn auch mehr zum Spaß.

Nachdem sich Gorbatschow und Reagan zu mehreren Gipfeln getroffen hatten und die Entspannung zwischen den beiden Weltmächten deutlich wurde, hatte ich die Vision, Gorbi würde eines Tages im Westen eine milliardenschwere Dollaranleihe plazieren wollen. Ich war mir sicher, daß der Kredit gewährt werden würde, allerdings nur unter der Bedingung, daß Rußland seine alten Schulden aus der Zarenzeit zumindest ordnete. Ich rief einen Händler dieser sogenannten Non-Valeurs an und bat ihn, mir alte zaristische Anleihen aus der Zeit zwischen 1822 und 1910 zu kaufen. Diese wurden zwar noch mit geringem Umsatz an der Börse notiert, waren aber auf Werte zwischen 0,25 und einem Prozent ihres Nominalwertes abgerutscht, nachdem Lenin 1917 verkündet hatte, daß die neue Sowjetregierung nicht für die Schulden des Zarenreiches aufkommen würde. Wahrscheinlich sind viele dieser Anleihen inzwischen sogar mit dem Altpapier auf dem Müll gelandet. Die ehemaligen Besitzer, oder deren Erben, dürfen sich ärgern. Am 29. Oktober

1991 erkannte Gorbatschow, damals noch Generalsekretär der KPdSU, bei einem Treffen mit François Mitterrand in Paris die Schulden offiziell an. Danach begann ein rasanter Handel in den alten Zarenanleihen. In der Euphorie kletterten sie auf 12 Prozent bzw. 60 Franc für eine Anleihe mit einem Nominalwert von 500 Franc. In den letzten Monaten findet so gut wie kein Handel mehr statt, der Markt ist quasi leer gefegt. Natürlich ist nicht mit einer vollständigen Rückzahlung cash on the table zu rechnen, wie sie bei den Young-Anleihen erfolgte. Darauf habe ich auch nie spekuliert. Die Schulden sind erstens viel älter, und Deutschland war nach dem Krieg noch wesentlich potenter, als es Rußland heute ist. Aber warum sollten sie nicht zu einem stark reduzierten Kurs in neue Anleihen umgetauscht werden, auf die dann die Zinsen gezahlt würden. Das letzte, was ich hörte, ist, daß sie überlegen, sie in neue Aktien privatisierter russischer Unternehmen umzutauschen.

Einige Leser werden sich jetzt vielleicht fragen, wie ich diese Vision haben konnte. Ich möchte mit einer Anekdote antworten. Als ich als junger Mann Auto fahren lernte, sagte mir mein Fahrlehrer: »Sie werden nie wirklich Auto fahren lernen!« – »Warum?« fragte ich entsetzt. »Weil Sie immer auf die Motorhaube schauen. Heben Sie den Kopf, und schauen Sie 300 Meter in die Ferne.« Danach war ich ein anderer Mensch am Steuer. An der Börse muß man es genauso machen. Man muß Phantasie haben – oder wie Einstein es sagte: »Phantasie ist wichtiger als Wissen.«

Den Volkswirten rate ich, ebenfalls den Kopf zu heben und in die Ferne zu schauen, anstatt unentwegt darüber zu diskutieren, ob das Wirtschaftswachstum im nächsten Jahr 3,2 oder 3,3 Prozent betragen wird. Denn ich möchte die Wette wagen, daß es keinen geschulten Volkswirt gibt, der das gleiche Abenteuer gewagt hat.

Eines aber hatte ich aus meiner Spekulation auf die deutsche Young-Anleihe gelernt. Den Kauf der Zarenanleihen habe ich niemandem empfohlen und auch nicht darüber geschrieben. Öffentlich machte ich ihn erst, nachdem Gorbatschow die Schulden offiziell anerkannt hatte.

Haben Sie denn auch oft verloren in Ihrer Börsenkarriere?
Ich sage nicht umsonst, daß, wer nicht zweimal an der Börse Pleite gemacht hat, kein richtiger Spekulant ist. Auch ich habe verloren. Oft, sehr oft sogar, und es gab Zeiten, da war ich so in Schulden versunken, daß ich sogar Selbstmordgedanken hatte. Verlust und Gewinn sind ein unzertrennliches Paar und begleiten einen Börsianer sein Leben lang. Ein erfolgreicher Spekulant gewinnt bei hundert Spekulationen 51mal, und in 49 Fällen verliert er. Von der Differenz muß er leben. Die Relation ist vielleicht ein wenig übertrieben, charakterisiert aber gut, was ich meine. Doch jeder Verlust an der Börse ist gleichzeitig ein Gewinn an Erfahrung. Und diese ist in der Zukunft meistens mehr wert als das, was man gerade verloren hat. Profitieren kann man von den Mißerfolgen allerdings nur, wenn man sie genau analysiert. Und zur Analyse eignen sich die gewinnbringenden Spekulationen weniger als die verlustreichen. Das liegt in der Natur der Sache. Gewinnt man an der Börse, fühlt man sich bestätigt und schwebt über den Wolken. Das Gefühl, man müsse noch dazulernen, verspürt man nicht. Erst ein schmerzlicher Verlust holt einen auf den Boden der Tatsachen zurück. Und dann muß man diagnostizieren, wo der Fehler lag. Der Beruf des Spekulanten, sofern man in diesem Zusammenhang überhaupt von Beruf sprechen kann, ist dem des Arztes am nächsten. Die Diagnose ist das Wichtigste. Kein Arzt kann ohne eine genaue Diagnose therapieren.

Wenn Sie verloren haben, was waren Ihre Fehler?
Die Untersuchung eines Verlustes kann ganz verschiedene Ursachen ans Tageslicht bringen. Manchmal waren meine Überlegungen oder die Schlüsse, die ich aus ihnen zog, einfach falsch. In den dreißiger Jahren, während der schweren Wirtschaftsdepression, hatte ich mein erstes Vermögen durch Short-Spekulation gemacht. Ich war als junger Mann nach Paris gekommen und betrachtete das Leben so wie ein kleiner Junge, der sich am Schaufenster eines Spielzeugladens die

Nase plattdrückt. Mir fehlte der Schlüssel, um mitmischen zu können – das Geld.

Infolgedessen begann ich dieses als das höchste Gut auf Erden zu betrachten. Alles drehte sich fortan nur noch um die eine Sache: Geld! Diese Einstellung war so ausgeprägt, daß mir alle Dinge, die man mit Geld kaufen konnte, viel zu teuer erschienen, das galt natürlich auch für Aktien. Ich stimmte Gustav Hoffmann, einem eingeschworenen Baissier, zu, der von »frivolen Kursen« sprach. Hoffmanns Baissemanie ging allerdings noch weiter. Wenn ihm jemand den Kurs der Aktie XY nannte, sagte er, ohne zu zögern, »zu hoch«, auch wenn er das Papier nicht einmal kannte.

Ich verkaufte damals mit durchschlagendem Erfolg Aktien leer. Ein Papier ging ich short mit 165 bis 170 und deckte mich später zu drei ein. Und das nicht einmal an der Börse, sondern auf der Straße bei den Non-Valeurs, dem sogenannten Markt der feuchten Füße. So nannte man den außerbörslichen Markt, auf dem die Pleiteaktien gehandelt wurden. In Émile Zolas Roman *Das Geld* handelt die »Madame Mechaine mit den feuchten Füßen«. Ich blieb auch nach dem großen Zusammenbruch auf Baisse engagiert, was lange gutging, da die Schuldenprobleme Deutschlands stark in Richtung Baisse wirkten. Deutschland war damals aus dem Ersten Weltkrieg riesige Reparationen schuldig und konnte nicht zahlen. Die Börse fiel während dieser Zeit laufend, bis Präsident Hoover den Vorschlag machte, Deutschland ein Moratorium zu gewähren. Daraufhin drehte sich der Markt und schoß in die Höhe. Viele Baissespekulanten, darunter auch ich, machten Pleite. Ein Budapester beging sogar Selbstmord. Einer meiner Freunde, der Pariser Bankier Maurice Ullmann, machte riesige Verluste, weil seine Firma Stillhalter in Verkaufsoptionen war.

Oft habe ich auch verloren, wenn ich Schulden auf Papiere hatte. Ich gehörte in diesen Fällen nicht zu den hartgesottenen Spekulanten, da mir eines der vier Gs fehlte, nämlich das Geld. Für mich hat ein hundertfacher Millionär, der für 200 Millionen Papiere besitzt, kein Geld, sondern nur einen Saldo. Der Kleinanleger hingegen, der 10 000 Mark Erspartes hat, von dem 6000 Mark in Aktien angelegt sind und der Rest als Reserve auf dem Konto liegt, der hat nach meiner Auffassung Geld. Und wer kein Geld hat, sondern Schulden, der kann auch keine Geduld haben. Denn geht die Börse zurück, muß er verkaufen.

Und wie oft kommt es vor, daß erst alles ganz anders kommt und die erwartete Entwicklung viel später eintritt. An der Börse herrscht eine andere Logik als im normalen Leben. Zwei mal zwei sind dann nicht gleich vier, sondern gleich fünf minus eins. Und der Spekulant, der keine Geduld hat oder der keine Geduld haben kann, weil er kein Geld hat, der kann die Minus eins nicht aussitzen.

Diese Situation habe ich oft erlebt. Die markanteste Erfahrung diesbezüglich machte ich Mitte der fünfziger Jahre. Die New Yorker Börse haussierte. Die neuen, damals revolutionären Branchen wie Elektronik und Computer erschienen mir sehr aussichtsreich. Ich kaufte Aktien dieser Unternehmen, und da ich meinen Gewinn erhöhen wollte, kaufte ich zusätzlich auf Kredit, bis meine Kreditlinie vollständig ausgeschöpft war.

Präsident war zu dieser Zeit Dwight D. Eisenhower, ein Kriegsheld, sonst aber kein Genie. In den Augen der amerikanischen Bevölkerung genoß er jedoch ein riesiges Prestige. Auch Gerüchte über eine Liebesbeziehung mit Marlene Dietrich konnten dem keinen Abbruch tun. Für Wall Street ist es immer ausgesprochen wichtig, daß die Bevölkerung Vertrauen in ihren Präsidenten hat.

Die nächsten Präsidentschaftswahlen standen im folgenden Jahr an, und man ging fest davon aus, daß General Eisenhower wiedergewählt werden würde. Die Börse würde dieses Ereignis vorwegnehmen, dachte ich.

Und dann passierte etwas, womit niemand rechnen konnte. 1955 erlitt Präsident Eisenhower eine Herzattacke. Am Tag darauf stürzten die Aktien an der Wall Street um 10 bis 20 Prozent. Ich sah mich gezwungen, meinem Broker weitere Sicherheiten zu stellen. Da mein Kreditrahmen aber komplett ausgeschöpft war, mußte ich einen großen Teil meiner Position liquidieren, natürlich mit Verlust. Eine erneute Kandidatur Eisenhowers war fraglich geworden, und es breitete sich große Unsicherheit über die weitere Entwicklung aus. Viele meiner Kollegen, die wie ich verschuldet waren, mußten auch verkaufen, was den Abschwung beschleunigte. Einige Tage später verbesserte sich der Gesundheitszustand Eisenhowers. Die Börse begann wieder zu steigen und erreichte die alten Kurse. Der Kurs mancher Papiere verzehnfachte sich später sogar. Für mich leider zu spät.

In eine ähnliche Situation geriet ich einige Jahre später. Im Februar 1962 war ich stark an der Pariser Börse engagiert. Diesmal jedoch ohne Schulden, die Papiere waren bis auf den letzten Franc bezahlt. In Algerien herrschte Krieg. General de Gaulle, der damalige französische Präsident, wollte Algerien eigentlich loswerden. Da die Meinung der französischen Bevölkerung in dieser Frage sehr geteilt war, mußte er taktieren. Und wieder geschah etwas Unerwartetes, das große I (für Imponderabilien) wurde wirksam. Vier französische Generäle probten den Aufstand gegen die Regierung. Ihr Ziel war es, die Unabhängigkeit Algeriens zu verhindern. Die Staatskrise war da, und am Abend herrschte Panikstimmung. Man sprach davon, daß Fallschirmjäger Paris besetzen würden.

Ich entschloß mich, am nächsten Morgen gar nicht erst zur Börse zu gehen. Warum sollte ich meine Nerven belasten. Statt dessen ging ich in mein Lieblingsrestaurant »Chez Louis« (ein international bekanntes tschechisches Beisl), zur damaligen Zeit Treffpunkt von bekannten Film-, Fernseh- und Presseleuten. Ich studierte gerade die Speisekarte, ohne überhaupt an die Börse zu denken, als zufällig ein Kollege ins Lokal kam und mir gleich berichtete, der Börsenkrach sei da. »Sooo?« fragte ich ihn gelassen und genoß in aller Ruhe meinen Lunch.

Ich hatte keinen Zweifel daran, daß General de Gaulle als Sieger aus dieser Krise hervorgehen würde, und da ich keine Schulden hatte, brauchte ich mich nicht zu sorgen. Die Krise war schneller vorüber, als selbst ich es erwartet hatte. De Gaulle hielt eine seiner berühmten Fernsehansprachen. Er appellierte an sein geliebtes Frankreich (»Ma chère vieille France«), und ganz Frankreich stand geschlossen hinter ihm. Die vier untreuen Generäle gaben auf, und nachbörslich wurden bereits die Hälfte der Verluste wieder aufgeholt. Am nächsten Tag war der »Börsenkrach« schon vergessen.

Meine Empfehlung ist vor dem Hintergrund meiner Erfahrungen offensichtlich: Kaufe niemals Aktien auf Kredit!

Kosto's Anlagestrategie

Spekulieren auf das zweite deutsche Wirtschaftswunder

*Sie haben schon gesagt, Sie glauben
an ein zweites deutsches Wirtschaftswunder.
Wie kann der Anleger davon profitieren?*
Ich kann meine Empfehlung speziell auch für Deutschland nur
wiederholen. Man soll deutsche Aktien kaufen, aber zuvor
Schlaftabletten nehmen, um nicht nervös zu werden, wenn der
Hund (die Börse) zurückläuft. Es ist mir unverständlich, wie
Volkswirte und Politiker die deutsche Wirtschaft so krank reden
können. Mir fällt da nur der Ausspruch von Dr. Knock aus dem
gleichnamigen französischen Theaterstück ein:»Jeder Mensch,
der sich wohl fühlt, ist eigentlich ein Kranker, ohne es zu wissen.« Ich sage es umgekehrt: Die deutsche Wirtschaft ist pum-
perlgesund, ohne es zu wissen. Und auch politisch sieht die
Lage gut aus. Ich will nicht verschweigen, daß mein Plädoyer
für die Aktie vor der letzten Bundestagswahl am 16. Oktober
1994 nicht so eindeutig ausfiel. Die Gefahr einer rot-grünen
Koalition, womöglich noch unter Duldung dieser Altkommuni-
sten von der PDS, hat mich wirklich beunruhigt. Eine absolute
Mehrheit der SPD wäre keine Katastrophe gewesen, eine Partnerschaft mit den Grünen dafür um so mehr.
Die Vergangenheit hat oft genug gezeigt, daß sogar eine sehr
kleine Partei in einer Regierung den großen Partner terrorisie-
ren kann. Besonders gut zu beobachten war dies vor einigen
Jahren in dem durch und durch demokratischen Israel. Die
Regierung Shamir mußte immer einen besonders radikalen

41

außenpolitischen Kurs verfolgen, weil sie unter dem Druck von drei bis vier orthodoxen Abgeordneten stand, die von der Lubovitsch-Sekte in Brooklyn (New York) gesteuert wurden. Die Grünen wollen ja sogar aus der Nato austreten und damit fünfzig Jahre Bündnispolitik über Bord werfen. Adenauers Bestreben war es, noch vor Erlangung der deutschen Einheit, Deutschland, wenn nötig auch geteilt, in ein Verteidigungsbündnis einzubetten, um die Mittellage zwischen zwei Machtblöcken um jeden Preis zu verhindern. Zum Glück ist durch Helmut Kohls Sieg dieses Thema nicht aktuell, und dem zweiten deutschen Wirtschaftswunder steht nichts mehr im Weg. Genaugenommen hat es bereits begonnen. Die Entwicklung in den fünf neuen Bundesländern ist doch kolossal. Ich bin häufig zu Vorträgen in der ehemaligen DDR eingeladen und kann eine ungeheure Dynamik feststellen. Überall wird gebaut und investiert. Berlin ist doch eine Boomstadt. Natürlich sind auch ein paar schmerzliche Anpassungen notwendig. Vierzig Jahre sozialistische Sauwirtschaft sind nicht von heute auf morgen auszukurieren.

Mich erinnert diese Entwicklung an mein geliebtes altes Ungarn. Die Ungarn sind bekanntlich ein Volk von Bohemiens; sie essen gut, trinken und genießen das schöne Leben. Einmal im Jahr jedoch mußten sie früher in den weltbekannten Kurort Karlsbad zur Karlsbader Kur, um abzuspecken, was sie sich das ganze Jahr über angefressen hatten. Die ehemalige DDR ist gerade in der Karlsbader Kur. Und ich bin davon überzeugt, daß danach auf dem Gebiet der neuen Länder der modernste Wirtschaftsstandort Europas, wenn nicht der Welt entsteht. Die Bundesrepublik erlebte dieses Phänomen in gleicher Weise nach dem Krieg. Die deutschen Fabriken und Maschinen waren zerstört oder wurden als Reparationszahlungen demontiert. Daraufhin mußte die Industrie komplett neu aufgebaut werden, was zunächst zwar schwierig war, schließlich aber dazu führte, daß die fortschrittlichsten Produktionsanlagen in Deutschland standen. Frankreich, England und die anderen europäischen Länder produzierten mit Vorkriegsmaterial oder den alten in

Deutschland demontierten Anlagen. Der sozialistische Produktionsapparat ist zwar weder zerstört noch demontiert worden, dafür aber so veraltet, daß er im Ergebnis den gleichen Wert hat. Insofern ist die Situation absolut vergleichbar. Städte wie Berlin, Leipzig und Dresden, da bin ich ganz sicher, werden ihren alten Glanz wiedererlangen. Und es ist möglich, ja sogar wahrscheinlich, daß in zehn Jahren die »Wessis« neidisch zu den »Ossis« hinüberschielen (die Trennung in diese beiden Kategorien lehne ich an sich ab). Zum Teil ist es ja heute schon so. Mit den Einkaufscentern, die in der ehemaligen DDR entstehen, kann die westliche Konkurrenz schon nicht mehr mithalten. Ich sage den neuen Bundesbürgern, die momentan von Zukunftsängsten gequält werden: Es kommen goldene Zeiten.

Und damit ist auch das Stichwort für den Anleger geliefert. Natürlich wird ganz Deutschland von den beschriebenen Prozessen in Ostdeutschland profitieren. Und deshalb rate ich jedem deutschen Sparer, der nicht allzu schwache Nerven hat und Kapital besitzt, das er für längere Zeit – Minimum fünf Jahre – anlegen will, Aktien zu kaufen. Dies wird meiner Ansicht nach die beste Anlage der nächsten Jahre sein, so wie sie es in der Vergangenheit auch schon war. Welche Papiere, will ich hier nicht sagen, da sich die Dinge zu schnell ändern. Eine breite Palette erstklassiger Aktien ist niemals falsch. Wer diesen Weg gehen will, kann dies auch über einen Aktienfonds, der in Standardwerten anlegt, tun. Wer speziell die Papiere finden will, die vom Vereinigungsprozeß profitieren werden, muß entweder selbst analysieren oder seine Anlagestrategie mit einem vertrauenswürdigen Berater seiner Bank oder Sparkasse abstimmen. Dabei ziehe ich die Sparkassen und Volksbanken generell den Großbanken vor. Nicht etwa, weil sie mehr wüßten, sie wissen genausowenig, aber sie sind zumindest objektiv. Sie lancieren keine heißen Tips, da sie keine eigenen Aktienbestände haben, die sie loswerden wollen. Das ist bei den großen Instituten häufig anders, ich befolge die Tips von Großbanken deshalb nie. Ich nutze sie nur insofern, als ich das Gegenteil von dem mache, was sie empfehlen. Man muß also entweder selbst überlegen oder sich beraten lassen, aber auf keinen Fall darf der Anleger Tips nachlaufen, denn dann kauft er mit Sicherheit die einzigen Papiere, die nicht steigen.

Wird der deutsche Aktienmarkt aufgrund der deutschen Vereinigung die anderen europäischen Märkte outperformen?

Das weiß ich nicht. Die Märkte sind stärker zusammengewachsen. Ich gebe dem deutschen Aktienmarkt, wie schon gesagt, gute Chancen. Aber es werden auch die anderen Märkte profitieren. Ich sehe ja nicht nur in Deutschland einen großen Aufschwung, sondern, gezogen von der Lokomotive Amerika, in der ganzen Welt. Ich meine, der deutsche Anleger sollte zunächst deutsche Papiere, der Franzose französische und der Holländer holländische Aktien kaufen. Es ist sinnvoller für einen Anleger, die Aktien der Autofirma oder der Bank zu besitzen, deren Kunde er ist. Man kann sich dann einen besseren Eindruck über die Qualität der Produkte verschaffen, als wenn man Aktien von Unternehmen kauft, deren Name man sich kaum merken kann. Persönliche Erfahrungen, die ich mit Unternehmen mache, deren Kunde ich bin, spielen in meiner Bewertung eine viel größere Rolle als die Bilanzen. Die sind ja sowieso frisiert oder zumindest geschönt. Wären sie es nicht, würden Debakel wie das der Metallgesellschaft nicht passieren.

Eine interessante persönliche Erfahrung machte ich 1960 mit der amerikanischen Telefongesellschaft AT&T, die damals noch eine Monopolstellung genoß. Ich arbeitete zu der Zeit als Journalist und hatte mit einer Gruppe von Kollegen Präsident Eisenhower auf seiner Orientreise begleitet. Ich blieb mit Grippe in Neu-Delhi liegen und kehrte später als geplant nach New York zurück. Bei meiner Rückkehr fand ich in meiner Post auch eine Rechnung von AT&T über 8 Dollar und 31 Cent, die aufgrund meiner Reise seit zwei Monaten unbezahlt war. Die Gesellschaft hatte mir daher das Telefon abgeklemmt. Eine wahre Katastrophe für einen Spekulanten. Ich rannte zur nächsten Telefonzelle, rief bei AT&T an, erklärte den Grund für die verspätete Zahlung und bat um sofortige Freischaltung meiner Telefonleitung. Die Antwort war leider nicht die erhoffte: »Nicht so schnell, Mr. Kostolany«, sagte der zuständige Sachbearbeiter, »es genügt nicht, daß Sie nur Ihre Schulden bezahlen. Sie haben durch diesen Vorfall Ihre Kreditwürdigkeit verloren. Um Ihren Anschluß wiederherzustellen, müssen Sie ein Garantiedepot über 200 Dollar einrichten, damit sich solche Fälle nicht wiederholen. Außerdem dauert die Freischaltung vierzehn Tage.« Ich war außer mir vor Wut. Ich wußte noch nicht mal, ob die Börse vielleicht schwach war, und nun erklärte man mir auch noch, daß ich vierzehn Tage auf mein Telefon warten sollte, was mir wie eine Ewigkeit erschien.

Ich entschloß mich, die Schlacht meines Lebens zu kämpfen – David Kostolany gegen Goliath Telefon –, und erwiderte in aggressivem Ton: »So gehen Sie also mit alten Kunden um. Erklären sie einfach ohne genauere Prüfung für nicht kreditwürdig, wegen einer unbezahlten Rechnung über lumpige 8 Dollar 31 Cent. Sie wollen mir auf die Finger klopfen wie einem Kind, um mich zur Disziplin zu erziehen?« – »Das sind unsere Vorschriften«, erwiderte der Mann. »Gut«, antwortete ich ironisch, herablassend und gleichzeitig gehorsam. »Ich werde Ihnen die 200 Dollar überweisen. Oder, wenn Sie wünschen, auch 500 oder 5000 Dollar. Ich muß ja sowieso bezahlen, Sie haben das *Monopol*. Wenn ich telefonieren will, und das muß ich als Journalist in New York, bin ich Ihrer Willkür ausgeliefert. So erpreßt eine Gesellschaft, die vom Staat eine Monopolstellung eingeräumt bekommen hat, den Normalverbraucher. Ich werde meinen Senator und meinen Kongreßabgeordneten fragen, was sie von diesem Vorfall halten.«

Plötzlich wendete sich das Blatt. Die zuvor unbarmherzige Stimme wurde weich und begann zu beschwichtigen: »Mr. Kostolany, gedulden Sie sich bitte einen Augenblick. Wir werden die Sache nachprüfen.« Nach einer Minute kam die Wende: »Seien Sie versichert, wir werden alles tun, um Sie zufriedenzustellen. Morgen früh um sieben Uhr kommt unser Techniker und wird Ihr Telefon wieder anschließen. Die 200 Dollar brauchen Sie nicht zu hinterlegen, wir bitten Sie nur darum, uns eine längere Abwesenheit vorher mitzuteilen, damit so etwas nicht wieder vorkommen kann.« Wie versprochen kam der Techniker pünktlich um sieben Uhr. Um acht Uhr erhielt ich einen Anruf von AT&T. Sie fragten mich, ob alles in Ordnung sei. Seitdem wurde ich bevorzugt behandelt.

Zu der großen Freude, die ich über meinen Erfolg und den wiederhergestellten Telefonanschluß empfand, gesellte sich aber auch ein ungutes Gefühl. Ich war nämlich nicht nur Kunde, sondern auch Aktionär von AT&T. Ich dachte, bei einer Gesellschaft, die sich von einem kleinen Bürger so einschüchtern läßt, bleibe ich gerne Kunde, aber gewiß nicht Partner. Ich verkaufte alle meine Aktien. Und die Entscheidung war richtig. Die Kurse fielen in den folgenden Jahren zwar nicht, entwickelten sich im Vergleich zum Gesamtmarkt aber unterdurchschnittlich.

Emerging Markets – Spekulation à la Schanghai

Viele sprechen heute von den sogenannten Emerging Markets, den Börsen in Schwellen- und Entwicklungsländern. Sind Sie auch investiert?
Nein, das heißt, ich war investiert. Zehn Jahre vor dem Emerging-Market-Boom hatte ich zum Beispiel Korea Fund und Mexico Fund in meinem Bestand. Sogar die an der New Yorker Börse gehandelten Teléfonos de México hatte ich. Sie bescherten mir nicht nur hübsche Gewinne, sondern auch eine erzählenswerte Geschichte, die eindrucksvoll zeigt, wie wichtig es ist, Geduld zu haben und zu schlafen.
Mit der Analyse einzelner Aktien befasse ich mich schon länger nicht mehr. Ich vertraue auf den Rat guter Freunde und alter Schüler von mir, weil ich weiß, daß sie die Börse mit meinen Augen sehen. So kam ich auch zu Teléfonos de México. Mein

guter Freund Wolfdieter Godehardt empfahl mir, Telmex, wie die Aktie unter Börsianern genannt wird, zu kaufen. Da ich seinem Rat vertraute, rief ich meinen Broker an und kaufte bei drei Dollar. Als ich dann einige Jahre später an meinem Kaffeehaustisch in München hörte, daß Teléfonos de México bei über 59 stehen, erinnerte ich mich wieder an meine Aktien. Ich rief meinen Freund Godehardt an und fragte ihn:»Sagen Sie, ich habe diese Teléfonos de México noch in meinem Depot. Haben Sie mir die nicht empfohlen?«–»Ja«, sagte mein Freund mit etwas betrübter Stimme.»Zu welchem Kurs?« fragte ich ihn.»Zu vier Dollar.«–»Das ist großartig, sie stehen bei knapp 60. Haben Sie sie auch noch?«–»Nein«, sagte er,»ich habe bei vier verkauft, weil ich sie zu langweilig fand.« Wenn ich das Papier nicht vergessen gehabt hätte, wäre es mir womöglich genauso gegangen.

Heute habe ich diese Papiere nicht mehr, ich habe sie zu 59 Dollar verkauft, denn seit einiger Zeit sind sie in aller Munde, und das macht mich, wie ich zuvor schon erklärt habe, skeptisch. Sie sind zum Beispiel von Salomon Brothers mit der Prognose empfohlen worden, daß sie bis 100 Dollar steigen. Bisher warten die Anleger vergebens.

1993 sind die Exotenpapiere der Emerging Markets in die schwachen Hände gewandert. Nach den Berechnungen der Befürworter dieser Abenteuerspekulation würden die Kurse sogar um das Zehnfache steigen, wenn nur weniger als 1 Prozent des weltweiten Fonds- und Pensionskassenvermögens in diese Aktienmärkte fließen würde. Diese Statistiken, deren Richtigkeit ich nicht anzweifle, haben nur einen Zweck. Sie sollen das Börsenpublikum ködern und an die Schwellenländerbörsen locken. Diese Börsen sind nur für ausländische Anleger konzipiert. Ich weiß das, da ich einige dieser Märkte beobachtet habe. Französische, deutsche, amerikanische und andere Anleger sollen sich für die Emerging Markets begeistern, damit die Initiatoren des Booms groß abkassieren können. Es ist reine Manipulation. Der erfahrene Börsianer erkennt das sofort. Ich verbiete meinen Freunden und Schülern, sich von dieser Euphorie anstecken zu lassen.

1994 gab es ja bereits zahlreiche Watschen für das Publikum. Einige Börsen wie zum Beispiel Warschau haben Kursrückgänge von über 50 Prozent hinnehmen müssen. Und wer glaubt, noch schnell aussteigen zu können, wenn der Markt zu fallen beginnt, wird ein böses Erwachen erleben. Diese Börsen sind so schlecht organisiert und so eng, daß die Papiere in einer Abwärtsbewegung unverkäuflich sind. In diesem Zusammenhang von Börsen zu sprechen ist an sich schon falsch, Spielhöllen wäre der passendere Ausdruck.

Daß ich strikt dagegen bin, an diesen Börsen Aktien zu kaufen, heißt aber nicht, daß ich die wirtschaftliche Entwicklung dieser Länder pessimistisch sehe. In einer weltweiten Wirtschaftseuphorie werden sie die höchsten Wachstumsraten haben, da ihre Potentiale viel größer sind als die der Industrieländer. Unternehmer, die einen Investitionsstandort mit günstigen Löhnen oder neue Märkte suchen, sollten Direktinvestitionen in diesen Ländern durchaus in Betracht ziehen. Aber an den Aktienmärkten findet ein großes Theaterstück für das Ausland statt, dem man nicht beiwohnen muß.

Wer sich dennoch nicht zurückhalten kann, sollte wenigstens auf die Länderfonds setzen, die von fast allen dieser aufstrebenden Nationen (zum Beispiel Mexico Fund, Indonesia Fund, India Fund) als geschlossene Fonds an der Wall Street gehandelt werden. Das Risiko, einem Schwindelpapier aufzusitzen, ist so etwas geringer, und die Fondsmanager sind mit der jeweiligen Exotenbörse besser vertraut als der Durchschnittsanleger und Spekulant, der fern von den Geschehnissen ist.

Der Preis dieser Länderfonds wird wie bei einer an der Börse gehandelten Aktie aus Angebot und Nachfrage gebildet und nicht wie bei offenen Fonds durch Addition der im Fonds enthaltenen Werte. Häufig kommt es bei diesen Länderfonds auch zu hohen Aufgeldern. Beim Korea Fund war dies besonders ausgeprägt, da es ausländischen Anlegern untersagt war, direkt Aktien in Korea zu erwerben. Derartige Restriktionen existieren zum Teil auch heute noch. Sie bergen aber auch eine Gefahr für den Anleger. Wenn sie abgeschafft werden, gibt es keine

Rechtfertigung mehr für ein Agio, was den Kurs unter Druck setzen kann. Deshalb bleibe ich bei meinem Rat: besser ganz die Hände weg. Warum muß man ausgerechnet in Schanghai, Djakarta und Buenos Aires investieren? In London, New York und Frankfurt kann man sein Geld auch verlieren!

War Deutschland denn nicht auch ein Emerging Market nach dem Zweiten Weltkrieg?

Ich halte diesen Vergleich für eine Beleidigung des gesunden Menschenverstandes. Man kann Deutschland nicht mit Thailand oder Indonesien vergleichen. Ich habe damals auf die deutschen Qualitäten und Tugenden spekuliert. Und die lassen sich nicht durch Bomben zerstören. Das Nachkriegsdeutschland war kein Emerging Market, sondern ein hochentwickeltes Land in einer sehr schweren Krise. Und ich war davon überzeugt, daß Konrad Adenauer die positiven Eigenschaften der Deutschen in einem demokratischen Staat wieder voll zur Entfaltung bringen würde.

Der Vergleich ist genauso dumm wie der Vergleich zwischen dem Haushaltsdefizit Amerikas und dem Brasiliens. Sogar geschulte Volkswirte haben die USA dafür kritisiert, daß ihre Schuldenlast höher sei als die Brasiliens. Das ist ja wohl ein Witz. Absolut gesehen haben sie natürlich recht, aber was hat das schon für eine Bedeutung. Die USA können sich bei ihrer Wirtschaftskraft wohl mehr Schulden leisten als Brasilien. Ein Mann mit einem Jahreseinkommen von 800 000 Mark darf sich für einen Hauskauf doch wohl auch höher verschulden als eine Familie, die über ein Jahreseinkommen von 40 000 Mark verfügt.

Und außerdem verschulden sich die Amerikaner in der Währung, die sie selbst drucken, während Brasilien Dollarschuldner ist. Pleite machen kann daher nur Brasilien. Wäre ich Uncle Sam, hätte ich gegen diese Kritiker einen Prozeß wegen Beleidigung angestrengt.

Sind Länder wie Taiwan, Indonesien oder China nicht das Japan von morgen?

Möglicherweise ja. China ist ein Land mit großem Zukunftspotential. Chinesische Aktien würde ich aber nicht kaufen. Die Chinesen sind zwar das ideale Börsianervolk, weil sie Spieler sind, der chinesische Aktienmarkt ist aber einfach noch zu jung. Japan hatte doch immer schon eine funktionierende Börse. Bezüglich der wirtschaftlichen Potenz aber traue ich China eine Menge zu. Die riesige Bevölkerung ist ein wichtiges Aktivum. Wenn diese Kräfte eines Tages kanalisiert werden, kann China Japan sogar überholen, aber es wird noch lange dauern, bis es dazu kommt. China war so lange kommunistisch, diese Traditionen lassen sich nicht von heute auf morgen auslöschen. Länder wie Taiwan oder Singapur sind zu klein. Die Mentalität und Disziplin der dortigen Bevölkerung entspricht aber der der Japaner, und das ist für den wirtschaftlichen Aufstieg günstig. Die Menschen in dieser Region kennen das Wort Freizeit ja gar nicht. Sie arbeiten wie fleißige Bienen, unentwegt. Das ist ein großer Unterschied gegenüber den alten Industrieländern, wo die Arbeiter in Gewerkschaften organisiert sind und immer höhere Löhne und kürzere Arbeitszeiten fordern.

Wird der Ferne Osten aufgrund dieses Vorteils Europa und Amerika überholen?

In den kommenden zwei Jahrzehnten halte ich das für äußerst unwahrscheinlich. Die Rolle Amerikas und Europas ist noch so dominierend, daß ein solcher Wechsel nicht bevorsteht. In zwanzig bis dreißig Jahren ist es möglich, aber ich will nicht sagen, daß es dazu kommt. Viele sprechen von der Wirtschaftsmacht Japan und Fernost, weil diese einen Überschuß im Handel mit Amerika und Europa erzielen. Aber genau das zeigt doch, wo die wirkliche Potenz ist. Eben in den Ländern, in denen die Japaner ihre Produkte verkaufen können. Dort ist der Wohlstand so groß, daß fast jedes volljährige Familienmitglied ein Auto besitzt und in jedem Zimmer des Hauses ein Fernseher steht. Die Erzeugnisse, die aus dem Fernen Osten kommen, sind zwar voll konkurrenzfähig gegenüber denen, die aus den alten Industrieländern kommen, doch hält der Lebensstandard selbst der Japaner diesem Vergleich nicht im geringsten stand. Dort leben sechzehn Personen in einer Zweizimmerwohnung. Die Immobilienpreise sind in den achtziger Jahren explodiert, so daß der Lebensstandard eher zurückgegangen ist. In der Inflationsrate kam diese Entwicklung nicht zum Ausdruck, da Immobilienpreise nicht in dem Preiskorb, anhand dessen die Teuerungsrate ermittelt wird, enthalten sind. Das ist natürlich eine glatte Manipulation und führt den Vergleich der Inflationsraten ad absurdum. Japan allein kann es sowieso nicht schaffen, den Westen zu überholen. Dafür ist seine Fläche einfach zu klein. China hätte, wie schon erwähnt, eher die Chance. Doch wer glaubt im Ernst, daß es den Chinesen in zwanzig Jahren besser geht als der deutschen oder amerikanischen Bevölkerung.

Japan – die Sonne wird nicht untergehen!

Sie lehnen die Spekulation auf die fernöstlichen Emerging Markets ab. Dann haben Sie auch nie in Japan investiert?
Ach was, natürlich habe ich investiert, und im übrigen lehne ich die Spekulation auf ein fernöstliches Wirtschaftswunder nicht ab. Ich warne nur vor der Manipulation dieser Börsen, die heute stattfindet. Ich habe auch gekauft, nur eben vor vielen Jahren. Ich würde nur nicht gerade jetzt investieren, wo jeder davon spricht. Wenn diese Börsen weit genug zurückgegangen sind, kann man schon etwas machen. Aber nur bis zu höchstens 10 Prozent des Depots und natürlich nur über Länderfonds.
Ich habe bereits 1947 japanische Aktien gekauft. Es ist ja eben das Geheimnis des Börsenerfolges, einzusteigen, bevor die Masse es tut. Was jeder schon über die Börse weiß, macht mich nicht mehr heiß.
Ich gab damals meinem Broker, der Firma Abraham & Company, New York, die auch eine Filiale in Tokio unterhielt, den

Auftrag, mir für 20 000 Dollar (das war zu der Zeit viel Geld) japanische Aktien zu kaufen. Die einzelnen Papiere kannte ich nicht, die Auswahl überließ ich den Experten. Sie sollten mir zehn verschiedene Aktien aus verschiedenen Branchen heraussuchen. Der japanische Markt unterlag jedoch einer Restriktion: Ich mußte die Aktien in Dollar bezahlen, bekam beim Verkauf aber japanische Yen zurück, die ich nicht in Dollar zurücktauschen konnte. Die Dividenden wurden allerdings in Dollar überwiesen. Ich war trotzdem bereit, das Risiko einzugehen, und es hat sich gelohnt. Bereits nach drei Jahren hatte ich den Kaufpreis durch Dividendenzahlungen zurückerhalten. Man kann sich vorstellen, wie stark die Papiere gestiegen waren. Gegen Dollar konnte ich sie jedoch noch immer nicht verkaufen. Ich blieb deshalb weiter engagiert, bis die Restriktionen aufgehoben wurden. Der Gewinn war später um so größer.

Ist Japan nach dem Börsenzusammenbruch ein Thema für Sie?

Japan war in den achtziger Jahren kein Thema für mich. Und es ist auch heute kein Thema für mich, denn die Zeit der breiten Hausse, in der alle Papiere steigen, ist vorbei und wird auch so schnell nicht wiederkommen. Sie war getrieben von einem gigantischen Preisanstieg auf dem Immobilien- und Grundstücksmarkt, der so weit ging, daß zu den besten Zeiten eine Quadratmeile in der Tokioer City mehr wert war als die gesamte Fläche Kaliforniens. Das Spiel war einfach: Immobilien wurden beliehen, um davon Aktien zu kaufen.

Das trieb die Aktienkurse in die Höhe. Gleichzeitig belieh man die gestiegenen Aktien, um wiederum in Immobilien zu investieren. Das trieb die Immobilienpreise weiter nach oben und brachte neue Mittel für den Aktienmarkt. Von der Regierung wurde dieses Treiben mit extrem niedrigen Zinsen zusätzlich angeheizt. Die Kauflust der Japaner war hemmungslos. Sie kauften Firmen, Hotels und Immobilien auf der ganzen Welt. Auch die europäische Kunst fand ihr Interesse. Werke von van

Gogh erzielten nie dagewesene Spitzenpreise. Auch ich wurde ein Opfer dieser Kaufsucht. Ich sammle alte Bücher, insbesondere solche über die Börse und Finanzen. Einige seltene Stücke darf ich mein eigen nennen. Ein besonderes Juwel fehlt mir noch in meiner Sammlung. Es ist das erste Buch über die Börse, geschrieben von José de la Vega, einem Philosophen und Spekulanten, der als Sohn spanisch-jüdischer Flüchtlinge nach Amsterdam gekommen war. Es ist 1688 in spanischer Sprache mit dem Titel *Confusiones de Confusiones (Verwirrungen der Verwirrungen)** in Amsterdam erschienen. Ich habe es bereits mehrmals in deutscher Sprache gelesen – es wurde 1912 übersetzt –, und ich kann es jedem Börsianer nur empfehlen. Es ist ein Erlebnis, aus einem Buch von 1688 zu erfahren, wie die Börse auch heute noch funktioniert. Außerdem zeichnet es ein wunderbares Bild der Amsterdamer Börse im 17. Jahrhundert. Seitdem ich es gelesen habe, suche ich ein Original der ersten Auflage in spanischer Sprache. Bis heute habe ich es aber leider nicht gefunden. Sogar die größte Wirtschaftsbibliothek in Boston, die Kress Library, hat es bis vor zwanzig Jahren nicht gehabt.

Vor einigen Jahren las ich in München in der Zeitung, daß ein Exemplar bei Sotheby's in London zur Versteigerung kommt. Ich ging daraufhin in München zu Sotheby's, um mir im Katalog anzuschauen, ob es sich wirklich um das Original in spanischer Sprache handelt. Es war das gesuchte Exemplar. Im Katalog war es auf 2000 bis 3000 Pfund taxiert. Ich fragte einen Angestellten des Auktionshauses, wieviel ich bieten müßte. Er sagte mir, daß 3000 Pfund bestimmt genügen würden. Ich wollte sicher sein und limitierte mein Gebot bei 5000 Pfund. »Todsicher bekommen Sie es«, sagte der Mann daraufhin.

Es kam der Tag der Versteigerung, und zu meiner großen Enttäuschung ging ich leer aus. Der erzielte Preis belief sich auf 18 000 Pfund. Nichts interessierte mich mehr, als zu erfahren,

---

* *Verwirrungen der Verwirrungen* ist 1994 im Börsenbuchverlag neu aufgelegt worden.

wer bereit war, diesen Preis zu zahlen. Ich erfuhr, daß ein japanischer Käufer das Buch erworben hatte, und fragte mich: »Was will ein Japaner mit einem spanischen Buch über die Amsterdamer Börse? Hätte es in meiner Bibliothek nicht einen heimischeren Platz gefunden?« Für mich war es ein Trauertag, denn mir war klar, daß ich das Buch nicht mehr besitzen würde. Erstens, weil es unwahrscheinlich ist, daß noch mal eines auftaucht, und zweitens, weil ich nicht bereit wäre, einen derart hohen Preis dafür zu bezahlen.

Die Kauflust der Japaner trieb noch andere interessante Blüten. Immer wenn ich in Paris bin, sitze ich täglich im Kaffeehaus auf den Champs-Élysées und sehe mir das bunte Treiben an. Es ist eine alte Pariser Geschichte: Halb Paris sitzt auf den Terrassen der Kaffeehäuser,und die andere Hälfte geht vorbei. In der großen Shoppingzeit der Japaner bestand die vorbeilaufende Hälfte zu 50 Prozent aus jungen japanischen Frauen mit unzähligen Plastiktüten an beiden Armen. Sie kauften, was man kaufen konnte. Der Firma Louis Vuitton ging diese Kaufwut zu weit. Sie führten die Regelung ein, daß Japaner nur noch für maximal 3000 Franc, also 1000 Mark, einkaufen können, damit nicht jeder von ihnen mit Louis-Vuitton-Artikeln herumläuft. Das muß man sich einmal vorstellen. Ein Geschäft, das vom Verkauf lebt, lehnt es ab, noch mehr umzusetzen, wenn die Käufer Japaner sind. Nach dieser neuen Regelung passierte es sehr oft, daß die Japanerinnen gutangezogene Franzosen auf der Straße ansprachen und darum baten, für sie bei Louis Vuitton einzukaufen. Heutzutage, so hörte ich, sind die Chinesen und die russische Mafia große Kunden.

Und so, wie die Söhne Nippons alles kauften, investierten sie natürlich auch in die eigenen Aktien. Ich habe seit den siebziger Jahren keine japanischen Aktien mehr gekauft. Zugegeben, ich hätte viel Geld machen können, aber mir war die Mentalität zu fremd. Ich hatte kein gutes Gefühl dabei, mich zu engagieren, denn ein Börsianer muß auch auf seine Intuition hören.

Die angeblich zu hohen Kursgewinnverhältnisse, vor denen die geschulten Volkswirte immer warnten, hätten mich jedoch nicht gestört. Die Bilanzen japanischer Unternehmen sind so ohne weiteres nicht mit denen westlicher zu vergleichen. Japanische Aktiengesellschaften machen insgesamt drei Bilanzen – eine für das Finanzamt, eine für die Banken und eine dritte für die Aktionäre. Mein Freund Carl Zimmerer, der erste Unternehmensberater im Nachkriegsdeutschland, sagte immer: »Eine Bilanz ist so, wie man sie macht.«

Die große Shoppingzeit ist jetzt aber vorbei.
Ja, in der Tat. Es mußte, so wie immer, böse enden. Die japanische Regierung, die das Treiben eine Zeitlang sogar mit angeheizt hatte, versuchte durch schrittweise Zinserhöhung ein sogenanntes »soft landing«. Doch das mußte schiefgehen, schon früher sagte man in Frankreich: Die Rothschilds können eine Hausse machen, die Baisse aber nie verhindern.
Es war aus volkswirtschaftlicher Sicht klar, daß die Immobilien nicht ewig weiter steigen konnten, sonst hätte sich bald kein japanischer Arbeiter mehr eine Wohnung leisten können. Und wenn etwas nicht mehr steigen kann, dann muß es fallen, das ist ein altes Börsengesetz. Genau so geschah es, und die fallenden Immobilienpreise rissen die Aktien mit herunter. Dies alles passierte aber nicht, wie die meisten es erwartet hatten, im Rahmen eines weltweiten Crashs, sondern aus heiterem Himmel, als die Stimmung an den anderen Weltbörsen gut war. Und auch die von Japan ausgehende Crashwelle, mit der so viele im Falle einer scharfen Baisse am Tokioer Aktienmarkt gerechnet hatten, blieb aus.
Es ist ein anderes altes Gesetz an der Börse: kein Boom ohne nachfolgenden Krach und kein Krach ohne nachfolgenden Boom. Und damit ist auch schon viel gesagt. Die Sonne wird am Kabuto Cho weiterhin aufgehen. Japan steckt in einer tiefen wirtschaftlichen und politischen Krise, gar keine Frage. Aber diese wird den japanischen Qualitäten genausowenig anhaben können wie der Zweite Weltkrieg den deutschen Tugenden. Der Fleiß und die Disziplin sind noch immer da. Und der Produktionsapparat ist intakt, sonst wären die Handelsbilanzüber-

schüsse trotz des gestiegenen Yens kaum auf Rekordniveau. Wann der nächste Boom kommt oder ob die Kurse vielleicht noch einmal fallen, weiß ich nicht. Es bleibt für mich ein fernöstliches Rätsel.

Uncle Sam bleibt!

Sie haben in Ihrem 1983 erschienenen Buch Im Wunderland von Geld und Börse *gemahnt:»Vergeßt mir Amerika nicht.« Bis heute hat sich der Ratschlag in barer Münze ausgezahlt. Halten Sie ihn aufrecht?*
Ja, absolut! Meine Noten für Amerika sind erstklassig. Den Vorsprung, den die Japaner eine Zeitlang hatten, haben die Amerikaner aufgeholt. Besonders gut ist dies in der Autoindustrie zu beobachten. Die drei großen Hersteller, Chrysler, General Motors und Ford, gewinnen langsam Marktanteile zurück, und viele der japanischen Autos, die in den USA verkauft werden, sind in Amerika gefertigt. Die Söhne Nippons haben längst entdeckt, daß die USA einer der besten Produktionsstandorte der Welt sind. Die Löhne sind niedrig, und die Unternehmensbesteuerung (seit Reagans Steuerreform 33 Prozent) ist ein Investitionsanreiz par excellence. Aber der eigentliche Punkt ist noch ein anderer. Ich will ihn am Beispiel meiner großen Leidenschaft, der Musik, erklären. Ich bin immer wieder großen japanischen Musikern begegnet. Sie sind hervorragende Streichinstrumentalisten und Pianisten und auch gute Dirigenten.
Ich habe einmal ein Orchester gehört, in dem sechzig junge japanische Mädchen Cello spielten. Man stelle sich vor: sechzig Celli. Es war ein einmaliges Konzert. Die Japaner sind, und dieser Ruf eilt ihnen auch voraus, hervorragende Instrumentalisten, aber sie haben nicht einen großen Komponisten. Die Kreativität liegt in Amerika und Europa und nicht in Japan.
Das zeigt auch alljährlich die Vergabe der Nobelpreise. Die naturwissenschaftlichen Auszeichnungen gehen entweder an

Europäer oder sehr oft an Amerikaner, aber es gibt nur ein oder zwei japanische Nobelpreisträger.

Der in meinem Buch *Im Wunderland von Geld und Börse* ausgesprochene Optimismus hinsichtlich der Entwicklung Amerikas gründete sich auf den kurz zuvor ins Weiße Haus eingezogenen Präsidenten Ronald Reagan. Ende der siebziger und Anfang der achtziger Jahre lag das Selbstvertrauen der Amerikaner am Boden. Die Watergate-Affäre, der verlorene Krieg in Vietnam und zuletzt noch das mehr als ein Jahr dauernde Geiseldrama in der amerikanischen Botschaft in Teheran hatten deutliche Spuren hinterlassen.

Ich jedoch war der festen Überzeugung, daß das Selbstvertrauen nur schlief, und meine Hoffnung war, der Cowboy Ronald Reagan würde es wiedererwecken. Als wenige Stunden nach dem Amtsantritt Ronald Reagans die Geiseln freigelassen wurden, hatte ich keinen Zweifel mehr. Ein neues Zeitalter war angebrochen. Nicht nur politisch, sondern auch wirtschaftlich. Der neue Mann im Weißen Haus würde auch die Kraft haben, die durch den zweiten Ölpreisschock zweistellig gewordene Inflationsrate unter Kontrolle zu bringen. Die Hochzinspolitik, die Reagans Notenbankpräsident Paul Volcker betrieb und die in Europa so hart kritisiert wurde, war zunächst unvermeidbar. Wenn Politiker wie der damalige Bundeskanzler Helmut Schmidt über das Zinsdiktat Amerikas schimpften, fiel mir immer ein Zitat Mozarts ein. Als er Joseph II. Passagen aus Figaro vorspielte, bemerkte der Kaiser: »Ihre Melodien sind sehr schön, aber enthalten sie nicht ein wenig zuviel Noten?« – »Nicht eine Note mehr, Majestät«, sagte Mozart, »als unbedingt nötig.« Die gleiche Antwort paßte auf die Kritik an der Hochzinspolitik Amerikas. Nicht ein Prozent höher als unbedingt nötig.

Und im Sinne Wilhelm Buschs ging es weiter: »Dies war nur der erste Streich, der nächste folgt zugleich.«

Nachdem die Inflation unter Kontrolle war, begann die Federal Reserve, die Zinsen wieder langsam zu senken, und leitete den längsten Wirtschaftsaufschwung seit dem Zweiten Weltkrieg ein. Europa profitierte hiervon enorm. Die Binnenkonjunktur und die Konsumlust der Amerikaner waren so stark, daß die Volkswirtschaften der europäischen Länder über den Export in die USA angekurbelt wurden. Durch den gestiegenen Dollar, der die Importe der USA zusätzlich ankurbelte, entstand dann das Handelsbilanzdefizit. Die Kritik führender europäischer und insbesondere deutscher Politiker am US-Handelsbilanz- und Haushaltsdefizit war insofern auch der blanke Hohn. Schließlich hatte dieses Zwillingsdefizit sie aus der Rezession befreit. Und ähnliches ist im jüngsten Aufschwung Deutschlands wieder zu beobachten. Der Impuls kam ausschließlich von den Auslandsaufträgen und nicht von der Binnenkonjunktur. Und die Belebung der Weltkonjunktur ist Amerikas solider Binnenkonjunktur zu verdanken, die die Funktion einer Lokomotive für die Weltwirtschaft wieder einmal übernommen hat. Diese Rolle werden die USA auch noch jahrelang behalten. Ich bin daher der Meinung, daß sich deutsche Wirtschaftspolitiker nicht den Kopf über Amerikas Wirtschaftsprobleme zerbrechen sollten. Uncle Sam kommt sehr gut ohne ihren Rat klar, und außerdem gibt es hierzulande genügend Probleme, mit denen sie sich befassen können.

Und da wir beim Thema sind, möchte ich noch mit einem weiteren Vorurteil aufräumen. Viele deutsche Wirtschaftsexperten werfen den Amerikanern vor, ihre Sparquote sei zu gering, die Verschuldung der Privathaushalte zu hoch und sie würden über ihre Verhältnisse leben. Muß der Amerikaner denn so unklug sparen wie der deutsche Michel – in Renten und auf Sparbüchern mit mageren Zinsen? Die Amerikaner kaufen Aktien, die in die Sparquote nicht eingerechnet werden. Und ist Aktienkauf nicht ebensogut, wenn nicht sogar besser gespartes Geld? Zur Verschuldung der privaten Haushalte und zum Leben über die Verhältnisse habe ich meine ganz spezielle Antwort: die Fortsetzung der berühmten Fabel von La Fontaine über die Grille und die Ameise. Wie wir wissen, bildet die Ameise den ganzen Sommer Reserven für den Winter. Die Grille dagegen singt nur, tut sonst nichts und kommt im Winter in große Not. Sie muß die Ameise um Hilfe bitten. »Du hast doch den ganzen Sommer gesungen, nun tanze!« gibt die Ameise brutal zur Antwort. Das ist die Lehre von La Fontaine.

In meiner Version geht es um eine amerikanische Grille. An einem der ersten Frühlingstage kommt die Ameise aus der Erde. Selbstzufrieden, den Winter überlebt zu haben, reibt sie sich die Hände und macht wieder Pläne zum Sparen für den Winter. Und was sieht sie plötzlich? Einen großen Rolls-Royce und die Grille darin, eine große Havanna in der Hand, fröhlich singend, wie immer. Erstaunt fragt die Ameise:»Woher hast du das alles?« –»Ich hab' so meine Methoden.« –»Und was machst du jetzt?« Die Grille jubilierend:»Ich fahre nach Paris, um mich zu amüsieren.« Daraufhin meint die Ameise:»Wenn du nach Paris fährst, habe ich eine Bitte an dich: Sei so gut, besuche Monsieur La Fontaine und überbringe ihm von mir Goethes Götz-Zitat.«

Mein unerschütterlicher Optimismus für Amerika und meine Überzeugung, daß der Riese nur schlief und nicht tot war, beruhte auf meinen persönlichen Erfahrungen in Amerika während des Zweiten Weltkrieges zwischen Pearl Harbor und Victory Day. An jedem einzelnen Tag erlebte ich die Kraft Amerikas. An den Kriegsausbruch für die Vereinigten Staaten erinnere mich noch, als wäre es heute. Ich saß in meinem Wagen und hörte im Radio von der Zerstörung der amerikanischen Flotte in Pearl Harbor, so wie meine Mutter 27 Jahre früher über den Nachrichtentelefondienst vom Attentat in Sarajevo erfahren hatte. Und dann kam die große Rede Präsident Roosevelts, in der er offiziell den Kriegszustand mit dem japanischen Kaiserreich verkündete.

Genauso überraschend, wie der Angriff auf Pearl Harbor Amerika traf, genauso organisiert bereiteten sich das Land und die Wirtschaft auf den Krieg vor. Zahlreiche Kommissionen wurden gebildet, die das tägliche Leben dem neuen Zustand anpaßten. Dekrete über Dekrete wurden erlassen und organisierten die Industrie so, daß sie optimal auf den Krieg eingerichtet war. Viele Artikel durften aus Ersparnisgründen nicht mehr produziert werden. So wurden während des Krieges zum Beispiel keine Füllfederhalter, Taschenradios und Schreibmaschinen für den privaten Gebrauch mehr gefertigt. Zusätzlich wurden die Konsumenten durch ganz neue Werbung der Industrie zum Sparen animiert. Ich erinnere mich noch genau an eine Werbung von General Motors, die nach den von diesem Unternehmen finanzierten NBC-Konzerten lief. Jeden Sonntagnachmittag, wenn Millionen von Amerikanern an den Radios saßen, um die unter der Leitung von Arturo Toscanini stattfindenden Konzerte zu hören, erklang sinngemäß folgender Werbespot: »General Motors ist da, um immer mehr und mehr Produkte für immer mehr und mehr Menschen zu erzeugen. Aber heute ist Krieg unser Geschäft, und wir fordern den Amerikaner auf zu sparen.« So forderte die Industrie mit ihrer Werbung das Publikum auf, die eigenen Produkte nicht zu kaufen. Eine im Grunde unvorstellbare Sache. Dieser Zusammenhalt von Staat und Industrie in Notsituationen macht einen Teil von Amerikas Stärke aus. Und er existiert noch immer. Wenn zum Beispiel eine kleine amerikanische Bank in finanziellen Schwierigkeiten steckt, dann fordert die zuständige Kommission sehr häufig eine der großen Banken, wie J. P. Morgan oder Chase Manhatten, auf, die notleidende Bank zu übernehmen, und das Thema ist erledigt.

Eine Maßnahme während des Zweiten Weltkrieges, über die sich die Europäer besonders amüsierten, wurde von der Textilindustrie ergriffen. Die zuständige Kommission hatte angeordnet, daß zu zweireihigen Herrenanzügen keine Westen mehr getragen werden dürften, zu Einreihern hingegen schon. Die Aufschläge an den Herrenhosen wurden abgeschafft. Aber damit nicht genug. Die Herrenhose wurde noch weiteren Restriktionen unterworfen. Auch die Bundfalte mußte verschwinden. Ich hatte damals glücklicherweise einen sehr geschickten Schneider, der die Falte so gut zu verstecken wußte, daß sie nicht zu sehen war, nach dem Krieg jedoch hervorgeholt werden konnte.

Wir Europäer, von denen es in New York während des Zweiten Weltkrieges genügend gab, trafen uns in den Kaffeehäusern und diskutierten diese neuen Bestimmungen. Wir wußten nicht, ob wir darüber lachen oder weinen sollten. Der Sinn dieser Maßnahmen wollte uns nicht einleuchten. Der Verzicht auf die Bundfalte sollte Hitlers Wehrmacht zerstören? Uns fehlte damals der Weitblick, den ich heute für um so wichtiger halte und bei vielen vermisse. Ein Jahr später baute die amerikanische Industrie täglich Tausende von Flugzeugen, Kriegsschiffen, Panzern pro Tag und experimentierte, wie wir heute wissen, mit dem Ziel, die Atombombe zu bauen. Uncle Sams Motto ist heute wie damals: Eile mit Weile. So wie in einer anderen Fabel von La Fontaine die Schildkröte das Wettrennen gegen den Hasen gewinnt. Der Hase lacht die Schildkröte aus und läuft übermütig hin und her, und vor lauter Belustigung merkt er nicht, daß die Schildkröte die Ziellinie vor ihm überquert. So werden die Vereinigten Staaten auch mit ihren Gegnern fertig, ob militärisch oder wirtschaftlich, spielt dabei keine Rolle.

Es ist ein neuer Mann im Weißen Haus.
Ist seine Politik ein Gegensatz zu den Reagonomics?
Nein, ich glaube nicht. Clinton hat ja keine von Reagans Reformen rückgängig gemacht. Er hat den Spitzensteuersatz leicht angehoben, aber das wäre wahrscheinlich auch in einer zweiten Amtsperiode von George Bush geschehen. Clinton hat meiner Einschätzung nach keine besonderen Fehler gemacht, sich aber auch nicht besonders profiliert. Und mit dieser Einschätzung liege ich etwa auf der Linie der gängigen Meinung in den USA. Seine Popularität ist nicht besonders groß, auch außenpolitisch konnte er bisher noch keine Punkte sammeln. Ein wenig Auftrieb hat ihm der neuerliche irakische Truppenaufmarsch an der irakisch-kuwaitischen Grenze im Herbst 1994 gegeben. Da hatte er die Möglichkeit, nach bewährtem Rezept, à la George Bush, die Soldaten zu vertreiben. Er verstärkte die Präsenz der amerikanischen Truppen und hatte damit Erfolg. Ich will nicht leugnen, daß Clinton nur meine zweite Wahl war. Aber ich empfand es nicht als dramatisch, daß nicht Bush, sondern er ge-

wählt wurde. Charisma hatte George Bush genausowenig. In den Vereinigten Staaten spielt es im übrigen auch keine so erhebliche Rolle, welche Partei regiert. Anders als in Deutschland, wo zwischen CDU und F.D.P. auf der einen und SPD und Grünen auf der anderen Seite erhebliche ideologische Unterschiede bestehen, unterscheiden sich die Republikaner von den Demokraten nur in Nuancen. Beide Parteien stehen fest auf dem Sockel der kapitalistischen Philosophie. Der Schutz von und das Recht auf Privateigentum ist für beide unantastbar. Das ist in Deutschland bei den Grünen oder auch dem linken Flügel der SPD nicht so eindeutig dokumentiert.

Weil keine Parteidisziplin existiert, ist die politische Landschaft in den USA mindestens ebenso spannend wie in der Bundesrepublik. Bei den verschiedenen Gesetzesvorlagen ist es nie so, daß die Republikaner geschlossen dafür und die Demokraten geschlossen dagegen stimmen oder umgekehrt. Die Lager der Befürworter und der Gegner sind stets gemischt. Es spielt in den USA daher auch überhaupt keine Rolle, welcher Partei der Präsident angehört und ob die Demokraten oder die Republikaner die Mehrheit im Kongreß stellen. Zur Zeit gelten die Republikaner zwar als konservativer, doch das war nicht immer so. Früher waren es die Demokraten, denen nachgesagt wurde, die konservativere Partei zu sein. Daran kann man sehr gut erkennen, wieviel näher sich die beiden amerikanischen Parteien in ihrer Weltanschauung sind als die beiden großen Volksparteien in der Bundesrepublik.

In den USA ist die Persönlichkeit des Präsidenten viel wichtiger. Strahlt der Präsident großes Vertrauen aus, kann die amerikanische Wirtschaft florieren. Ist der Präsident eher ein Schlappschwanz, nützt es auch nichts, wenn er im Lager der konservativeren Republikaner zu Hause ist.

Jimmy Carter war zweifellos ein schwacher Präsident, aber nicht, weil er Demokrat war. Roosevelt, Truman und Kennedy waren auch Demokraten und strahlten ebenso Stärke und Kraft aus wie Ronald Reagan. Präsident Herbert Hoover, in dessen Amtszeit der Börsenkrach von 1929 und die anschließende schwere Wirtschaftsdepression fielen, war Republikaner und dennoch nicht in der Lage, das Land aus den Klauen der Krise zu befreien. Die Persönlichkeit des Präsidenten spielt zweifellos eine wichtige Rolle. Aber auch noch so schlechte Präsidenten sind höchstens acht Jahre im Amt – wenn sie schlecht sind, bleibt es meistens bei vier – und können Uncle Sam zwar schwächen und blaß aussehen lassen, aber nicht vernichten. Und was ich unter Uncle Sam verstehe, habe ich zuvor eindeutig beschrieben. Mein Fazit lautet: Präsidenten kommen und gehen, Uncle Sam bleibt.

Ist der Wirtschaftsaufschwung auf Clinton zurückzuführen?

Das ganz sicher nicht. Er ist wiederum das Werk Uncle Sams, also des gesamten amerikanischen Volkes. Wenn jemand dafür verantwortlich ist, daß die Rahmenbedingungen für den jetzt laufenden Aufschwung so gut sind und dieser sich bisher ohne Inflationssteigerung vollzieht, dann ist es Ronald Reagan. Seine Steuerreform begünstigt im großen Maße Investitionen, erhöhte dadurch das Warenangebot und bremste so den Preisauftrieb. Der Wirtschaftsaufschwung wäre genauso gekommen, wenn George Bush weiter im Amt gewesen wäre. Und ich glaube, daß er auch wiedergewählt worden wäre, hätten die Wahlen später stattgefunden. Der Grund seiner Wahlschlappe war die während des Urnenganges in den Vereinigten Staaten herrschende Rezession. Die Wähler lasteten ihm die Situation an und trauten ihm auch nicht zu, die Rezession zu beenden, als der Aufschwung bereits vor der Tür stand. Außenpolitisch genoß er aufgrund des so erfolgreich geführten Golfkrieges wesentlich mehr Vertrauen als sein Herausforderer, doch das Hauptanliegen der Wähler war die Wirtschaftslage.

Daß diese jetzt wieder so gut aussieht, hat aber, wie schon erwähnt, nichts mit Clinton zu tun. Auch die US-Notenbank, die Federal Reserve, hat ihren Beitrag geleistet. Sie hat eine kluge Geldpolitik verfolgt, die der Wirtschaft so viel Geld gab, wie sie benötigte, ohne dabei die Inflation zu wecken. Alan Greenspan ist ganz im Gegensatz zu seinem früheren deutschen Amtskollegen Helmut Schlesinger ein guter Notenbankpräsident. Dieser starrköpfige Beamte schaute nur auf die Geldmenge. Null-Inflation war sein oberstes Gebot. Schlesingers Motto: Fiat stabilitas et pereat mundus. (Stabilität muß sein, selbst wenn die Wirtschaft dabei zugrunde geht.) Greenspan senkte die Zinsen und weitete die Geldmenge aus, als es der Wirtschaft schlechtging. Dieses Mittel ist altbekannt und keine bahnbrechende Erfindung. Die Kunst der Notenbänker liegt in der richtigen Dosierung. Das heißt, der Wirtschaft Geld zur Verfügung stellen, wenn sie es braucht, und es zurücknehmen, wenn zuviel im Umlauf ist. So wie es in der Bibel steht: »Der Herr hat es gegeben, der Herr hat es genommen.« Mit dieser Methode hat Präsident Roosevelt in den dreißiger Jahren die amerikanische Wirtschaft und das kapitalistische System gerettet.

Doch auch Zinspolitik macht heute noch keinen Aufschwung. Die eigentliche Triebfeder hinter der wachsenden Prosperität sind, wie mehrfach schon gesagt, der Weltfriede und der Zusammenbruch der Sowjetunion. Diese zwei Ereignisse sind viel wichtiger als die Frage, ob George Bush oder Bill Clinton der bessere Präsident ist.

Ist es möglich, daß der Dow Jones noch in den Neunzigern die Marke von 6000 Punkten erreicht?
Möglich ist es ohne Frage. Ich sage aber nicht, daß es so kommt. Nicht daß meine Kritiker im Jahre 2000 angelaufen kommen und erzählen, ich hätte mich geirrt, weil der Dow-Jones-Index nur bei beispielsweise 4500 steht. Der Dow Jones wird 6000 Punkte erreichen, davon bin ich überzeugt. Nur ob er sie bis zum Jahr 2000 erreichen wird, weiß auch ich nicht. Zeitliche Prognosen sind immer sehr schwierig. Ich mache deshalb auch keine. Ich sage, ob ich optimistisch oder pessimistisch bin, aber nicht, bis wann eine Aktie, eine Währung oder ein Index den Kurs X erreichen wird. Alle, die versuchen, derart exakte Vor-

aussagen zu machen, blamieren sich früher oder später. Optimist bin ich, das habe ich klar gesagt. Einige Profis und angebliche Experten werden vielleicht den Kopf schütteln, wenn sie hören, daß ich einen Dow Jones von 6000 bis zur Jahrtausendwende für möglich halte. Sie haben eben nicht die Erfahrung, die ich habe, um zu wissen, daß an der Börse gilt, was La Bruyère über das Leben schrieb: »Alles ist möglich und auch das Gegenteil von allem.«
Ich erinnere mich an den Börsenkrach im Frühjahr 1962. Die Wall Street und auch die anderen Weltbörsen erlebten einen besonders scharfen Kurssturz. Er war so heftig, daß man tagelang auf die Antwort warten mußte, wenn man an den Schweizer Börsen einen Verkaufsauftrag gegeben hatte. Der Dow Jones fiel damals von 750 auf 500 Punkte zurück. Monate später, nachdem sich die Kurse auf tiefem Niveau beruhigt hatten, veranstaltete die *New York Herald Tribune* (heute: *International Herald Tribune*) eine Round-table-Konferenz mit den größten Wirtschafts- und Börsenexperten; »größten« ist jedoch insoweit zu relativieren, als daß keiner der eingeladenen Herren den Krach vorausgesehen hatte. Die Konferenz dauerte zwei Stunden. Die Experten diskutierten darüber, ob die Börse weiter fallen werde oder ob die Krise bereits vorbei sei, und wenn die Krise überwunden wäre, wann der Dow Jones wieder steigen könne. Die meisten von ihnen waren eher pessimistisch. Am Schluß der Konferenz fragte der Moderator die Diskussionsteilnehmer: »Was halten Sie, meine Herren, von einem Dow Jones von 750 zum Jahresende?« Im Chor fragten die Experten zurück: »Are you kidding?« (Machen Sie Witze?) Und was geschah? Nicht zum Jahresende, aber vierzehn Tage nach Neujahr hatte der Dow Jones 750 Punkte erreicht.
Genauso falsch lag auch ein Artikel in der *Businessweek*, der 1979 den Tod der Aktie verkündete. Die Aktie sei als Anlage überholt, hieß es in Amerikas bekanntestem Wirtschaftsmagazin mit über zwei Millionen Auflage. Alle Anleger würden Gold oder andere Sachwerte wie Kunst oder Kaffeemühlen kaufen.

Aktien wolle niemand mehr haben. Der Dow Jones stand damals auf einem Tiefpunkt, und Gold war auf seinem Höhenflug bei über 800 Dollar angekommen. Wer damals wie wir auf unseren Kostolany-Börsenseminaren erzählte, es sei jetzt an der Zeit, Aktien zu kaufen, und ein langer Aufschwung stehe bevor, der wurde für verrückt erklärt. Die Börseninteressierten und vor allem die Aktien- und auch die Goldkäufer von damals wissen, was dann geschah. An der Börse begann einer der längsten Haussezyklen, und Gold startete eine Talfahrt bis auf knapp unter 300 Dollar. Dann kam zwar der Börsenkrach von 1987, aber nichtsdestoweniger steht der Dow Jones heute über 1000 Punkte höher als vor dem Krach von 1987 und mehr als fünfmal so hoch wie zum Zeitpunkt des genannten Artikels in *Businessweek*. Gold hingegen krebst noch immer bei 400 Dollar herum. Wenn das der Tod der Aktie war, dann möchte ich wissen, wie ihr Leben aussehen wird.

Die Aussage, niemand wolle mehr Aktien haben, war natürlich eine ausgemachte Dummheit, schließlich wurden damals fünfzig Millionen Papiere am Tag gehandelt. Wer waren denn da die Käufer? Denn wenn fünfzig Millionen Aktien gehandelt werden, dann müssen fünfzig Millionen Stück verkauft, aber auch gekauft werden. Gekauft haben damals die 10 Prozent der Börsenteilnehmer, die auf der Gewinnerseite stehen, die starken Hände, die Hartgesottenen. Sie kaufen und verkaufen im stillen ohne Getöse, niemand nimmt sie wirklich wahr. Und deshalb kann man den Börsenkommentaren nach einem Krach so aufschlußreiche Erklärungen entnehmen, wie alle hätten ver- und niemand hätte gekauft. Das ist natürlich zum Lachen. Wenn dies so wäre, müßte in der Spalte des Kurszettels, wo der Umsatz abgedruckt ist, eine Null stehen und in den Kommentaren die Handlung nur als Absicht formuliert werden.

Ich habe im Laufe meiner Börsenkarriere Märkte erlebt, an denen es plötzlich wirklich keine Käufer mehr gab. An den modernen Börsen aber ist dies unvorstellbar. Käufer findet man unter den Millionen Teilnehmern immer. Es ist nur eine Frage des Preises. Nur auf den Emerging Markets erlebt man auch heute noch, daß plötzlich kein Umsatz mehr zustande kommt, weil niemand mehr kaufen will.

Bevorzugen Sie in Amerika spezielle Branchen?
Nein, ich kaufe eine breite Palette, und dem Durchschnittsanleger empfehle ich das gleiche. Natürlich ist die Kursdynamik spezieller Branchen, wie in letzter Zeit bei der Telekommunikation, größer als die des Gesamtmarktes. Die Trends wechseln jedoch unglaublich schnell. Heute glaubt man noch fest an die eine oder andere Branche, und in einem halben Jahr ist sie bereits out, weil die japanische Konkurrenz den amerikanischen Herstellern das Leben schwermacht, ausländische Firmen den Geschmack der amerikanischen Konsumenten besser treffen als die inländische Konkurrenz oder weil ein wieder gestiegener Dollarkurs den Import europäischer Produkte begünstigt.
Wer bei einem Branchen-Hopping erfolgreich sein will, muß sich intensiv mit der Materie befassen. Dazu habe ich in meinem Alter weder die Zeit noch die Lust. Ich bin ein General Forcaster, das heißt, ich prognostiziere die Gesamttendenz der Kapitalmärkte und schaffe damit die Grundvoraussetzung für alle weiteren Prognosen. Erst analysiert man die Gesamtlage, dann das jeweilige Land. Danach sucht man sich eine erfolgversprechende Branche aus und zum Schluß den einzelnen Wert. Die letzten beiden Analyseschritte überlasse ich heute den jüngeren Kollegen. Der Anleger macht keinen Fehler, wenn er eine breite Palette quer durch alle Sektoren kauft. Profitieren werden alle!

Kann ein Crash, wie wir ihn 1987 erlebt haben, denn nicht wiederkommen?
Das halte ich keineswegs für ausgeschlossen, aber momentan nicht für wahrscheinlich. Und wenn er kommen sollte, wird er mich genausowenig aus der Ruhe bringen wie der 1987. Ich habe schließlich nichts verloren. Das heißt nicht, daß ich alle meine Papiere vor dem Krach verkauft hätte, keineswegs, ich

hatte Aktien. Aber die, die ich hatte und größtenteils auch heute noch habe, waren schon seit mehreren Jahren in meinem Depot. Und sie waren voll bezahlt. Damit befand ich mich in einer ganz anderen Situation als die Golden Boys, die 1987 erst groß einstiegen und dann nach dem Krach verkaufen mußten. Viele Journalisten fragten mich damals, ob ich viel verloren hätte. Ich entgegnete:»Verloren? Das soll wohl ein Witz sein. Ich habe nichts verloren. Die Papiere, die ich habe, stehen auch heute noch um ein Vielfaches höher als zum Zeitpunkt des Kaufes.«

Dem reichsten Mann Frankreichs, der Großaktionär mehrerer französischer Unternehmen und gewichtigster Anteilseigner der Versicherung AGF ist, stellte man die gleiche Frage. Daran kann man erkennen, wie dumm viele von denen, die sich im Börsenzoo tummeln, doch sind. Herr Seydox verkauft seine Aktien doch nicht, weil die Börsen schwächer werden können. Wenn er verkaufen würde, dann gingen die Kurse allein deswegen zurück. Genauso könnte man die Familie Quandt, die in Deutschland eine der reichsten Familien und Großaktionär von BMW ist, fragen, ob sie viel verloren habe, wenn die BMW-Aktie aus irgendeinem Grund zurückgeht. Verloren hat nur derjenige, der hoch kauft und tief verkauft. Das habe ich nicht getan. Und deshalb war ich auch nicht nervös. Viele meiner Freunde erkundigten sich nach dem 19. Oktober 1987, ob ich nervös sei.»Nervös?« fragte ich.»Ich sitze im Sessel und höre Musik.«Wenn ich voll bezahlte Papiere habe – und das ist mir bereits seit vielen Jahren Gesetz –, bin und war ich bei Kursstürzen eigentlich immer ruhig. Wenn ich merke, daß sich dennoch ein wenig Unruhe in mir breitmachen will, denke ich immer an meinen guten alten Freund Eugène Weinreb, einen routinierten Börsenfuchs, der bereits im Alter von zehn Jahren mit dem Spekulieren begonnen hatte. Eines Tages kam sein Sekretär voller Aufregung zu ihm.»Die Papiere gehen dramatisch zurück, was sollen wir tun?« Er antwortete völlig gelassen:»Die Papiere gehen zurück? Soll ich mich aufregen? Ich war drei Jahre in Auschwitz...«Was ist ein Börsenkrach dagegen?!

Aber nicht alle meine Freunde waren so gelassen. Kurz nach dem Krach traf ich meinen lieben und sehr klugen Freund Heiko Thieme auf dem Flughafen. Er war jahrelang der Wall-Street-Experte der Deutschen Bank und managt heute in New York einen eigenen Fonds. Ich schätze ihn sehr, weil er genau wie ich Optimist ist, auch wenn er seinen Optimismus manchmal zu weit treibt. Das stört mich aber überhaupt nicht und ist mir tausendmal lieber als die Schwarzmalerei der Crash-Gurus. Ich konnte mich allerdings nicht des Eindrucks erwehren, daß er gestreßt und nervös war. Ich weiß nicht, welche Engagements er hatte. Möglicherweise war mein Freund long in S+P-500-Kontrakten, was damals die neue Mode war, oder vielleicht hatte er Schulden auf seine Papiere. Und wie man dadurch ins Schwitzen kommen kann, habe ich anhand meiner eigenen Erfahrungen bereits geschildert.

Ich stand 1987 nicht mehr auf der Käuferseite und hatte Barreserven, dadurch war meine Position sehr komfortabel. Das eine oder andere Papier habe ich sogar verkauft, weil ich mit einem größeren Rückschlag rechnete. Das kann nachher natürlich jeder sagen, doch ich habe einen Beweis. In der Zeitschrift *Capital*, für die ich seit nunmehr dreißig Jahren Kolumnist bin, schrieb ich im Oktoberheft 1987, das am letzten Freitag im September erschien: »Auch Wall Street ist keine Einbahnstraße. Der nächste Einbruch kommt deshalb bestimmt.« Eine Binsenweisheit, mag man denken. Diese Aussage kann natürlich jeder machen, denn Einbrüche kommen immer irgendwann. Doch meine Leser wissen, daß ich solche Warnungen dann ausspreche, wenn ich auch eine Gefahr sehe. In meinen Kolumnen habe ich während der Hausse der achtziger Jahre häufig über die Wall Street geschrieben, aber nie in diesen Tönen. Ich war jedenfalls seelisch, mental und materiell vorbereitet. Daß es dann weniger als einen Monat dauerte, bis der Krach passierte, war Glück. Den genauen Termin konnte ich auch nicht wissen. Sir Isaac Newton, der ein leidenschaftlicher Börsenspieler war und sein ganzes Vermögen in dem South-Sea-Bubble-Krach verloren hat, sagte, wenn er verwundert auf den Kurszettel sah:

»Ich kann die Bahn der Himmelskörper auf Zentimeter und Sekunden berechnen, aber nicht, wohin die verrückte Menge einen Börsenkurs treiben kann.« Auch ich konnte nicht wissen, wie weit die Übertreibungen 1987 noch gehen würden, meine erfahrene Nase ließ mich aber spüren, daß es nach Pulver roch. Die besagte Kolumne beinhaltete aber noch eine andere Prognose. Es ging folgendermaßen weiter: »Doch langfristig wird es am amerikanischen Aktienmarkt aufwärts gehen . . .« Diese Prognose war ein wirklicher Volltreffer. Wie wir wissen, steht der Dow-Jones-Index heute bereits mehr als 1000 Punkte über seinem Höchststand vor dem Krach (2722 Punkte).

Eine Woche nach dem Krach hielt ich einen Vortrag im Deutschen Museum in München. Mein Koreferent war kein Geringerer als der damalige deutsche Außenminister Hans-Dietrich Genscher. Er sprach über Außenpolitik und ich, wie sollte es auch anders sein, über die Börse. Ich verkündete großen Optimismus für die Finanzmärkte und die Weltwirtschaft. Die *Süddeutsche Zeitung* widmete mir am nächsten Tag eine halbe Seite, weil es, wie sie in dem Artikel selbst zum Ausdruck brachte, so angenehm war, endlich einmal einen Optimisten zu hören. Was mich bereits einen Tag nach dem Krach so optimistisch machte, war die damalige Äußerung des US-Notenbankpräsidenten Alan Greenspan, der sagte: »Die Federal Reserve steht der Wirtschaft mit allen Mitteln zur Verfügung, und wenn nötig, werde ich die Banken in Liquidität baden.« Damit war für mich die Krise gelöst. Eine Wiederholung der Ereignisse des Jahres 1929 war ausgeschlossen. Anfang der dreißiger Jahre hatte das auf dem Goldstandard basierende Währungssystem die US-Regierung – die Federal Reserve gab es noch nicht – gezwungen, die Liquidität aufgrund des schwachen Dollars immer weiter zu verknappen. Den Vereinigten Staaten brachte dies die schwerste Wirtschaftskrise ihrer Geschichte. Erst als der dann neu gewählte Präsident Franklin D. Roosevelt den Dollar vom Gold losriß, erholten sich Börse und Wirtschaft wieder. Die Gründung der Federal Reserve Bank war ein Teil von

Roosevelts sogenanntem New Deal, der als Lehre aus dem damaligen Debakel gezogen wurde. Die Volkswirte sahen diesen eklatanten Unterschied nach dem Krach von 1987 nicht. Sie rechneten mit einer schweren Wirtschaftskrise. In Washington trafen sich 33 Wirtschaftsprofessoren. Mein damaliger Kommentar dazu:»33 Professoren, o schöne Welt, du bist verloren.« Sie warfen mit Zahlen und Statistiken um sich, verbreiteten düstere Prognosen und verglichen 1987 mit 1929. Warum stellten sie keine Vergleiche mit dem vorher zitierten Krach von 1962 an, als es keine anschließende Wirtschaftskrise gab? Der einzige Anhaltspunkt, den sie hatten, war die Schärfe des Kursrückganges. Über 22 Prozent Kursverlust an einem Tag hatte es nicht einmal am berühmten Schwarzen Freitag 1929 gegeben. Aber wenn es irgendeinen vergleichbaren Kursrückgang gab, dann war es eben der berühmte von 1929. Die Volkswirte verwechselten jedoch Symptom und Ursache. Genauso wie Kopfschmerzen die Folge eines Gehirntumors oder des Föhnwetters sein können, hatte der Krach von 1987 völlig andere Ursachen als der von 1929. Die Kursübertreibung war Ende der zwanziger Jahre noch viel dramatischer als 1987. Die Kurse standen in keiner Relation mehr zu den tatsächlichen Gewinnen der Gesellschaften. Man konnte Papiere zu 90 Prozent auf Kredit kaufen, und wenn die Kurse stiegen, dann wuchs das Eigenkapital, und man konnte zukaufen. Mit diesen unrealisierten Gewinnen, die genausowenig Gewinne waren, wie meine angeblichen Verluste nach dem 87er Krach Verluste waren, als Sicherheit kaufte man Autos und die Luxusgüter der damaligen Zeit auf Kredit. Die zukünftigen Börsengewinne würden die Raten schon bezahlen, dachte man sich. Entsprechend groß und tragisch war am Ende die Katastrophe. Viele Börsianer begingen Selbstmord, weil sie so in Schulden versunken waren, daß sie keinen Ausweg sahen. Nach dem 19. Oktober 1987 pilgerten viele Sensationstouristen nach New York, um die Wall-Street-Magnaten aus den Fenstern springen zu sehen. Doch sie warteten vergebens. Niemand sprang. Rund 50 000 der Golden Boys, die zuvor mit einem Porsche oder einem großen Mercedes als

Einstellungsgeschenk direkt von der Harvard Business School angeheuert worden waren, verloren zwar ihre Jobs, doch ihr Leben verloren sie glücklicherweise nicht. Und die Kündigungswelle an sich war nicht bedauerlich, sondern eine gesunde Bereinigung; schließlich waren es die Golden Boys, die aus der Wall Street ein Spielcasino gemacht hatten.

Der fundamentale Grund für den von mir erwarteten Kursabschwung war die Zinsentwicklung seit dem Frühjahr 1987. Die Geldmengenexpansion war in den vorangegangenen Jahren der Motor der Hausse gewesen, und zum erstenmal, seitdem die Inflation durch die Hochzinspolitik von Paul Volcker erfolgreich abgewürgt worden war, begannen die Zinsen wieder nennenswert zu steigen. Mir war klar, daß durch den Entzug der Liquidität, des Lebenselixiers der Börse, der Markt zurückgehen mußte. Zunächst stieg die Börse, getragen von der Euphorie, aber munter weiter. Ab August begannen die Kurse langsam zu fallen. Sie bröckelten kontinuierlich ab, bis im Oktober der damalige US-Finanzminister drohte, den Dollar noch weiter fallen zu lassen, wenn die Deutsche Bundesbank nicht bereit sei, durch eine Zinssenkung die Binnenkonjunktur anzukurbeln. Er wollte erreichen, daß Deutschlands Konjunktur als Motor Europas dient, und auf diese Weise das Handelsbilanzdefizit senken. Die Forderung war durchaus berechtigt, denn die Bundesbank, deren Vizepräsident damals Schlesinger war, fuhr einen übermäßig restriktiven geldpolitischen Kurs, der in der Welt viel Kritik erntete. Doch unabhängig davon, ob die Aussage Bakers berechtigt oder unberechtigt war, sie war der Nadelstich in den Ballon, und die Kurse fielen in sich zusammen. Ein Ereignis, das ich unter diesen Umständen durchaus erwartet hatte.

Was jedoch auch mich überraschte, war die Tatsache, daß es an einem Tag geschah. Einen Kurssturz um 22 Prozent oder auch um mehr habe ich unzählige Male erlebt, aber eben nicht in dieser Geschwindigkeit. Ich fühlte mich etwa so wie der Europäer, der in Amerika lebt und sich bei seinem New Yorker Freund über das amerikanische Wetter beklagt: »Der Winter ist zu kalt, der Sommer zu heiß, und Frühling und Herbst taugen eh nichts.« – »Habt ihr denn nicht auch vier Jahreszeiten in Europa«, fragt ihn sein Freund. »Doch«, entgegnet er, »aber nicht am selben Tag.«

Die Ursache für den rasantesten Kurssturz, den Wall Street je erlebte, waren natürlich nicht die Zinsen. Der Grund war nicht einmal in der berühmtesten Geschäftsstraße der Welt, sondern einige hundert Kilometer entfernt, am Terminmarkt in Chicago, zu finden. Nachdem die Rohstoffhausse vorbei war, mußten sich die Terminspieler etwas Neues einfallen lassen. Und so begannen sie mit dem Handel von Aktienindex-Terminkontrakten. Aktienindizes hatte es schon immer gegeben. Einer der ältesten und der wohl bekannteste ist der Dow-Jones-Index, von dem ich zuvor schon oft gesprochen habe, wenn es um die Wall Street ging. Er ist an sich aber nur ein kleiner Index, da er den Durchschnittskurs von nur dreißig Werten wiedergibt. In ihm sind zwar dreißig der größten Unternehmen enthalten, doch gibt es andere Aktienindizes, wie zum Beispiel den Standard & Poors 500, der diese dreißig Aktien und zusätzlich 470 andere Werte umfaßt. Auf den S+P 500, wie der Index kurz genannt wird, hat man einen der Terminkontrakte kreiert. Er hat eine Kontraktgröße von 500 multipliziert mit dem Index. Zum damaligen Stand von rund 340 Punkten ergab sich ein Wert von rund 170 000 Dollar. Der Einschuß, den ein Käufer hinterlegen mußte, um einen Kontrakt handeln zu können, betrug gerade mal 6000 Dollar und entsprach damit einer Kapitaldeckung von weniger als 5 Prozent.

Diese neue Variante der Spekulation eröffnete auch der Arbitrage ein neues Spielfeld. Da an zwei verschiedenen Orten im Prinzip das gleiche gehandelt wird, in New York die 500 einzelnen Werte, die im Index enthalten sind, und in Chicago der Index, in dessen Kurs sich die Entwicklung dieser 500 Papiere nach verschiedener Gewichtung niederschlägt, können Kursdifferenzen entstehen, deren Ausnutzung risikolose Profite ermöglichen. Dieses Arbitragegeschäft ist natürlich nichts für private Spekulanten. Hier tummeln sich nur große institutionelle Anleger und die »bösen« Broker, die so geringe Spesen zahlen, daß es sich für sie auch lohnt, kleine Spannen auszunutzen. Viel gewinnen sie an einer Transaktion trotz eines Millionenumsatzes freilich nicht. Neben den geringen Spesen braucht man außerdem Großcomputer, die ständig den Kursverlauf aller Aktien beobachten, deren Wert berechnen und mit dem Kurs des Indexkontraktes in Chicago vergleichen. Treten Differenzen auf, stehen zum Beispiel die Aktien am Kassamarkt in New York relativ zu hoch, geben die Computer automatisch den Kaufauftrag für die S+P-500-Terminkontrakte und den Verkaufsauftrag für die Aktien. Stehen umgekehrt die Terminkontrakte zu hoch, dann geht das Spiel andersherum. Die Indexarbitrage verbindet den New Yorker Aktienmarkt mit dem Terminmarkt in Chicago wie zwei kommunizierende Röhren. Kaum ein Tag vergeht, an dem in den Börsenberichten nicht von indexarbitrageorientiertem Programmhandel die Rede ist. Die weitere Krux an der Sache ist, daß der Terminhandel eine viertel Stunde früher beginnt und abends eine viertel Stunde länger läuft als der Aktienhandel. Wenn Wall Street traditionell um 10.30 Uhr öffnet, wird die Tendenz schon aus Chicago vorgegeben.

Die geringen Einschüsse entfesselten 1987 ein hemmungsloses Spiel in diesen Indexkontrakten. Fast regelmäßig war das Volumen der in New York umgesetzten Aktien geringer als das der in Chicago an einem Tag gehandelten S+P-500-Kontrakte, und der Terminmarkt wurde so zur dominierenden Kraft. Der Hund wedelte nicht mehr mit dem Schwanz, sondern der Schwanz mit dem Hund.

Die gesamte Terminspekulation war genaugenommen nichts anderes, als würde man mit weniger als 5 Prozent Eigenkapital und zu 95 Prozent auf Kredit spekulieren. Eine Relation, die noch extremer war als die, die 1929 zu beobachten war, als zumindest 10 Prozent Eigenmittel hinterlegt werden mußten. Daß es 1987 dennoch nicht zu Selbstmordtragödien kam, lag zum einen daran, daß keine Möglichkeit bestand, die vermeintlichen zukünftigen Gewinne am Terminmarkt für Konsumkredite zu beleihen, wie dies 1929 der Fall war, und zum anderen an der hervorragenden, blitzschnellen Funktionsweise dieses Marktes, die andererseits den rasanten Kurssturz aber erst möglich machte.

Ist man zum Beispiel à la hausse in einem Terminkontrakt und der Markt geht zurück, wird man umgehend vom Broker aufgefordert, die nötige Sicherheit (Margin) wieder aufzufüllen. Kommt man diesem Margin-Call nicht nach, wird die Position automatisch zwangsliquidiert. Ob der Kunde bei dem jeweiligen Brokerhaus als solvent mit anderen Sparguthaben oder großem Immobilienbesitz bekannt ist, was ihn in der Schweiz oder auch in Deutschland sicher retten würde, spielt dabei überhaupt keine Rolle. Die Regeln der Terminbörsen zwingen die Broker zur sofortigen Exekution, wenn die Margin nicht *sofort* wieder aufgefüllt wird.

So passierte es am Montag, dem 19. Oktober 1987. Am Donnerstag und Freitag der Vorwoche waren die Kurse bereits um jeweils 100 Punkte gefallen. Die Stimmung war äußerst nervös und gereizt, viele Terminpositionen waren nachschußpflichtig geworden. Doch die Spieler wollten oder konnten nicht nachschießen. Alle wollten nur noch durch eine Tür. So wie in einem Kino, in dem einer Feuer schreit und alle durch die kleine Tür hinauswollen. Am Ende gibt es sogar Tote und Verletzte, obwohl kein einziges Zündholz gebrannt hat. Ich war am 19. Oktober zufällig bei einem Broker. Ich saß da und hörte, wie ununterbrochen das Telefon klingelte. Die Kunden riefen aufgeregt an, und sie gaben nicht wie üblich Aufträge wie »Verkaufen Sie die Papiere X, und halbieren sie die Position Y!« Der Auftrag lautete: »Alles verkaufen!«

Der 19. Oktober begann mit einer Reihe von Zwangsexekutionen, die den S+P-Kontrakt weiter in die Tiefe rissen. Die Kursverluste machten weitere Positionen nachschußpflichtig und lösten die nächste Welle von Zwangsverkäufen aus, die wiederum für weitere Kursverluste sorgten. Die Lawine war nicht mehr aufzuhalten. Zusätzlich zu diesen Verkäufen, die bestehende Long-Positionen schlossen, verkauften die Golden Boys weitere Kontrakte short, um ihren Aktienbesitz abzusichern. Anstatt alle Aktienpositionen einzeln zu verkaufen, verkauften sie lieber den Betrag in Terminkontrakten leer, was wesentlich einfacher, schneller und vor allem spesengünstiger war. Diese Strategie ist auch heute noch die große Mode unter den jungen Money-Managern. Sie nennen es Portfolio Insurance (Portfolioversicherung). Ein Unsinn an sich, denn die Versicherung funktioniert nach dem Motto: Ich verkaufe mein Haus, um es gegen Feuer zu versichern.

Ich kann auch nicht verstehen, wie selbst erfahrene Kollegen davon sprechen, daß sie sich am Terminmarkt abgesichert hätten. Es reicht ein Satz: Ich habe verkauft. Versichern kann man sich nur durch den Kauf von Verkaufsoptionen, was auf die Dauer jedoch sehr kostspielig wird.

Die Verkäufe zur Absicherung der Portfolios trieben den Markt weiter nach unten. Die Indexarbitrage lief derweil natürlich auf Hochtouren. Der Terminmarkt stand ständig tiefer als der Kassamarkt, und diese Situation löste natürlich Verkäufe in Wall Street und Käufe in Chicago aus. Doch diese Käufe waren nicht in der Lage, den durch die Zwangsliquidation Tausender kleiner und großer Spieler ausgelösten Kursverfall auf dem Indexterminmarkt aufzuhalten.

Zum Börsenschluß um 16.00 Uhr hatte der Dow Jones 508 Punkte verloren. Der Börsenkrach war da und das Geschrei unter den Anlegern groß. Die Suche nach einem Schuldigen begann. Es ist nämlich so: Gewinnt der Börsianer, schreibt er sich den Erfolg selbst zu, verliert er jedoch, ist immer ein anderer schuld. Der Schuldige war in diesem Fall schnell ausgemacht: die Computer, die den Programmhandel betrieben. Damit bekam der arme Computer eine Täterrolle zugewiesen, die er natürlich nicht ausfüllen konnte. Genausowenig wie das Besteck, mit dem man schlechten Fisch gegessen hat, an der Magenverstimmung schuld ist, waren die Computer schuldig am Börsenkrach. Schuld ist nur der faule Fisch, oder, auf den Börsenkrach bezogen, schuld sind die Golden Boys.

Um auf die Ausgangsfrage zurückzukommen: Kann sich ein Crash dieser Art wiederholen? Die Antwort lautet leider:»Ja!« Die Ursachen für diesen Blitzschlag, der die Wall Street traf, sind nicht beseitigt. Kurz nach dem Krach wurden die Einschüsse auf die Terminkontrakte zwar um das Vierfache heraufgesetzt und das Spiel so zunächst eingedämmt und auf etwas solidere Füße gestellt, doch diese hohen Margins galten nur etwas über ein Jahr und begannen dann wieder zu sinken. Heute kann man einen S+P-500-Kontrakt, der bei rund 470 notiert, also einem Kontraktwert von 235 000 Dollar entspricht, mit 8000 Dollar Einschuß handeln; prozentual ist das genausowenig wie vor dem 19. Oktober 1987. Die einzige Maßnahme, die als Folge aus dem Krach geblieben ist, sind die sogenannten Circuit Breakers (Wellenbrecher). Sie setzen den Programmhandel für dreißig Minuten aus, sobald sich der Dow Jones mehr als fünfzig Punkte nach unten bewegt. Ob sie wirklich etwas nützen, halte ich für fraglich.

Ich hätte einen anderen Vorschlag zu machen. Man sollte erstens die Einschüsse radikal heraufsetzen und zweitens den Kurs des S+P-500-Kontraktes ähnlich wie in London den Goldpreis nur ein- oder zweimal am Tag außerhalb der New Yorker Börsenzeit festsetzen. Aber ich mache mir keine Illusionen darüber, daß man meinem Ratschlag folgen könnte. Die Lobby der amerikanischen Broker ist viel zu stark, als daß die Regierung ihnen diese Provisionsquelle wegnehmen könnte.

Folglich bleibt die Gefahr eines Börsenkrachs wie 1987 bestehen. Ein Wirtschafts-Crash wie 1929 ist jedoch auch in Zukunft ausgeschlossen, es sei denn, die Politiker wären so dumm und führten den Goldstandard wieder ein.

Doch selbst wenn es wieder zu einem größeren Krach kommen würde, bleibe ich bei meiner Prognose: Langfristig wird es am amerikanischen Aktienmarkt weiter aufwärtsgehen, »... den Sowjets« – so ging die Einleitung der Oktoberkolumne weiter – »sei Dank«.

Das schrieb ich 1987. Damals war vom Zusammenbruch der Sowjetunion noch nichts zu ahnen, Gorbatschow saß noch fest im Sattel. Das einzige, was bis zu diesem Zeitpunkt geschehen war, war eine leichte Annäherung zwischen Reagan und Gorbi. Der Abrüstungsvertrag war noch nicht unterzeichnet. Meine Vision war, daß bei einer schrittweisen Entspannung die sogenannte »Black List« (offiziell die COCOM-Liste) gelockert und später vielleicht ganz aufgehoben würde. Auf dieser Liste standen Tausende von High-Tech-Gütern, die nicht in den Ostblock geliefert werden durften, da man befürchtete, die Sowjets könnten sie zur Herstellung von Waffen verwenden. Die Auswirkungen dieses High-Tech-Embargos spürte in Ungarn auch ich. Ich hatte immer eine Wohnung in Budapest. Jahrelang konnte ich kein Telefon bekommen, weil die schwedische Firma Ericcson, die die Telefone liefern sollte, einen Microchip verwendete, der auf der COCOM-Liste stand.

Der Nachholbedarf des Ostblocks war so enorm, daß eine Aufhebung der Restriktionen riesige Geschäfte mit den Sowjets versprach. An der Zahlungsfähigkeit hatte ich keinen Zweifel, denn ich erinnerte mich an die zwanziger Jahre, als die junge Sowjetunion gigantische Aufträge an die deutsche Industrie vergab. Viele meiner Freunde, meist nach Berlin geflüchtete Russen, machten hervorragende Geschäfte und manchmal sogar ein Vermögen damit, die Wechsel, mit denen die Moskauer Regierungsunternehmen ihre Importe bezahlten, zu diskontieren. Die deutschen Unternehmen zahlten 30 Prozent Zinsen per anno, um ihre Exporte in die Sowjetunion zu finanzieren. Man kann sich leicht vorstellen, wie hoch die Gewinnmarge gewesen sein muß, um solche Zinsen wegstecken zu können. Geplatzt ist kein einziger Wechsel. Die Sowjets kauften damals nach Herzenslust. Und solange die Sowjetunion existierte, genoß sie den höchsten Schuldnerstatus Triple A. Gezahlt wurde stets pünktlich, Insolvenzprobleme, wie Polen und andere Ostblockstaaten sie erlebten, waren zu keiner Zeit ein Thema. Die UdSSR war im Gegensatz zu ihren Verbündeten ja auch nicht arm. Sie verfügte über Bodenschätze in erheblichem Umfang, insbesondere über Gold und Rohöl.

Erst als die Sowjetunion zerfiel, eine Entwicklung, die ich wie alle anderen natürlich auch nicht vorausgesehen hatte, begannen die Zahlungsschwierigkeiten, aber sie sind als Erscheinungen des Umbruchs zu einer neuen Wirtschaftsordnung zu sehen. Aus den Russen wurden die Sowjets, und aus den Sowjets wurden jetzt wieder die Russen. Die Zahlungsmoral aber ist russischen und nicht sowjetischen Ursprungs, und ich bin sicher, daß Rußland ein solider Schuldner werden wird, wie es die Sowjetunion war. Die Bodenschätze schlummern weiter unter der Erde und müssen nur mit der Technik des Westens zutage gefördert werden.

Es gibt kein Gold in Donogoo Europa

Profitiert vom Zusammenbruch der Sowjets denn Europa nicht noch stärker?
Das glaube icht nicht. Die geographische Nähe Europas fällt heute nicht mehr so stark ins Gewicht. Die Welt ist doch viel kleiner geworden. Alle werden von den kolossalen Veränderungen profitieren, mittelbar oder unmittelbar. Wenn Westeuropa seinen Export in die ehemaligen Ostblockstaaten steigert, kann es auch wieder mehr in den Vereinigten Staaten kaufen. Aber ich sehe die USA auch im direkten Handel mit den Ostblockstaaten eine wichtige Rolle spielen. Manche Technologien gibt es eben nur in Amerika. Was Rußland beispielsweise braucht, sind moderne Förderanlagen für die Bodenschätze. Die großen Lieferanten für Erdölexplorationstechnik sitzen aber, da die Amerikaner selbst über Rohölvorkommen verfügen, in Amerika und nicht in Westeuropa.
Deutschland hingegen hat einen anderen Vorteil. Die ehemalige DDR hat regen Handel mit den Sowjets getrieben. Viele Ostdeutsche sprechen daher Russisch und besitzen jahrzehntelange Erfahrungen im Handel mit Rußland. Von diesem Potential, das mit den neuen Ländern in den Schoß der Bundesrepublik gefallen ist, spricht zur Zeit leider niemand. Im Gegenteil: Alle jammern nur über die Kosten.

In Ihrem ersten Buch Das ist die Börse, *erschienen 1960, haben Sie geschrieben, daß es eines Tages keine deutschen, französischen oder italienischen, sondern nur noch europäische Unternehmen geben werde. Wir leben in der Europäischen Union. Fühlen Sie sich in Ihrer Prognose bestätigt?*

Auf diese Prognose bin ich schon ein wenig stolz. Denn als ich sie machte, war von der Europäischen Union noch keine Rede, es gab damals nur die ersten Kooperationsansätze zwischen einem kleinen Kreis europäischer Länder. Heute existiert der Binnenmarkt, auch wenn er teilweise noch nicht so vollendet ist wie auf dem Papier geplant.

Man braucht sich nur umzuschauen, um zu sehen, wie richtig meine damalige Prognose war. Welcher große Konzern ist wirklich noch ein rein deutsches, französisches oder italienisches Unternehmen? Überall gibt es Beteiligungen und Kooperationen über die Grenzen hinweg. Auch im Börsengeschäft kann man sehen, wie unwichtig nationale Grenzen heute geworden sind. Terminkontrakte auf deutsche Bundesanleihen werden mit erheblichen Volumina fast ausschließlich in London und nicht in Deutschland gehandelt. Und nicht nur das, auch die Anlagefonds der verschiedenen Finanzinstitutionen kaufen ihre Anleihen und Aktien schon längst nicht mehr ausschließlich in ihrem jeweiligen Heimatland. Die Portefeuilles sind heute alle ein Sammelsurium internationaler Wertpapiere.

Meiner Ansicht nach ist dieser Europäisierungsprozeß auch noch lange nicht zu Ende. Europa wird, so schrieb ich damals weiter, die große Zeit der wirtschaftlichen Expansion erleben. So wie sie Amerika im 19. Jahrhundert erlebte. Eines Tages wird man vielleicht gar nicht mehr wissen, welcher nationalen Herkunft eines dieser europäischen Unternehmen ist.

Werden die europäischen Aktiengesellschaften und damit auch ihre Aktionäre von dieser Vereinigung Europas profitieren?

Natürlich, diese Zusammenschlüsse bringen Vorteile ungeahnter Größe. Es ist nicht etwa so, daß bei einem Zusammenschluß zweier Unternehmen einfach nur eine Addition der Gewinne das Ergebnis ist, es wird ein Vielfaches davon sein. Kooperationen erschließen zum Beispiel neue Märkte. Ein deutsches Unternehmen, nehmen wir an, in der Lebensmittelbranche, kann im französischen Markt wesentlich einfacher Fuß fassen, wenn es in enger Verbindung mit einem französischen Unternehmen steht. Eine Kooperation kann durch eine Übernahme, durch gegenseitige Beteiligungen oder auch nur über entsprechende Vereinbarungen realisiert werden. Das französische Unternehmen kennt seinen Heimatmarkt, verfügt über ein entsprechendes Vertriebsnetz und hat seine festen Abnehmer. Über diese Schiene kann dann auch der deutsche Partner seine Produkte in Frankreich absetzen.

Man kann erahnen, wieviel schwieriger es wäre, diese Organisationsstrukturen in einem fremden Land neu zu schaffen. Die Möglichkeiten sind so aber noch nicht erschöpft. Die Forschungsabteilungen beider Kooperationspartner werden ihre Ergebnisse austauschen, Patente werden gemeinsam genutzt, und die Produktion wird rationalisiert. Die Aufgaben unserer Zeit sind so groß und so kostspielig, daß ein einzelnes Unternehmen sie kaum bewältigen kann. Ein Zusammenschluß mehrerer Firmen hingegen ist dazu in der Lage. Der Airbus, der heute eine ernstzunehmende Konkurrenz für die alteingesessenen amerikanischen Flugzeughersteller Boeing und McDonnell Douglas darstellt, ist das Produkt eines europäischen Konsortiums. Ein deutsches oder ein französisches Unternehmen allein hätte diese Herausforderung nie annehmen können.

Das Wichtigste an dem Europäisierungsprozeß jedoch ist: Nicht nur die Unternehmen und ihre Aktionäre, jeder Europäer profitiert davon. Die Konzerne und Unternehmensgruppen

werden zwar immer größer und damit auch mächtiger, doch fast
noch schneller wächst der Markt, und damit nimmt auch die
Konkurrenz zu. Staatliche Monopole, wie sie zum Beispiel in
Deutschland noch immer für die Telekommunikation und die
öffentlichen Verkehrsmittel gelten, wird es schon bald nicht
mehr geben. Dann werden die Deutschen so billig telefonieren
können wie die Engländer oder Franzosen auch.

**An welchen europäischen Märkten
soll der Anleger investieren?**

Da kann ich wieder keine konkrete Antwort geben. Zunächst,
das sagte ich bereits, sollte sich ein Anleger seine Heimatbörse
anschauen. Vorziehen würde ich natürlich die traditionellen
westeuropäischen Börsen. Wenn ich von Europa spreche, dann
meine ich zunächst die Länder, die schon immer kapitalistisch
waren und es nicht erst seit dem Zusammenbruch der Sowjetunion sind. Die in den osteuropäischen Ländern entstandenen
oder noch entstehenden Börsen sind einfach noch zu umsatz-
schwach und damit Spielbörsen. Für private Anleger kommen
diese Märkte nicht in Frage. An den westeuropäischen Börsen
kann man eigentlich überall investieren. Lissabon sollte vielleicht nicht gleich die erste Wahl sein. Ich habe in Lissabon zwar
schon einen Vortrag über die Börse gehalten, doch investieren
würde ich dort nicht. Lustig sind die Straßennamen rund um die
Lissaboner Börse. Zur Börse geht man über die Straßen des
Goldes und des Silbers, und man verläßt die Börse auf der Straße der Lumpensammler.

Portugal ist trotz Mitgliedschaft in der Europäischen Union
noch immer ein armes Land. Es gibt dort nach wie vor kein ech-
tes Sparkapital. Dr. Salazar, der größte Volkswirt seiner Zeit,
hat das Land durch seine katastrophale Deflationspolitik ver-
hungern lassen. Darum kam es auch zur Revolution. Spanien
hingegen ist etwas anderes und nicht so arm wie Portugal. Die
Börse in Madrid ist gut organisiert und umsatzstark. Ich besitze selbst ein spanisches Papier, Fenix Español, das um das
Sechsfache gestiegen ist, seit ich es erworben habe.

Der europäische Komissionspräsident Jacques Santer
will bis zum Ende des Jahrzehnts die gemeinsame
europäische Währung einführen. Wird sie kommen?
Ich glaube nicht, daß irgendein Politiker, Jacques Santer einge-
schlossen, daran glaubt, daß man bis zum Ende unseres Jahrzehnts die gemeinsame Währung einführen kann. Aus Rück-
sicht auf die Maastrichter Verträge und den Willen zu Europa
sprechen die verantwortlichen Politiker nicht aus, was heute
schon Fakt ist. Auch die Gründung des Europäischen Wäh-
rungsinstitutes EWI, als Vorläufer der Europäischen Zentralbank, ist überflüssig, und die Diskussion darüber, ob es richtig
war, diese neue Institution in Frankfurt zu installieren, ist es
noch mehr. Es spielt keine Rolle, ob das EWI nun in Frankfurt,
London, Paris, Berlin oder Buxtehude steht. Denn wirklich
wichtige Aufgaben hat sein Präsident Alexandre Lamfalussy
mit seiner Mannschaft nicht übertragen bekommen. Die Geldpolitik der einzelnen europäischen Länder ist nach wie vor souverän und wird es auch noch längere Zeit bleiben. Ich sage
damit nicht, daß die europäische Währung niemals kommen
wird, ich werde sie aber bestimmt nicht mehr erleben. Der Ecu
jedenfalls ist keine europäische Währung und damit auch kein
Vorläufer. Er ist so wenig eine Währung, wie der Dow-Jones-
Index eine Aktie ist. Der Ecu ist ein Cocktail, gemixt aus den
gesunden und kranken Währungen, die am Europäischen Währungssystem teilnehmen. Die Möglichkeit, auf Ecu lautende
Anleihen zu emittieren, ändert an dieser Tatsache nichts, es
werden schließlich auch Terminkontrakte auf Aktienindizes
gehandelt.
Natürlich träumen viele leidenschaftliche Europäer, zu denen
ich mich auch zähle, von einer gemeinsamen Währung. Sie glauben, sie sei die Beaingung und die Grundlage für ein politisch
vereintes Europa. Genau das Gegenteil ist der Fall. Die Vereinigten Staaten von Europa mit einer supranationalen souveränen Wirtschafts-, Finanz- und Sozialpolitik sind die Conditio
sine qua non für die Währungsunion. Ich kann mich an eine Konstellation dieser Art in der alten k. u. k. Monarchie erinnern. Es

gab zwei Parlamente. Die Außen-, Finanz- und Verteidigungspolitik jedoch wurde durch Kaiser Franz Joseph I. kontrolliert, der ein Gesetz nur paraphierte, wenn es in beiden Parlamenten Zustimmung gefunden hatte. Die Banknoten waren damals auf einer Seite deutsch und auf der anderen ungarisch bedruckt.

Die grundsätzliche Aufgabe der Wechselkursschwankungen ist der Ausgleich unterschiedlicher ökonomischer Entwicklungen zweier Länder, daß die Spekulation diese Bewegungen oft maßlos überzeichnet, steht auf einem anderen Blatt. Beträgt zum Beispiel die Inflation in einem Land nur 2 und in einem anderen Land 20 Prozent, dann muß die Währung des Landes mit der hohen Geldentwertung zwangsläufig gegenüber der anderen abgewertet werden, wenn es nicht zu riesigen Handelsungleichgewichten kommen soll. Helfen würden sonst nur noch protektionistische Maßnahmen, was im Falle Europas absurd wäre, weil es das in Frage stellen würde, womit die Europäische Gemeinschaft begann, nämlich den freien Handel.

Diese Inflationsunterschiede in Europa waren zwischen Deutschland und Italien doch wunderbar zu beobachten. Diverse Male mußte die Lira abgewertet werden, um die unterschiedliche Inflationsentwicklung auszugleichen. Zuletzt konnte man die Ungleichgewichte im September 1992 und im Sommer 1993 beobachten. 1992 schieden England, Italien und Spanien über Nacht aus dem Europäischen Währungssystem aus. Sie waren nicht mehr bereit, den monetaristischen Kurs, den die Bundesbank mit ihrem Präsidenten Schlesinger an der Spitze verfolgte, zu akzeptieren, der ihre Wirtschaft immer tiefer in die Rezession zog. Knapp ein Jahr später wurden aus demselben Grund die Bandbreiten für die noch im System befindlichen Währungen von 4,5 Prozent auf 30 Prozent (je 15 Prozent nach oben und unten) erweitert. Die Erweiterung der Schwankungsbreite ist ein gutes Mittel im Kampf gegen die Spekulanten. Das Spiel auf dem Samt wird damit gestoppt. Wenn eine enge Bandbreite besteht und eine Währung zur Schwäche neigt, ist das Risiko, auf eine Abwertung zu spielen, relativ gering. Auf diese Art hat der Spekulant Soros seinen großen Gewinn im britischen Pfund gemacht.

Natürlich ist die Europäische Währungsunion nach der Vergrößerung der Schwankungsbreite heute faktisch von ihrem Ziel weiter entfernt, als sie es vor fünf Jahren war. Eine einheitliche Inflationsrate ist die Grundbedingung für eine gemeinsame europäische Währung. Und diese kann man nur erreichen, wenn sich die Löhne, die Produktivität und die Steuern vollkommen gleich entwickeln, also von einer europäischen Regierung bzw. von europäischen Gewerkschaften bestimmt werden. Sollten gewisse Ultra-Europäer in ihrem überstürzten Ehrgeiz Europa die gemeinsame Währung vor dem Erreichen dieser einheitlichen Entwicklung überstülpen, wird dies schlimme Folgen haben und den Einigungsprozeß um Jahrzehnte zurückwerfen.

Wenn die europäische politische Union die Voraussetzung für die Währungsunion ist, stellt sich nur noch eine Frage: Kommt es zu den Vereinigten Staaten von Europa – gelingt der Sprung vom Staatenbund zum Bundesstaat?

Da ich sehr langfristig an die Europäische Währungsunion glaube, bin ich, meiner Argumentation folgend, auch der Überzeugung, daß es zum politisch geeinten Europa kommen wird. Zu meinem großen Schmerz werde ich jedoch nicht mehr Bürger dieser Vereinigten Staaten von Europa sein. Zu groß sind die noch bestehenden Unterschiede zwischen den einzelnen Ländern. Wenn eine einheitliche Inflationsrate die Grundvoraussetzung für eine europäische Währung ist, dann muß auch der Warenkorb zur Messung des Preisdurchschnittes der gleiche sein. Wie aber soll das bei den verschiedenen Lebensgewohnheiten der in Europa lebenden Völker funktionieren? Ich pendele immer zwischen Frankreich und Deutschland hin und her und kann an diesen beiden Ländern, die sich im europäischen Verbund sogar noch am nächsten stehen, sehen, wie gravierend die Unterschiede sind. Für den Franzosen sind das Essen und guter Wein am wichtigsten. Die Deutschen hingegen lieben ihr Auto und ihr Eigenheim. Für die Engländer hingegen spielt das

Essen keine wichtige Rolle, die Kleidung dafür aber um so mehr. Heizöl ist für die nördlichen Länder im Winter ein gewichtiger Faktor, die Griechen, Italiener und Spanier kümmert es hingegen überhaupt nicht.

In der Politik sind die Gegensätze genauso groß. Die Franzosen reagieren besonders empfindlich auf Arbeitslosigkeit und das Absinken des Lebensstandards, die Deutschen dagegen fürchten die Inflation. Deshalb ist man in Frankreich viel eher zu einer Geldpolitik mit etwas höherer Inflation bereit als in der Bundesrepublik, wo die Sparer auf die Zinsen und die Rente schielen. Dem Franzosen sind die Zinsen nicht so wichtig, er investiert viel Geld in Aktien.

In der Außenpolitik wollen England und Frankreich auch heute noch die Rolle einer kolonialen Großmacht spielen und sich nicht einem europäischen Konsens unterordnen. Deutschland dagegen hat seine Souveränität mit Sitz in der Uno erst vor wenigen Jahren erlangt und ist es gewohnt, in Gemeinschaft zu handeln.

In der Umweltpolitik dagegen sind die Deutschen Vorreiter. Die Umweltsteuern, die sie einführen, werden sie auf Europa, wegen des mangelnden Bewußtseins der Nachbarn, nicht ausdehnen, sie aufgrund des innenpolitischen Drucks aber auch nicht fallenlassen können.

Die politische Instabilität in den zur Europäischen Union gehörenden Ländern ist eine weitere Hürde auf dem Weg zum geeinten Europa. Die Regierungen sind immer nur auf vier oder fünf Jahre gewählt. Finden die zwölf Staaten während der Verhandlungen einen Konsens, kann dieser bei Vertragsunterzeichnung schon wieder Makulatur sein, weil zwischenzeitlich in einem der Länder ein Regierungswechsel stattgefunden hat und die Interessen nun plötzlich völlig anders liegen. Man stelle sich vor, die Bundesrepublik bekäme eine rot-grüne Regierung. Europäische Übereinstimmung in der Energie- und Umweltpolitik wäre dann wohl kaum mehr vorstellbar, weil Frankreich keinesfalls dazu bereit wäre, auf die Atomenergie zu verzichten, während die Grünen auf dem Ausstieg bestehen würden.

Es wird also noch sehr lange dauern, Schotten und Sizilianer, Dänen und Griechen, Ostfriesen und Portugiesen unter einen Hut zu bekommen. Johann Wolfgang von Goethe sagte: »Wer franzet oder britet, italienert oder teutschet, einer will nur wie der andere, was die Eigenliebe heischet.« Die gesamte Diskussion, wann und ob überhaupt irgendwann die europäische politische Union oder die gemeinsame europäische Währung kommt, ist für mich viel weniger wichtig als der Glaube an Europa. Der Glaube ist es bekanntlich, der die Berge versetzt. Und solange die Vision des geeinten Europas in den Köpfen der Verbraucher, der Anleger und vor allem der Unternehmer lebt, ist alles in bester Ordnung. Mit Blick auf die Zukunft wird fieberhaft investiert, gebaut und gegründet. Die Unternehmer knüpfen Beziehungen und übernehmen ausländische Firmen, um für das neue Zeitalter gerüstet zu sein. Letztlich entsteht eine Wirtschaftseuphorie, bevor überhaupt der erste Vertrag unterschrieben oder in Kraft getreten ist. Nichts illustriert dieses Phänomen besser als *Donogoo*, ein Theaterstück, das Jules Romains in den dreißiger Jahren schrieb und das ich schon bei der Uraufführung gesehen habe. Heute spielt man es als Klassiker wieder in der Comédie-Française, dem offiziellen klassischen Theater Frankreichs.

Ein junger Abenteurer will Selbstmord begehen. Er hat schon viele Methoden ohne Erfolg probiert und will einen weiteren Versuch unternehmen, seinem Leben ein Ende zu machen. In einem Park begegnet er dem alten Le Trouhadec, einem Professor für Geographie. Auch der alte Professor ist in einem schlechten Gemütszustand. Er klagt dem Selbstmordkandidaten sein Leid. Der Eintritt in die Académie française wurde ihm verwehrt, weil ein wissenschaftlicher Rivale entlarvte, daß Le Trouhadec in einem seiner Bücher von einem Land namens Donogoo, das im südamerikanischen Dschungel liegen und über gigantische Goldvorkommen verfügen sollte, schrieb, dieses Land in Wirklichkeit aber gar nicht existierte.

Plötzlich ist der junge Abenteurer hellwach:»Was«, sagt er, »Donogoo existiert nicht? Dann werden wir Donogoo erschaffen. Wir werden eine Aktiengesellschaft gründen, die Geld einsammelt zur Ausbeutung des Goldes in Donogoo.« Gesagt, getan – er spricht mit Bankiers und Finanziers und gründet die Gesellschaft. Die Aktien werden überall eingeführt, und in der Presse wird viel Werbung für die Goldminen in Donogoo gemacht.

Bald ist das Thema »talk of the town«, und aus der ganzen Welt kommen Abenteurer, Goldschürfer und verkrachte Existenzen. Alle wollen dorthin, wo laut Professor Trouhadec die Goldadern zu finden wären. Gold finden sie kein einziges Gramm, doch während sie dort leben und suchen, müssen die Siedler ihr Leben organisieren. Schnell entsteht eine kleine Stadt mit Geschäften, Kneipen und Häusern.

Die Geschäfte florieren auch ohne das Gold. Im letzten Akt des Stückes sieht man die Einwohner von Donogoo den zehnten Jahrestag ihrer Ankunft feiern. Und während sie zur Feier des Tages eine dem »wissenschaftlichen Irrtum« gewidmete Statue enthüllen, kommt ein Telegramm an, das von der Wahl Professor Le Trouhadecs in die Académie française Nachricht gibt.

Ich habe eines Nachts ein etwas anderes Ende geträumt: Als die Einwohner von Donogoo ihr Jubiläum feiern und gerade die Statue enthüllen, gibt es einen Knall, und Öl schießt aus dem Boden. Es spielt also meiner Meinung nach keine Rolle, ob Europa eine gemeinsame Regierung, eine gemeinsame Währung oder eine Europäische Notenbank bekommt, viel wichtiger ist die Hoffnung darauf.

Kommt es aber eines Tages zur Gründung einer Europäischen Notenbank, dann hoffe ich, daß sie wie die Banque de France, die nach der Verstaatlichung von der Bevölkerung Banque de la France (Bank der Franzosen – sprachlich eine wichtige Nuance) genannt wurde, eine Bank der Europäer sein wird. Eine Deutsche Bundesbank für ganz Europa mit einer monetaristischen Clique an der Spitze, deren einziges Betreiben die Null-Inflation ist, bringt Europa nicht weiter.

Kurz und gut, Jacques Delors war ein Träumer, aber damit hat er Europa geholfen und nicht geschadet.

Anleihen – Spekulationsobjekt oder Anlage für Nervenschwache?

In den letzten Jahren ist ein großes Spekulationsgeschäft in Anleihen entstanden. Eigentlich gelten sie doch als sichere Anlage. Haben sie diese Eigenschaft verloren?

Ganz und gar nicht. Man darf sich von den Medien nicht irremachen lassen. Wer Anleihen eines sicheren Schuldners, zum Beispiel Staatsanleihen, kauft und bis zum Ende der Laufzeit wartet, läuft überhaupt kein Risiko, Geld zu verlieren. Die Papiere werden am Ende immer zu ihrem Nominalwert zurückgezahlt, und der beim Kauf kalkulierte Zins ist dem Besitzer sicher. Während der Laufzeit kann natürlich viel passieren. Viele Anleihen laufen ja zehn und manche sogar dreißig Jahre. Während dieser Zeit schwankt der Zins für langfristige Anleihen zeitweise erheblich. Insbesondere die siebziger und achtziger Jahre brachten große Bewegungen am Geldmarkt. In den siebziger Jahren fielen manche Papiere um 40 Prozent, und in den Achtzigern stiegen sie auf das Doppelte. Da Rentenpapiere, wie Anleihen in Deutschland auch genannt werden, handelbar sind, paßt sich ihr Kurs an die aktuelle Zinssituation an. Fallen die Zinsen am Geldmarkt beispielsweise von 10 auf 7 Prozent, wird eine Anleihe mit einem Kupon von 10 Prozent so weit steigen, daß sie – wie die anderen neu emittierten Papiere – für den Käufer 7 Prozent abwirft. Ein Risiko allerdings nimmt der Käufer einer langfristigen Schuldverschreibung schon in Kauf. Kauft er zum Beispiel eine Anleihe mit einer Verzinsung von 7 Prozent und einer Laufzeit von zehn Jahren, dann kann es passieren, daß während der Laufzeit die Inflation von, sagen wir, 3 auf angenommen 8 Prozent steigt. Nominal gerechnet hat der Anleger dann zwar jedes Jahr seine 7 Prozent Zinsen kassiert, real jedoch jedes Jahr 1 Prozent verloren. Die Steuern, die er auf den Zinsertrag abführen muß und die sein Kapital weiter aufzehren, lasse ich bei dieser Rechnung zur Vereinfachung noch außen vor. Nach

Steuern sieht die Relation besonders bei Großverdienern noch viel verheerender aus.

Deshalb plädiere ich ja auch für die Anlage in Aktien und nicht in Anleihen. Wer in den vergangenen Jahrzehnten sein Geld in Anleihen anlegte, mußte eine reale Verringerung seines Kapitals hinnehmen, wenn er nicht einen der günstigen Zeitpunkte erwischt hat. Manchmal liegt man mit Anleihen kurzfristig natürlich besser. Dann nämlich, wenn die Aktien in einer Konsolidierungsphase oder in einer Baisse stecken. Langfristig jedoch, das beweisen die Zahlen, lohnt sich die Risikoprämie, die man bei der Aktie in Kauf nimmt. Aktienanleger konnten ihr Geld in den letzten Jahren vervielfachen.

Große Versicherungsgesellschaften und Pensionskassen in den USA oder auch in England haben das schon längst begriffen. Sie müssen für die zukünftigen Generationen sorgen und können sich dabei nicht auf festverzinsliche Wertpapiere verlassen, da das Geld einer ständigen Entwertung unterliegt. Ich lebe lange genug, um das beurteilen zu können. Volkswirte könnten es genauer berechnen, doch nach meiner Erfahrung taxiere ich die Kaufkraft eines Dollars von 1946, also direkt nach dem Krieg, auf das Zwanzigfache des heutigen Wertes.

Der beste Inflationsindikator sind die Bettler. Nach dem Krieg fragten sie:»Can you spare a Nickel?« Später gaben sie sich nur noch mit einem Dime (zehn Cent) zufrieden, noch später sogar nur noch mit einem Quarter (25 Cent). Und heute muß es gleich ein ganzer Greenback sein.

Wie auch immer – Dividendenpapiere sind à la longue die bessere Anlage. Ob man sie aber kaufen soll oder nicht, ist letztlich eine Frage des Charakters, des Temperaments, der Nerven, des Alters und natürlich der individuellen persönlichen Situation. Einer alten Dame ohne Erben würde ich eher zu Anleihen raten. Einem jungen Mann, der plant, bald ein Haus für seine Familie zu bauen, und dann sein Kapital benötigt, verbiete ich, sein Erspartes in Aktien zu investieren. Andere, jüngeren oder mittleren Alters, die längerfristig für ihr Alter vorsorgen wollen, sollten unbedingt Aktien kaufen. Die Franzosen, Amerikaner und Engländer tun es auch, nur in Deutschland verhalten sich die Sparer so, als seien sie alle alt und ohne Erben. Eine Geschichte, an die mich noch oft erinnere, weil sie den Charakter und die deutsche Mentalität so wunderbar illustriert, ist folgende:

Eine Dame, eine gute Freundin von mir, die sehr wohlhabend ist, mehrere Millionen auf der Bank hat und nicht einmal die Zins- und Dividendeneinkünfte ausgeben kann, kam eines Abends nach Hause und konnte die ganze Nacht nicht schlafen. Ihr Sohn rief mich am nächsten Tag an:»Stellen Sie sich vor, Herr Kostolany, meine verehrte Mama ist ganz außer sich und hat die ganze letzte Nacht nicht geschlafen, weil sie finanzielle Sorgen hat.« Ich sagte verwundert:»Wieso, ihr Depot bei der Bank ist doch hervorragend. Alles ist sicher angelegt, und die Papiere stehen gut.« – »Ja, ich weiß, aber sie war gestern nachmittag mit Freundinnen zusammen, die beim Kaffeeklatsch nur von ihrer Rente gesprochen haben. Und als sie dann nach Hause kam, fiel ihr ein – mein Gott, ich hab' ja keine Rente.«

Daß sie ein wunderbares, voll bezahltes Haus hatte und für Millionen Wertpapiere in ihrem Depot lagen, war ihr nicht Sicherheit genug. Sie wollte, wie jeder Deutsche, eine Rente. Wenn ich etwas davon verstünde, würde ich ein Buch schreiben: *Wie sicher ist unsere Rente?* Davon ließen sich in Deutschland bestimmt mehr als von meinen Börsenbüchern absetzen.

Neben den mündelsicheren Staatsanleihen gibt es natürlich auch sehr risikoreiche Schuldverschreibungen. Ich erinnere an die Spekulation in den deutschen Young-Anleihen und die Anleihen aus der Zeit der russischen Zaren. Wenn es fraglich ist, ob der Emittent bzw. Schuldner seine Zahlungsverpflichtung einhält, haben diese Papiere eher Aktiencharakter. Dementsprechend werfen sie aber auch eine höhere Verzinsung ab.

In den achtziger Jahren war zum Beispiel der große Boom der sogenannten Junk-Bonds (Müll-Anleihen, diesen Namen hatten sie wirklich nicht verdient). Die Junk-Bonds waren Schuldverschreibungen großer Firmen, die diese zur Finanzierung von Firmenübernahmen einsetzten. Der Käufer derartiger Anleihen konnte manchmal einen Zinssatz erhalten, der doppelt so hoch wie der für Staatsanleihen lag. Dafür nahm er das Risiko in Kauf, möglicherweise von Zinsreduktion, einem Totalausfall der Zinszahlungen oder im schlimmsten Fall Kapitalverlusten betroffen zu sein, falls sich das emittierende Unternehmen mit dem Firmenaufkauf übernommen hatte. Ich selbst habe Junk-Bond-Fonds gekauft, die in ein Sammelsurium dieser Junk-Bonds investierten. Wird dann ein Schuldner zahlungsunfähig, trifft es den Fondsbesitzer nur zu einem Bruchteil, während die Inhaber der geplatzten Anleihe ihr Geld abschreiben können. Junk-Bonds sind interessante Spekulationsobjekte. Wer jedoch erstklassige Staatsanleihen in seiner Heimatwährung kauft, braucht sich um derlei Dinge keine Sorgen zu machen. Zumindest nominal kann er mit dem entsprechenden Sitzfleisch kein Geld verlieren.

Was die Anleihen seit Beginn des Jahres 1994 zum Tagesgespräch machte, ist nicht die Anlage, sondern die reine Spekulation auf die festverzinslichen Papiere. Bei dieser Spekulation geht es nicht um die Frage, ob der Schuldner sein Wort hält und zurückzahlt, sondern nur um Kursschwankungen innerhalb der Laufzeit, manchmal auch nur innerhalb einer Stunde. Spekuliert wird am Terminmarkt oder mit riesigen Krediten, was am Ende auf das gleiche hinausläuft. Schon geringste Veränderungen des Zinsfußes bringen, gemessen am eingesetzten Eigenkapital, erhebliche Gewinne. Ein geradezu perverses Hasardspiel. Für deutsche Anleihenbesitzer war es freilich eine neue Erfahrung, ihre Anleihen an einem Tag um einen Prozentpunkt oder manchmal sogar noch mehr hüpfen zu sehen. Erst seit einigen Jahren werden auf deutsche Bundesanleihen Terminkontrakte an der Londoner Liffe (London International Financial Futures Exchange) gehandelt. Der Umsatz dieses von den Börsianern nur kurz Bundfuture genannten Kontraktes ist gigantisch und übersteigt fast regelmäßig das Volumen der in Deutschland umgesetzten Papiere. Die Tendenz wird also in London und nicht in Frankfurt gemacht. Für die Amerikaner ist diese Entwicklung eher ein alter Hut. Seit Jahren ist der

Kontrakt auf die Treasury-Anleihen der umsatzstärkste am Chicagoer Terminmarkt. Das Volumen, das während des Zusammenbruches 1994 umgesetzt wurde, erreichte jedoch auch hier Rekordhöhen. Der Grund für den Anleihenkrach war wie immer die Folge einer Überspekulation. Durch die weltweite Rezession waren die Inflationsraten und die Zinsen erheblich zurückgegangen. Jeder Spieler, egal, ob klein oder groß, und die groß in Mode gekommenen Hedge-Fonds wollten von dieser Situation profitieren und gingen Anleihen auf Termin long. Die Banken refinanzierten sich bei ihren Notenbanken zu niedrigen kurzfristigen Zinsen und kauften mit diesen Mitteln langlaufende Anleihen mit entprechend höherer Verzinsung. Ein wunderbares risikoloses und zudem uraltes Geschäft, solange die kurzfristigen Zinsen übertrieben tief sind.

Als die US-Notenbank am 4. Februar 1994 die kurzfristigen Zinsen das erstemal wieder anhob, brach natürlich die Panik aus. Die Spieler warfen ihre Anleihen ohne Limit auf den Markt. Das löste entsprechende Zwangsexekutionen an den Terminbörsen aus. Die Banken, die Treasury- beziehungsweise Bundesanleihen im Depot hatten, verkauften am Terminmarkt, um ihre Positionen abzusichern, und trieben so die Kurse weiter nach unten und den Zins nach oben. Einer dieser Hedge-Fonds-Manager, ein gewisser Michael Steinhard, soll Bonds für 30 Milliarden Dollar gehabt haben – natürlich nicht voll bezahlt, sondern zu 96 bis 97 Prozent auf Kredit. Man kann sich vorstellen, wie groß die Engagements gewesen sein müssen, wenn nur ein Fonds 30 Milliarden bewegt hat. Der Crash war jedenfalls da, und die Anleihen sind in kürzester Zeit um 10 Prozent zurückgegangen. Für jemanden, der voll bezahlte Papiere hatte, kein großes Malheur; für denjenigen aber, der mit nur 3 Prozent Eigenkapital gespielt – spekuliert wäre hier der falsche Ausdruck – hatte, war es tödlich.

All dies geschah, obwohl kein Anzeichen von Inflation zu erkennen war. Nicht die Anleihen fielen, weil die Zinsen gestiegen waren, sondern die langfristigen Zinsen sind in die Höhe geschnellt, weil die Anleihen fielen. Die Federal Reserve und ihr Präsident Alan Greenspan wollten mit ihrem vorsichtigen Schritt die amerikanische Wirtschaft, die zur Verwunderung der Volkswirte schon wieder zu gut lief, nur bremsen, um eine Inflation gar nicht erst entstehen zu lassen. Im übrigen ist diese angebliche Mutation der Anleihe von der sicheren Anlage zum Spekulationsobjekt keine neue Sache. Solange es Anleihen gibt, wird auf die Preisschwankungen spekuliert. Ich erinnere mich an viele interessante Fälle. Als junger Mann spekulierte auch ich mit nur geringen Eigenkapitalquoten wild in Anleihen herum. Vor dem Krieg ergab sich, wie mir schien, eine einmalige Chance, einen sicheren Gewinn in französischen Staatsanleihen zu machen. Die Bons du Trésor mit einem Kupon von 6 Prozent notierten bei 95 Prozent. Der Fälligkeitstermin war ein Jahr entfernt. Das war eine hervorragende Verzinsung. 6 Prozent bekam man bei Einlösung des letzten Kupons, und 5 Prozent gewann man, wenn die Anleihe zu 100 Prozent zurückgezahlt wurde. Ich dachte mir, ein derart sicheres Geschäft könne man selten finden, und kaufte die Anleihen mit einem Eigenkapitaleinsatz von 5 Prozent. Das Geld konnte ich zu einem viel geringeren Zinssatz ausleihen, als mir die Anleihen versprachen. Frankreichs politische Situation war damals sehr labil, das Budgetdefizit hoch, und es gab andauernd Angriffe gegen den französischen Franc, so wie man sie in den vergangenen Jahrzehnten auch immer wieder beobachten konnte. Nachdem ich die Anleihen gekauft hatte, kam es erneut zur Spekulation gegen die französische Währung. Jeder wollte von der Abwertung, wie sie einige Male vorher schon stattgefunden hatte, profitieren. Daraufhin erhöhte die Banque de France die Zinsen radikal, um den Franc zu stützen und die rasant steigende Kreditnachfrage in französischen Francs zu bremsen. Es sah so sicher nach einer Abwertung aus, daß die Spekulanten bereit waren, Franc für 3 bis 4 Prozent Zinsen im Monat auszuleihen, manchmal sogar zu einem Prozent pro Tag, wenn über das Wochenende oder über Nacht mit der Abwertung der französischen Währung gerechnet wurde. Man lieh die Francs aus und verkaufte sie gegen

Dollars oder britische Pfunde, um sich später günstiger wieder einzudecken.

Der Zinsanstieg erwischte auch meine Bons du Trésor, und ihr Kurs sackte auf unter 90 Prozent in den Keller. Ich mußte verkaufen, war pleite und hatte mein ganzes Geld verloren.

Eine ähnliche Erfahrung habe nicht ich, sondern einige meiner Kollegen nach dem Ersten Weltkrieg mit sogenannter Zinsarbitrage gemacht. Es handelte sich um eine Clique von vierzig bis fünfzig osteuropäischen Spekulanten, die nach dem Krieg in Amsterdam lebten. Sie hatte ein lukratives Geschäft entdeckt. Zwischen dem holländischen Gulden und der Reichsmark bestand eine vierprozentige Zinsdifferenz. Die Währungen basierten damals auf dem Goldstandard, und de jure bestand eine fixe Parität zwischen Reichsmark und Gulden. Natürlich existierte eine kleine Bandbreite von 2 Prozent. Nehmen wir der Einfachheit halber an, der fixe Kurs betrug 100 Gulden für 100 Mark. Der Kurs der Reichsmark konnte also zwischen 99 und 101 floaten. Fiel der Kurs unter 99, mußte die Reichsbank stützend eingreifen. Umgekehrt war die niederländische Notenbank in der Pflicht, dann Gulden zu kaufen, wenn die Reichsmark über 101 stieg. Genauso funktionierte bis vor kurzem auch das Europäische Währungssystem, und in den neuen Spannen von 15 Prozent funktioniert es noch so. Niemand zweifelte damals daran, daß diese Paritäten Bestand haben würden. Das Geschäft, von dem die Karpaten, wie sie wegen ihrer Herkunft genannt wurden, monatelang lebten, war also ganz einfach. Aufgrund der vierprozentigen Zinsdifferenz konnten sie in Amsterdam Reichsmark auf dreimonatigem Termin für 98 kaufen, obwohl die Mark sich bei 99 an der unteren Unterstützungslinie bewegte. Die Devisenhändler mußten nur die drei Monate warten, um im schlechtesten Fall den Betrag zum unteren Kurs von 99 Reichsmark pro Gulden zu versilbern. Da ja ganz offensichtlich kein Risiko bestand, konnte man bei den Bankiers mit 5000 Gulden Eigenkapital 100 000 Reichsmark auf dreimonatige Lieferung kaufen. Es lockte also ein Gewinn von 1000 Gulden pro eingesetzten 5000 Gulden. Das entsprach einer

Verzinsung von 20 Prozent in nur drei Monaten. Da die Spekulanten dieses Geschäft jedes Quartal wiederholten, konnten sie 80 Prozent pro anno kassieren. Ein hübsches Geschäft, dachten sie, doch ihre Champagnerlaune wurde aus heiterem Himmel gestört.

1929/30 fand im Pariser Hotel George V eine Konferenz zwischen Frankreich, England und Deutschland statt, auf der festgelegt werden sollte, was Deutschland an die Siegermächte zu zahlen haben würde. Die französische Regierung Poincaré wollte den ehemaligen Kriegsgegner ausquetschen. Sie stellte sich auf den Standpunkt, Deutschland müsse entscheidend geschwächt und politisch entmachtet werden. Außerdem hätten die französischen Städte die größten Zerstörungen hinnehmen müssen und daher wären hohe Zahlungen nötig. Die Engländer waren dagegen wesentlich moderater. Ihr Land hatte ja auch kaum Kriegsschäden zu verzeichnen gehabt. Außerdem war England nicht daran interessiert, Frankreich zu stark und damit zur einzig kontinentalen Großmacht werden zu lassen. Die alte Konkurrenz zwischen England und Frankreich lebte wieder auf. Es waren schwierige Verhandlungen und Auseinandersetzungen.

Die Konferenz ging ergebnislos zu Ende, und Frankreich wurde von den Engländern aufgefordert, einen neuen, humaneren und realistischeren Vorschlag auszuarbeiten. Einige Tage später kamen die Partner erneut am Verhandlungstisch zusammen, und der französische Finanzminister präsentierte eine neue Variante zur Regelung der Reparationsfrage. Diese wich von der vorherigen jedoch so wenig ab, daß der englische Schatzkanzler Philip Snowdon (der spätere Lord Snowdon) einen Wutausbruch bekam, auf den Tisch schlug und sagte: »Das ist grotesk und lächerlich!« Die Konferenz war geplatzt. Am Devisenmarkt in Amsterdam brach eine Panik aus, und die Reichsmark fiel mehrere Punkte unter ihren Unterstützungskurs. Die Positionen der Karpater-Clique rutschten ins Minus und wurden zwangsexekutiert, da die hinterlegte Deckung aufgezehrt war. Sie verloren mehr Geld, als sie zuvor mit diesem »todsicheren« Geschäft verdient hatten.

48 Stunden später war der Spuk bereits vorüber. Die Mark fand ihr Gleichgewicht wieder und kehrte in die festgelegte Bandbreite zurück. Für die Spekulanten jedoch war auch das zu spät.

Ich weiß nicht, ob sich noch einige Börsianer älteren Semesters an dieses Unglück erinnern, unvergeßlich jedoch ist der Ausspruch des späteren Lord Snowdon, »grotesk und lächerlich«, geblieben. Er war danach noch lange in aller Munde, sogar in den Kabaretts.

Solche Pleiten habe ich unzählige Male erlebt. Einer meiner Freunde machte Zinsarbitrage zwischen Dollar und Schweizer Franken und ist daran zugrunde gegangen.

Sie ziehen Aktien den Anleihen vor.
Existiert denn nicht aber eine Beziehung
zwischen beiden Wertpapierarten?
Es besteht natürlich eine Beziehung zwischen den Anleihezinsen und den Aktien. Die Anleihepreise bestimmen nur den langfristigen Zins, der kurzfristige Zinsfuß ist aber auch von großer Bedeutung. Die Zinsentwicklung spielt auf zwei Ebenen eine, wenn nicht sogar die entscheidende, Rolle für die mittelfristige Börsentendenz.

Zunächst einmal stehen Anleihen als Anlagemedium aber in Konkurrenz zur Aktie. Alle Anleger, große und kleine, Fondsmanager großer Versicherungen und Pensionskassen genauso wie kleine Sparer, müssen entscheiden, welche der beiden Anlageformen sie wählen – Aktien oder Anleihen? Entscheidend für die Beantwortung dieser Frage ist die Höhe der Zinsen, die die Anleihen abwerfen. Liegen sie erheblich höher als die Inflationsrate und die Dividendenrendite von Aktien, fällt die Wahl tendenziell auf die Festverzinslichen. Ist dagegen die Verzinsung der langfristigen Anleihen mager, sind die Anleger bereit, für die Chance auf Kurssteigerungen ein etwas größeres Risiko hinzunehmen, und satteln auf Aktien um. Wichtig bei dieser Betrachtung sind natürlich auch die Gewinne, Dividenden und Zukunftsaussichten der einzelnen Gesellschaften. Steht es mit allen dreien, insbesondere der Dividende, zum besten, können Aktien auch etwas höhere Zinsen am Anleihemarkt verkraften. Diese Situation erlebt man zumeist am Anfang einer Hochkonjunktur, wenn die Zinsen aufgrund der erhöhten Kreditnachfrage der Industrie zu klettern beginnen und gleichzeitig die Gewinne und Dividenden der Aktiengesellschaften nach oben schnellen.

Der zweite Faktor, der über die Zinsen gesteuert wird, ist die Liquiditätsversorgung. Hier geben die kurzfristigen Zinsen den direkteren Hinweis. Während der langfristige Zins am Anleihemarkt durch Angebot und Nachfrage bestimmt wird, werden die kurzfristigen Zinsen durch die jeweilige Notenbank des Staates festgesetzt. Zu diesem Zinssatz, in den meisten Ländern ist es der Diskont, können sich die Banken refinanzieren. Sind diese Zinsen hoch, ist die Nachfrage entsprechend gering, und umgekehrt steigt die Nachfrage bei geringem Zinssatz. Je nachdem, wie hoch die Nachfrage ist, fließt mehr oder weniger frische Liquidität ins Finanzsystem. Die Liquidität ist nun einmal das Lebenselixier der Börse. Natürlich stehen die kurz- und langfristigen Zinsen in einer engen Beziehung zueinander. Sind beispielsweise die kurzfristigen Zinsen genauso hoch wie die langfristigen, werden die Sparer ihr Geld kurzfristig anlegen, denn es besteht kein Grund, das Kapital langfristig zu binden, wenn kurzfristig genauso gute Zinsen dafür zu erzielen sind. Dementsprechend läßt die Nachfrage nach langfristigen Papieren nach. Umgekehrt werden Industrieunternehmen zur Finanzierung Anleihen emittieren, denn so können sie sich langfristig ebenso günstig verschulden wie kurzfristig. Daher steigt das Angebot an Anleihen, die Kurse fallen, und der langfristige Zins steigt wieder über die Sätze am kurzen Ende.

Mittelfristig ist die Zinsentwicklung für die Börse wesentlich wichtiger als die konjunkturelle Situation. Die Erfahrung hat gezeigt, daß der Aktienmarkt in einem Abstand von drei bis zwölf Monaten der Tendenz am Anleihemarkt folgt. Steigen also die Zinsen markant an, wird der Boden am Aktienmarkt heißer.

Fallen jedoch die Zinsen insbesondere in einer Rezession, dann muß man sich so verhalten wie in einem alten Witz über Grün, der von seinem Freund zum Abendessen eingeladen wird. »Montag kann ich nicht«, sagt Grün, »am Montag spielt Shapiro.« – »Dann komm Mittwoch!« – »Da kann ich auch nicht. Da spielt Shapiro.« Der Freund wird langsam ärgerlich: »Dann komm am Donnerstag oder Freitag!« – »Da kann ich leider auch nicht«, verärgert Grün seinen Freund noch weiter, »da spielt Shapiro auch.« Der Freund ist außer sich: »Sag mal, wer ist dieser Shapiro? Wo spielt er, und was spielt er?« Grün gibt vielsagend zur Antwort: »Wo er spielt und was er spielt, weiß ich nicht. Aber wenn er spielt, bin ich bei seiner Frau.« Also wenn die Zinsen fallen, dann muß man in die Börse einsteigen, ohne großes Wenn und Aber. Ist die wirtschaftliche Situation à la longue außerordentlich positiv, kann die Börse auch geringen Zinssteigerungen standhalten. Denn natürlich sind die Zinsen nicht der einzige Einflußfaktor. Er ist unter allen anderen Faktoren wie Innen-, Außen-, Steuer- und Sozialpolitik aber der wichtigste. Das letztemal beschrieb ich diesen Einfluß mit Hilfe des anschaulichen Shapiro-Witzes in *Capital* Anfang 1992, als die amerikanische Wirtschaft noch voll in der Rezession steckte und die Notenbank die Zinsen Stück für Stück heruntergesetzt hatte.

Der Irrglaube, der sich besonders in den Köpfen der mit der Aktienanlage wenig vertrauten deutschen Sparer festgesetzt hat, ist der, daß die Aktien nur in einer Hochkonjunktur steigen. Das Gegenteil ist fast immer der Fall. Gerade ein rezessives Umfeld ist gut für Dividendenpapiere. Die Notenbank wird dann die Zinsen senken und die Geldmenge ausweiten. Da die Wirtschaft immer langsamer reagiert als die Börse (der Hund und der Mann), fließt das frische Geld zunächst an die Börse und treibt die Kurse nach oben. Reagiert dann auch die Wirtschaft auf die Geldzufuhr, wird ein Teil der Liquidität für Direktinvestitionen verbraucht und kann nicht mehr an den Aktienmarkt fließen. Eine Zeitlang gehen dann steigende Gewinne und Dividenden am Aktienmarkt und die Wirtschaft parallel, bis dann schließlich die Direktinvestitionen dem Aktienmarkt den Geldstrom abschneiden, die Notenbank zu Bremsmanövern veranlassen und die Kurse damit auf Talfahrt schicken.

Das deutsche Wirtschaftswunder nach dem Zweiten Weltkrieg schlug sich zum Beispiel erst mit erheblicher Verzögerung am Aktienmarkt nieder. Die Direktinvestitionen für den Wiederaufbau sogen so viel Liquidität auf, daß für die Aktien nichts mehr übrigblieb. Erst als die Konjunktur in ein ruhigeres Fahrwasser kam, konnte das Geld in die Dividendenpapiere fließen. Die Aufwärtsbewegung war dann um so gewaltiger.

Wie lange es dauert, bis die Aktien steigen, wenn die Liquiditätsversorgung stimmt, hängt von einem zweiten Faktor ab: der Psychologie. Ist diese negativ, bewegt sich die Börse im Zickzack seitwärts. Erst wenn die Stimmung dreht, und das passiert bei reichlicher Geldversorgung irgendwann automatisch, beginnen die Kurse zu steigen. Auch hier ist natürlich der Umkehrschluß möglich. Ziehen die Zinsen an und geht das Geldmengenwachstum zurück, können die Aktien zwar noch eine Zeitlang seitwärts tendieren oder in einer Euphorie sogar steigen, solange die Psychologie noch positiv ist. Irgendwann jedoch muß die Börse mangels Liquidität die Hausse beenden. Der Krach steht dann unausweichlich vor der Tür.

Die psychologische Situation ist schwer zu analysieren. Es gibt, wie ich schon erklärt habe, zwar gewisse Indikatoren, doch die Zinsentwicklung ist wesentlich unmißverständlicher interpretierbar. Die richtige Einschätzung der künftigen Zinsentwicklung ist für die richtige Prognose am Aktienmarkt daher unbedingt notwendig. Einfach ist auch sie freilich nicht. Die Zinsen werden von den Notenbänkern bestimmt, und diese wissen selbst nicht, wie sie in drei Monaten diktieren werden. Ihre Entscheidung hängt von unzähligen Faktoren ab, von den Rohstoffpreisen, dem Konsumentenverhalten und der Investitionslaune der Unternehmer. Diese Faktoren hängen wiederum im wesentlichen von der allgemeinen psychologischen Situation ab.

In diesem Zusammenhang möchte ich gleich mit einem weiteren Irrglauben aufräumen. Viele behaupten, eine hohe Inflationsrate sei schlecht für die Aktien. Das stimmt zwar de facto auch, eine direkte Verbindung besteht jedoch nicht. Aktien sind Sachwerte und profitieren eigentlich von der Inflation. Schädlich an der Inflation sind nur die Maßnahmen, mit denen die Notenbank diese bekämpft – nämlich steigende Zinsen und Liquiditätsverknappung.

Rohstoffe – eine Versicherung gegen Inflation?

Die Rohstoffe haben eine lange Baisse hinter sich. Viele setzen auf die Renaissance. Glauben Sie auch daran?

Die Rohstoffpreise sind von der Konjunktur abhängig. Sie stehen zwar wieder etwas höher, liegen aber noch immer sehr tief, wenn man die vergangenen Jahrzehnte betrachtet. Wenn die von mir prognostizierte Wirtschaftseuphorie kommt, werden auch die Rohstoffpreise steigen – gar keine Frage. Wird die Konjunktur besser, erhöht sich die Industrieproduktion und damit natürlich auch die Nachfrage nach den Grundstoffen. Das kann Kupfer sein, zum Beispiel für den Bau, oder Platin für die Autokatalysatoren oder Silber für die Fotoentwicklung. Und steigt durch die Hochkonjunktur der Wohlstand, nimmt auch die Nachfrage nach den sogenannten Edelmetallen und dabei insbesondere nach Gold zu, weil mehr Schmuck und Münzen abgesetzt werden können. Und auch die Energiepreise werden steigen, denn für jede Produktion und fast jede Dienstleistung wird doch Energie gebraucht.

Wie stark die Rohstoffpreise steigen, hängt in hohem Maße aber auch von der Technologie ab. Werden neue Materialien oder neue Verfahren entwickelt, kann die Nachfrage nach bestimmten Rohstoffen trotz Konjunkturerholung abnehmen. Die Technologie ist die große Imponderabilie in der Rechnung. Ohne sie wäre es leicht, die zukünftige Entwicklung der Grundstoffpreise in Abhängigkeit von der jeweiligen Konjunktur zu bestimmen. Man kennt die Rohstoffvorräte und den Bedarf. Wächst

101

die Wirtschaft um 3 Prozent, steigt auch der Bedarf um 3 Prozent. Die Kupfer-, Silber- oder Ölvorkommen reichen noch bis ins Jahr X. Jeder kann sich also ausrechnen, wann sie knapp werden und die Preise zu steigen beginnen. Was man aber nicht im voraus kennt, sind die noch unentdeckten Vorkommen eines Rohstoffes. Neue Suchverfahren können völlig neue Wege eröffnen. Und genausowenig kann man wissen, was die Forscher an künstlichen Materialien entwickeln, und so natürliche Rohstoffe ersetzen. Man denke nur an Nylon, das plötzlich die Nachfrage nach der zuvor so gesuchten Seide einbrechen ließ.

Das beste Beispiel für falsche Rohstoff-Preisvoraussagen lieferte die Ölknappheit vor zwei Jahrzehnten. Ölvorkommen gab es zwar noch ausreichend, doch das Angebot lag zu über 50 Prozent in den Händen einiger arabischer Länder wie Saudi-Arabien, Irak und Kuwait. Diese Länder bildeten ein mächtiges Kartell, die OPEC – heute jedem ein Begriff –, und verknappten das Angebot künstlich. Die Preise schossen in die Höhe. Viele werden sich noch an die beiden Ölpreisschocks in den siebziger Jahren erinnern, die den Preis für das Barrel Rohöl innerhalb kürzester Zeit jeweils verdreifachten.

Ich schrieb 1975: »Jubelt die OPEC, weint der Westen.« Die Auswirkungen waren katastrophal. Rohöl war der wichtigste Rohstoff, und die Inflationsraten in den westlichen Ländern explodierten. Die Notenbanken mußten die Zinsen erhöhen, um die Inflationspsychose zu bekämpfen, und paralysierten so die gesamte Wirtschaft. Der damalige Ölminister Saudi-Arabiens, Scheich Yamani, hatte auf dem Wirtschaftsforum in Davos auf die Frage, wohin der Preis steigen werde, geantwortet: »Wie hoch der Preis sein wird, kann ich jetzt nicht genau sagen. Aber eines kann ich mit Sicherheit prophezeien: Er kann nur laufend steigen.« Und zu der von Amerika geplanten Benzinsteuer gab er zu verstehen: »Wir legen fest, wann die Preise erhöht werden.« Und fügte dann noch mit einem liebenswürdigen Lächeln und elegantem Harvardakzent hinzu: »Die OPEC wird den Amerikanern eine schöne Lektion erteilen.« Ich war selbst Teilnehmer des Forums und wollte meinen Ohren nicht trauen. Ein arabischer Minister will Uncle Sam eine Lektion erteilen? Dunkle Prognosen machten damals die Runde. Das Öl werde in den neunziger Jahren, also heute, über hundert Dollar pro Barrel kosten und an den Goldpreis gebunden sein. In der Tat war die Situation bedrohlich. Ich hatte ausgerechnet, daß die Öleinnahmen der OPEC in nur fünf Jahren das gesamte Industrieimperium des Westens samt Infrastrukturen, Bergwerken, Landwirtschaft und Immobilien aufwiegen können – ein Werk, das in 150 Jahren durch Millionen Arbeiter, Techniker und Gelehrte mit Schweiß und Blut aufgebaut worden war. Das war unfaßbar, und Henry Kissinger nannte es »eine wahrhafte Strangulation«.

Es gehörte damals viel Mut dazu, dennoch optimistisch zu sein. In meiner Kolumne und in Vorträgen erzählte ich damals einen alten Witz: Der arme Kohn geht vor dem jüdischen Osterfest zu seinem Freund, dem reichen Grün. Er bittet ihn um Hilfe, weil er kein Geld hat, um Matzen zu kaufen: »Lieber Grün, kannst du mir etwas Geld geben? Ich habe nichts, um meiner Familie Matzen zu kaufen.« Grün antwortet ihm: »Mach dir keine Sorgen, du wirst Matzen haben.« Es vergehen die Wochen, und Kohn hat noch nichts von seinem Freund gehört. Er geht noch mal zu ihm mit der Bitte um etwas Geld. »Du wirst Matzen haben«, gibt Grün die gleiche Antwort und gibt dem armen Kohn wieder kein Geld. Doch es passiert nach wie vor nichts. Am vorletzten Tag nimmt Kohn dann in seiner Verzweiflung die Juwelen seiner Frau aus der Schublade und versetzt sie, um Matzen kaufen zu können. Nach dem Osterfest trifft er den Grün wieder und sagt ihm verärgert: »Du hast mich hängenlassen.« Grün fragt: »Hast du denn kein Matzen gehabt?« – »Doch, ich habe die Juwelen meiner Frau versetzt und davon Matzen gekauft.« – »Siehst du«, antwortet Grün belehrend, »ich hab' dir ja gesagt: Du wirst Matzen haben.« Ich rief meinem Publikum und meinen Lesern zu: »Ihr werdet Öl haben.«

Meine Erfahrung machte mich so sicher. Die Lücke zwischen den Produktionskosten und dem Verkaufserlös, die in der Spitze 10 Cent zu 30 Dollar betrug, war einfach zu groß. Was die OPEC versuchte, war an der Börse keine neue Sache. Sie wollte einen Ring bilden. Doch in meiner langen Börsenkarriere habe ich noch keinen Corner, wie man einen Ring englisch nennt, gesehen, der gelungen wäre. Die Hunt-Brüder waren genauso gescheitert wie der an der Budapester Börse oft versuchte Haferring. Scherzhaft sprach man damals vom »Ring, der nie gelungen«.

Und so mußte es auch der OPEC ergehen. Amerika hatte wieder einen Krieg zu gewinnen – diesmal nicht militärisch, sondern technologisch. Ganz nach dem Motto »Eile mit Weile« bereitete man die Gegenoffensive vor. Die Forscher arbeiteten auf Hochtouren. Man entwickelte energiesparende Autos und erschloß das Nordseeöl. Mexiko, das nicht Mitglied der OPEC war, kam der Preisanstieg auch gelegen. Es erklärte, daß es zwar über große Ölreserven verfüge, diese aber zunächst nicht fördern wolle. Wahrscheinlich wollten die Mexikaner auf noch höhere Preise warten, denn sie konnten, wie Yamani gesagt hatte, schließlich nur steigen. In der Zwischenzeit verschuldete sich das mittelamerikanische Land im Vertrauen darauf, die Schulden von dem in der Erde schlummernden schwarzen Gold locker bezahlen zu können. Genau dies ist auch heute wieder der Fall. Als dann das Schuldenproblem der Entwicklungsländer zur Debatte stand, waren die Kredite Mexikos bereits erheblich angewachsen. Amerika nutzte die Gelegenheit und zwang seinen Nachbarn dann doch zur Förderung seiner Reserven, und dem Markt konnte so weiteres Öl zugeführt werden.

Anfang 1986 war der Spuk vorbei. Die OPEC stellte nur noch rund ein Drittel des täglichen Ölbedarfs und hatte ihren marktbeherrschenden Einfluß eingebüßt. Die Preise brachen zusammen – im Tief sogar bis auf unter 10 Dollar pro Barrel. Scheich Yamani sagte dazu, der Verfall der Preise werde zu einer Finanz- und Währungskrise führen. Diese Äußerung war schamlose Propaganda eines klugen Mannes, der natürlich genau wußte, daß der Westen kein größeres Geschenk hätte bekommen können. Er schürte bei kleinen Sparern die Panik vor der Zahlungsunfähigkeit der Erzeugerländer, in erster Linie der Mexikos. Deren Zahlungsunfähigkeit stand allerdings bereits vorher fest. Der Westen war befreit von der drückenden Inflation, die Energiepreise sanken, und die Zinsen konnten fallen. Die Verbraucher mußten nicht mehr soviel für Benzin und Heizöl aufwenden, sondern konnten dafür andere Produkte kaufen, die die heimische Wirtschaft ankurbelten.

Und wo stehen wir heute? Der Ölpreis erholte sich wieder langsam und bewegt sich seit dem Preiszusammenbruch im Durchschnitt zwischen 15 und 20 Dollar für das Barrel. Nur die Kuwait-Krise ließ ihn kurzfristig noch mal auf astronomische Höhen schießen, danach aber auch wieder genauso schnell fallen. Die Zielpreise, die sich die OPEC auf ihren Wiener Konferenzen steckt, werden regelmäßig unterboten. Steigt der Preis an, produzieren einige Mitgliedsländer mehr, als ihre Förderquote eigentlich erlaubt. Das setzt die Kurse dann wieder unter Druck. Eine weitere Belastung kommt auf den Markt zu, wenn der Irak, der aufgrund des Embargos nicht liefern darf, wieder in die Förderquote eingebunden werden muß. Vieles spricht dafür, daß der Preis noch einige Zeit recht stabil bleiben wird. Auch die Amerikaner sind wegen ihrer eigenen Ölproduzenten und der Energiesparbemühungen nicht daran interessiert, den Kurs noch weiter zu drücken. Steigt er jedoch eines Tages wieder um ein paar Dollar an, wäre das auch kein großes Malheur. Nominal bewegt sich das Barrel Rohöl bei weniger als der Hälfte des OPEC-Richtpreises von 1980. Real ist der Preis aber viel stärker gefallen, denn ein Dollar von 1980 ist nicht ein Dollar von 1995. Die schleichende Inflation hat den Greenback laufend entwertet. Auf DM-Basis sieht es wegen des Dollarkursverfalles natürlich noch günstiger aus.

Die durch die Ölpreisschocks ausgelöste Inflation zog die Preise der anderen Rohstoffpreise mit nach oben. Erst reagierte Gold, Inflationsindikator Nummer 1, und zog die anderen Preise mit. Der schwarze Pförtner am New Yorker Commodity Exchange erklärte mir die Situation folgendermaßen: Er deutete auf die Ecke, in der Gold gehandelt wird, und sagte: »Wenn hier der

Preis steigt, dann machen die anderen es alle nach.« Nur die Ölkrise war damals verantwortlich für den Boom der Rohstoffe, eine wirkliche Knappheit gab es auf den anderen Rohstoffmärkten nicht. Millionen von Spekulanten und Sparern stürzten sich auf Rohstoffe und sonstige Sachwerte bis hin zu alten Kaffeemühlen, um der Inflation zu entgehen. Diese Käufe trieben die Preise nach oben und entfachten eine wahre Inflationspsychose. Mit einer allgemeinen Rohstoffhysterie wie damals rechne ich heute nicht. Natürlich können speziell bei landwirtschaftlichen Produkten die Preise aufgrund schlechter Ernten rasant steigen, so wie man es 1994 bei Kaffee erlebte. Doch eine allgemeine stürmische Hausse wäre nur möglich, wenn das Umfeld wieder stark inflatorisch würde. Dann würde der Goldpreis anziehen und die anderen Rohstoffe, wie der Pförtner so vielsagend erklärte, mitreißen.

Ich halte diese Entwicklung jedoch für weniger wahrscheinlich. Ich glaube an die Aussage Laura Tysons, Präsidentin des Wirtschaftsberatergremiums von Bill Clinton. Sie sagte, die amerikanische Wirtschaft könne in den nächsten zehn Jahren weitgehend inflationsfrei wachsen.

Mit der wachsenden Wirtschaft werden sich natürlich auch die Rohstoffpreise erholen. Steigt der Goldpreis aber von 400 auf 450 Dollar, sollen die Gold-Gurus sich bitte nicht hinstellen und sagen:»Wir haben es ja vorausgesagt.« Die Goldanbeter müssen sich an ihren Prognosen von 1979/80 messen lassen, in denen sie Goldpreise von 3000 Dollar pro Feinunze orakelten.

Sollten Anleger dennoch einen Teil ihres Ersparten in Rohstoffen investieren?

Ich selbst habe wahrscheinlich in allen an den Börsen handelbaren Waren herumgepanscht. Alle diejenigen, die vorhaben, in Rohstoffe zu investieren oder zu spekulieren, aber seien gewarnt: Es ist ein äußerst riskantes Spiel. Keinesfalls sollte der Anleger irgendeinem Warenterminmakler, der seine Dienste am Telefon anbietet, sein Geld anvertrauen. In fast 100 Prozent der Fälle macht er damit nur den Makler reich, egal, ob die Rohstoffe, auf die er spekuliert hat, steigen oder fallen. Eines meiner eigenen Rohstoffspekulationsabenteuer während des Zweiten Weltkrieges ist mir in schmerzlicher Einnerung geblieben. Ich war, wie erwähnt, mit viel Geld in die Vereinigten Staaten gekommen. Wertpapiere wollte ich nicht kaufen. Es roch nach Schießpulver, und so dachte ich, es wäre klüger, in Waren anzulegen. Die Warenterminspekulation kannte ich schon als Baby, sie war sozusagen in meiner Familientradition verankert. Das Ungarn meiner Kindheit war Großproduzent von Getreide, und die Budapester Produktenbörse war der lebhafteste Terminmarkt auf dem Kontinent. Man spielte mit Leidenschaft in Weizen, Hafer oder Pflaumenmarmelade, und wenn einer besonders spitzfindig war, so operierte er in Chicago oder Liverpool. Ernteaussichten, Konsumstatistik und Wetterprognosen gehörten zum Stadtgespräch. Ein besonders heißer Sommer oder ein lang erwarteter Regenschauer konnten für den Spekulanten Reichtum oder Bankrott bedeuten. Viele Jahre später, während meiner Pariser Lehrjahre, sah ich mit Erstaunen, wie die seriösen Herren der Pariser Warenbörse alle zehn Minuten aus dem Saal auf die Straße liefen, um den Himmel zu beobachten. Das größte Spielobjekt war damals Zucker. Und Zuckerrüben benötigen sehr viel Regen, damit sie gehörig gedeihen. Wenn der Himmel blau war, dann stieg der Zuckerpreis um einige Punkte. Zogen hingegen dunkle Wölkchen auf, fiel er zurück. Das war die Börsenlogik – auf kurze Sicht. Denn selbst jemand, der ein unfehlbares Barometer in der Tasche trug, war nicht sicher, damit reich zu werden. Natürlich hatte es Josef, der zweifellos der erste Spekulant der Geschichte war, in Ägypten leichter. Pharaos Traum von den sieben fetten und den sieben mageren Kühen war ein unfehlbarer Tip für seine gigantische Getreidespekulation. Er kaufte das Korn während der sieben fetten Jahre auf und verkaufte es mit sicherlich immensem Gewinn während der sieben mageren Jahre. Doch heute, 7000 Jahre später, verfügen wir Spekulanten nicht über derart präzise Insiderinformationen.

Man muß Ideen haben. Und 1940/41, Amerika war noch neutral, hatte ich folgenden Gedanken. Rohstoffe und Getreide, die nicht wie Weizen, Mais und Baumwolle in Amerika, sondern in Übersee erzeugt wurden, müßten durch den drohenden U-Boot-Krieg knapp werden. Die Handelsschiffe würden nicht mehr unbehindert die Wasserstraßen passieren können, dadurch würden die Frachtraten und die Versicherungsprämien steigen, und die Produkte müßten zwangsläufig teurer werden. Dazu kam noch, daß man den Eintritt Amerikas in den Krieg erwartete.

Das war also die Situation. Ich stellte eine Liste der zu kaufenden Waren auf. An der Spitze stand der Kautschuk, das strategische Produkt Nummer eins, ferner, in Anbetracht der feindseligen Beziehungen zu Japan, Seide und schließlich auch Pfeffer und Zinn, deren Einfuhr aus dem Fernen Osten gefährdet schien. Die Theorie war wundervoll, die Praxis sah leider anders aus.

Kautschuk hatte eine derart große strategische Bedeutung, daß es sogar schon vor Kriegseintritt Amerikas von der Regierung zu einem tiefen Preis requiriert wurde, eine Maßnahme, die es in Friedenszeiten noch nie gegeben hatte. Seide blieb stabil, weil du Pont de Nemours das Nylon auf den Markt brachte und die Nachfrage nach Naturseide in der Folge stark zurückging. Als dann der Krieg mit Japan ausbrach und die Kurse wirklich hinaufschnellen sollten, wurde der Handel in Seide an der Börse eingestellt, und die Kontrakte wurden zu einem Zwangskurs glattgestellt. Und dieser Zwangskurs war natürlich tiefer. Mit Pfeffer und Zinn ging es aus ähnlichen Gründen nicht besser.

Dagegen erwiesen sich die rein amerikanischen Produkte als die richtigen Spekulationsobjekte – obwohl dies gegen jede Logik schien. Präsident Roosevelt war gezwungen, trotz seiner großen Autorität ein gewisses Maß an Demagogie anzuwenden. Er brauchte für seine proenglische Politik auch Stimmen aus dem Süden und dem Mittelwesten. So gewährte er den Besitzern von Baumwollplantagen und den anderen Landwirten

Preis- oder Kreditgarantien für ihre Produkte. Er mußte die Preise nicht nur stützen, sondern ihre Steigerung sogar begünstigen. So hat der Ausbruch des Zweiten Weltkrieges mich um viel Geld gebracht. Die Imponderabilien hatten wieder einmal meine Kalkulation über den Haufen geworfen. Und so ist es mir in Dutzenden anderer Fälle auch gegangen. Was logisch scheint, tritt doch nicht ein. Hier ist die Wissenschaft am Ende, und es beginnt das Feld der Intuition. Und Intuition ist das Produkt der Erfahrung von Jahrzehnten.

Und noch ein anderes interessantes Abenteuer fällt mir ein. Während des Krieges und noch einige Zeit danach war der Getreidehandel reguliert. Jedes Land und jeder Industriezweig bekam gewisse Mengen an Getreide zugeteilt. Damit war auch die Whiskyindustrie gebremst, und die Preise lagen speziell für die großen Marken viel höher als normal. Eine Gallone stand etwa bei 120 Shilling. Reifer Whisky war damals ziemlich ausverkauft, und man konnte aufgrund der langen Lagerungszeit den Bestand nicht so schnell wieder erhöhen. Whisky muß nämlich mindestens drei Jahre in Portweinfässern lagern. Die guten Sorten brauchen bekanntlich sogar zwölf Jahre. Außerdem lag schon damals eine hohe Steuer auf Whisky. Nach der Abfüllung kam etwa das Zehnfache des eigentlichen Whiskypreises als Steuer obendrauf.

Durch die Knappheit gab es eine Riesendiskrepanz zwischen den Herstellungskosten, die etwa bei sechs Shilling lagen, und dem Preis für dreijährigen Whisky, der bereits 100 Shilling kostete, die länger gelagerten Sorten kosteten dementsprechend mehr. Zum Teil waren es die Hersteller, die den Angebotsengpaß ausnutzten, um die Preise zu erhöhen, zum anderen spielten die Spekulanten eine Rolle. Sie lagerten Whisky in Schottland ein. Sie bezahlten die Versicherung und die Portweinfässer. Den frischen Whisky kauften sie bei 30 bis 40 Shilling und konnten ihn nach drei Jahren bereits für 100 Shilling verkaufen. Die Banken finanzierten den Herstellern dieses Geschäft nicht. Sie waren nicht bereit, eine Ware zu finanzieren, auf die man noch den sechsfachen Betrag an Steuern draufzahlen muß und die man nicht sofort veräußern kann. Denn wäre der Schuldner zahlungsunfähig geworden, hätten sie erst abwarten müssen, bis die drei Jahre um sind, um an ihr Geld zu kommen. So sprangen die Spekulanten ein und übernahmen das Risiko, das natürlich existierte, da man nicht wissen konnte, wie der Whisky in drei Jahren stehen würde. Beim Kauf stand der frische Whisky zwar bei 30 und der dreijährige, also der erstmögliche Liefertermin, bei 100 Shilling, doch niemand konnte garantieren, daß dies auch nach drei Jahren noch so sein würde.

Einer meiner Freunde, Stefan Zollner, ein Spekulant, propagierte diese Spekulation sehr stark bei seinen Freunden. Es war quasi ein Wuchergeschäft. Man wucherte nicht mit Geld, sondern mit Whisky. Auch ich wollte mir diesen Deal nicht entgehen lassen, das Risiko war ja nicht besonders hoch. Selbst wenn der schon reife Whisky bei Lieferung auf 60 fiel, war es immer noch ein Profit von 100 Prozent in drei Jahren. Mein älterer Bruder Emmerich, der in London lebte, beteiligte sich auch am Whiskygeschäft. Ich erinnere mich an ein Mittagessen mit meinem Freund Zollner und meinem Bruder im Prunier in London, einem wunderbaren Restaurant. Wir sprachen über Whisky, und als mein Bruder zum Telefon ging, sagte Zollner zu mir: »Du, André, mit dem Emmerich müssen wir vorsichtig sein. Du bist ein Spekulant und weißt, was du riskierst, aber der Emmerich ist hierauf nicht trainiert. Die Marge ist zwar groß, doch alles ist möglich, wie du weißt.« Er hatte recht, und ich empfahl meinem Bruder, nicht noch mehr Whisky zu kaufen. Danach fuhr ich zurück nach Paris, um mich von dort aus wieder auf den Weg nach New York zu machen. Das Flugzeug sollte in Irland und in Kanada zwischenlanden. Aber bereits in Irland hatte die Maschine eine Panne. Und so saßen wir die ganze Nacht im Wartesaal. In den Schaukästen befanden sich irische Erzeugnisse, darunter auch Irish Whiskey mit Literatur darüber. Also nicht Scottish Whisky, sondern Irish Whiskey. Die Literatur nahm ich mit. Aus dieser erfuhr ich, daß der Preis für Irish Whiskey lächerlich niedrig war. Eine Flasche kostete ein Zehntel dessen, was Scottish Whisky in Amerika kostete. In New York studierte ich das Informationsmaterial und merkte, daß Whisky eigentlich aus gar nichts besteht. Es ist reines wertloses Wasser. Ich fragte daraufhin meinen Vater, der vor dem Krieg eine große Schnapsbrennerei besaß, was Whisky eigentlich ist. Er bestätigte mir, was auch ich aus der Literatur entnommen hatte. Nur durch die Steuern und die Marke war der Preis so hoch. Ich dachte mir, die Preise sind völlig aufgeblasen, was mir nicht gefiel. Auch über Öl schrieb ich immer, der Preis müsse irgendwann fallen, wenn die Produktionskosten und der Verkaufspreis zu weit auseinanderdriften. Dieser Überzeugung folgte ich auch hier. Ich verkaufte mein Quantum einem anderen Spekulanten und machte sogar einen Gewinn, da ich ja schon Wartezeit auf meinen Whiskyfässern hatte, und sagte meinem Bruder, er solle das gleiche tun. Einen Käufer zu finden war nicht schwer, da diese Spekulation damals sehr populär war. Ein anderer Freund namens Eugen Weinreb war auch ganz versessen auf das Whiskygeschäft. Er betätigte sich als Zwischenhändler und verdiente so Provisionen. Da es keine offizielle Notierung gab, konnte er sich ordentliche Margen einstecken. Als ich etwas später an der Pariser Börse war, sprach mich ein Freund an und bat mich um meine Meinung zu Whisky. Ich erklärte ihm, welche große Gefahr ich sah und daß Rum auch bei 100 Shilling pro Gallone gewesen sei, weil es während des Krieges keinen Rum gab, und jetzt bei drei stehe. Er war entsetzt. Drei Tage später rief mich mein Freund Weinreb an und war empört:»André, was hast du mir da angetan? Du hast mit einem meiner Kunden gesprochen und Panik über Whisky verbreitet. Jetzt schläft er nicht mehr, denn er hat ein großes Quantum. Wie kannst du mein Geschäft so verderben.« Ich sagte: »Lieber Freund, ich habe nur meine Meinung gesagt, außerdem hat der Zollner mich auf die Entwicklung im Rum aufmerksam gemacht.« Aber er war außer sich und warf mir vor, ich würde Propaganda gegen ihn machen. Da ich ihn sehr gern hatte, besuchte ich ihn am nächsten Tag und schenkte ihm ein Wörterbuch. Erstaunt fragte er mich:»Was soll ich damit?« – »Schau rein«, sagte ich,»das Wort ›Whisky‹ habe ich gestrichen und werde nicht mehr darüber sprechen.«

Ein Jahr später war Whisky unverkäuflich. Alle waren wie versessen auf dieses Geschäft gewesen, und so wurden enorme Quantitäten an frischem Whisky eingelagert und folglich etwas später das Angebot stark erhöht.

Was mich gerettet hat, war die zufällige Flugzeugpanne in Irland. Ansonsten wäre auch ich unter den Verlierern gewesen.

Ich habe mit Rohstoffspekulation gute und schlechte Erfahrungen gemacht, Rohstoffanlage jedoch würde ich nicht empfehlen. Gold legte zum Beispiel in den letzten Jahren eine noch wesentlich blamablere Performance hin als Anleihen. Rohstoffe haben gegenüber Wertpapieren einen entscheidenden Nachteil. Sie werfen keine Verzinsung oder Dividende ab. Der Besitzer ist einzig und allein auf die Preissteigerung angewiesen.

Anleihen bringen jährlich ihren festen Betrag, den man dann wieder anlegen kann. Und auch Aktien zahlen in einer längeren Seitwärtsbewegung wenigstens die Dividende. Diese ist zwar meistens etwas spärlich, doch kann sie zumindest den Kaufkraftverlust des Geldes auffangen. Die klassischen Rohstoffanlagen Gold und Diamanten sind nur dann eine gute Investition, wenn man auf der Flucht sein Land verlassen muß, weil es eine Revolution, Krieg oder ähnliches gibt. Aber sieht es in irgendeinem westlichen Land heute danach aus?

Immobilien – im Sommer soll es weiß sein!

Was halten Sie dann von Immobilienanlagen?

Immobilien sind zwar auch Sachwerte, sie sind jedoch nicht mit Rohstoffen oder Edelmetallen zu vergleichen. Sie werfen auch bei Preisstagnation eine Rendite ab, nämlich den Mietzins. Und wenn man in seiner eigenen Immobilie wohnt, spart man die Miete, die man sonst zahlen müßte, was auf das gleiche hinausläuft.

Als Sachwert für die Flucht, ob man nun selbst geht oder nur das Vermögen, sei dabei dahingestellt, unterscheiden sich Immobilien vom Gold noch stärker als Aktien. Muß man ein Land verlassen, so wie meine Eltern Ungarn verlassen mußten, als es kommunistisch wurde, kann man Wertpapiere und Aktien noch mitnehmen. Möglicherweise nützt das zwar wenig, weil das Land, das man verläßt, kommunistisch und die Aktiengesellschaften verstaatlicht werden. Es besteht in solchen Fällen aber zumindest eine Chance, abgefunden zu werden, und besitzt man ausländische Wertpapiere, spielt es keine Rolle, wo man sie verkauft. Immobilien jedoch sind nicht mobil, der Name sagt es ja schon. Sie müssen zurückgelassen werden und sind damit verloren.

Ich bin für Immobilienanlagen weiß Gott kein Experte, doch ein totaler Laie bin ich auch nicht. Fünf Wohnungen in Frankreich nenne ich mein eigen. Eine davon habe ich vor 42 Jahren für 2000 Dollar gekauft. Heute könnte ich dafür 300 000 Dollar bekommen. Diese Preisentwicklung war natürlich überdurchschnittlich für eine Immobilie. Ich habe aber in den 42 Jahren auch einiges in die Wohnung investiert, und das Viertel, in dem sie liegt, Quai d'Anjou auf der Île Saint-Louis, hat eine besondere Aufwertung erfahren. Außerdem habe ich schon seit Jahren eine Wohnung in Budapest und ein Haus an der französischen Riviera.

Ich bin also keineswegs ein Feind der Immobilienanlage. Verstehen kann ich nur nicht, mit welchem Argument speziell in Deutschland Immobilien verkauft werden.

Ein guter Freund von mir hat eine Firma, die Immobilienprodukte verkauft. Er veranstaltet zur Kundenwerbung regelmäßig Vortragsveranstaltungen, zu denen er auch mich häufig einlädt. Ich spreche über die Börse und er über Immobilien. Seine Prognosen für die Weltwirtschaft und die Geldwertstabilität sind immer negativ – Hyperinflation, Schuldenkrise und Währungsreformen würden auf uns warten, alles sei chaotisch und es gäbe nur eine Möglichkeit, sein Vermögen zu schützen: den Kauf von Immobilien. Abgesehen davon, daß ich seine Ansichten über die wirtschaftliche Zukunft in keiner Weise teile, finde ich es auch nicht besonders beeindruckend, wenn die Immobilien während einer Inflation im Wert steigen. Welchen Nutzen hat der Anleger davon? Seine Wohnung oder sein Haus hat zwar einen höheren Preis, doch um den gleichen Prozentsatz hat sich das Geld entwertet. Damit hat man noch nichts gewonnen. Ich habe dann folgenden Witz erzählt: Der Wunderrabiner geht mit seinen Schülern auf das Feld hinaus, um ihnen das Kunststück des Herrn zu erklären. »Seht ihr, meine Kinder«, sagt er, »alles ist schön grün, die Vögel singen, die Blumen blühen, die Sonne scheint. Was aber jetzt grün ist, wird im Winter alles weiß. Das ist das große Kunststück unseres Herrn.« Da meldet sich einer seiner Schüler: »Wieso, Rabbi, im Winter weiß? Das ist doch kein Kunststück. Im Sommer soll es weiß sein.«

Nicht in der Inflation, sondern in der Hochkonjunktur sollen die Immobilien steigen. Das Publikum hat den Witz leider nicht verstanden. Mein Freund hat herzlich gelacht, seine Vorträge aber dennoch nicht geändert.

Besitzt man bereits die selbstgenutzte(n) Wohnung(en) und das Haus, das man bewohnt, und hat weiteres Sparkapital zur Verfügung, muß man sich entscheiden, ob man weiter in Immobilien oder lieber in mobile Anlagen wie Aktien oder Anleihen investiert.

Die Schar der Geldanleger teilt sich in zwei Gruppen ein. Die einen lieben Immobilien und die anderen Aktien. In Deutschland gibt es wesentlich mehr Immobilienliebhaber als Aktiensparer, soviel ist sicher. In den Vereinigten Staaten ist es umgekehrt. Jeder Sparer muß für sich abwägen, welcher Anlage er mehr zugetan ist.

Der große Nachteil bei Aktien ist, daß der Anleger die Kurse täglich verfolgen kann. Auch wenn er gar nicht hinsehen will, reiben ihm die Tagespresse, das Fernsehen und der Rundfunk jeden Tag die Kurse unter die Augen. Ganz zu schweigen davon, daß im Falle eines größeren Rückschlages die Schlagzeilen von ebendiesem Kunde geben. Es gibt sogar Leute, die nur eine Aktie besitzen und dennoch jeden Tag in den Kursteil der Zeitung schauen. So berechnet der Aktionär ständig seine Gewinne oder Verluste und macht – nolens volens – jeden Tag Bilanz. Das führt zu unüberlegten Entscheidungen. In einem Anfall von Panik wirft der Anleger die Aktien, die für den Ruhestand und die Erben gedacht waren, wieder über Bord. Danach klettern sie dann natürlich wieder, doch unser Anleger ist nicht mehr dabei.

Dieses Problem hat der Immobilienanleger nicht. Seine Wohnung oder sein Haus findet er auf keinem Kursblatt. So werden die Nerven nicht unnötig strapaziert. Immobilien sind aber nichtsdestoweniger großen Schwankungen ausgesetzt. Der Immobilienbesitzer nimmt die Rückschläge allerdings nicht wahr und kalkuliert den Wert seiner Häuser und Wohnungen immer mindestens mit dem Kaufpreis, meistens sogar noch höher. Der Glaube, Immobilien könnten nur steigen, ist nach wie vor weit verbreitet. Erst wenn der Immobilienanbeter seine Anlage wieder versilbern will, wird er aus seinem Traum herausgerissen. Plötzlich merkt er, daß seine Immobilie nach Abzug aller Provisionen und Spesen nur mit Verlust zu verkaufen ist. Bis ein Käufer gefunden ist, der einen angemessenen Preis zu zahlen bereit ist, kann bei Immobilien mitunter vielleicht ein halbes Jahr oder noch länger dauern. Immobilien sind nicht fungibel. Jedes Haus ist anders, und auch die Käufer haben bestimmte Vorstellungen von der Aufteilung, der Lage und vielen anderen Aspekten.

Hier liegt der große Vorteil der Aktie. Sie ist jeden Tag veräußerbar, und eine gleicht der anderen. Kommt man in eine finanzielle Klemme und muß schnell verkaufen, wird man bei Aktien nicht über den Tisch gezogen, sondern erzielt an der Börse einen fairen Preis. Wer ein Haus oder eine Wohnung schnell verkaufen muß, kann nur den erstbesten Käufer nehmen und muß dessen Angebot akzeptieren.

Risikostreuung ist ein anderer Gesichtspunkt, unter dem die Aktie der Immobilie überlegen ist. Schon mit relativ geringen Beträgen kann ein Aktiensparer sein Geld auf unterschiedliche Branchen, ja sogar verschiedene Länder aufteilen. Als Immobilienanleger muß man schon Multimillionär sein, um Vergleichbares zu erreichen.

Und auch die Aufteilung des Erbes ist bei Aktienbesitz leichter. Hat der Verstorbene zum Beispiel 1000 Allianz und 500 Daimler im Depot, so werden die Aktien auf zwei Kinder je zur Hälfte aufgeteilt. Jeder Erbe kann dann entscheiden, ob er liquidieren will oder die Aktien behält. Erben zwei Kinder ein Haus, ist der Streit vorprogrammiert. Will ein Erbe das Geld und der andere die Immobilie im Familienbesitz belassen, zum Beispiel aus Tradition oder wegen des Erinnerungswertes, beginnen die Probleme. Ist der letztere nicht in der Lage, seine Schwester oder seinen Bruder auszuzahlen, bleibt nur der Verkauf. Viele Familien haben sich wegen dieser Angelegenheiten schon überworfen.

Auch das politische Risiko ist bei Immobilien höher als bei Aktien. Da es immer mehr Mieter als Eigentümer gibt, wird in einer Demokratie die jeweilige Regierung eher mieterfreundliche Gesetze beschließen. In vielen Ländern, und speziell in Deutschland, ist der Mieterschutz ja ausgesprochen ausgeprägt.

Wofür ich mich bei der Entscheidung zwischen Aktien oder Immobilien entschieden habe, weiß der Leser. Ich bin ein Mann der Börse und optiere daher für die Anlage in Wertpapieren. Geht es mit den Aktien so weiter wie in den vergangenen fünfzig Jahren, ist meine Wahl die richtige.

Und wie steht es mit Immobilienspekulation?

Wenn man sich auskennt, aber bitte nur dann, kann man in Immobilien spekulieren. Mit der Immobilienspekulation ist es genauso wie an der Börse. Man muß Fachmann sein und sehr viel Erfahrung haben. Es gibt jedoch viele Spekulanten, die mit Immobilien- und Grundstücksspekulationen reich geworden sind. Wer vor vierzig Jahren den Boom, den München oder Frankfurt erlebten, vorausgesehen und in der Innenstadt Immobilien oder Baugrundstücke erworben hatte, hat ein Vermögen gemacht. Man muß wie an der Börse die richtigen Gedanken haben. Der Standort ist wichtig. Der Spekulant muß wissen oder besser erahnen, welche Städte oder Regionen einen Aufschwung erleben und welche unter Strukturproblemen leiden. Es gibt bei der Immobilienspekulation sicher auch Hartgesottene und Zittrige, die beiden Sorten, in die ich die Börsenteilnehmer aufgeteilt habe. Persönlich habe ich nie mit Immobilien spekuliert. Ich kannte mich an der Börse aus, aber nicht auf dem Grundstücks- und Häusermarkt. Es gibt sicherlich eingefleischte Immobilienspekulanten, die sich nicht in die Nähe der Börse wagen, weil sie nicht ihr Fach ist.

Natürlich existieren viele Objekte neben den Wertpapieren, mit denen man spekulieren oder meinetwegen spielen kann. Eines der großen Vermögen Europas, das der Familie Dreyfus (die größte Getreidefirma der Welt im 19. Jahrhundert, Louis Dreyfus et Co.), wurde mit Schiffsraumspekulation gemacht. Die Familie verfügte über die Information, daß die Ernte in Rußland kolossal groß sein würde. Daraufhin kaufte sie allen Schiffsraum am Schwarzen Meer auf, und als die Ernte verschifft werden sollte, konnten sie dieses zum fünffachen Preis losschlagen. Onassis hat sein Vermögen auf ähnliche Weise gemacht. Sein Reichtum war aber ein großer Bluff. Er war nie so vermögend, wie in der Weltpresse berichtet, die ihn als den reichsten Mann der Welt feierte.

Lebensversicherung und Aktie – Konkurrenz oder Koexistenz?

Einige Ihrer Anhänger haben die Nase gerümpft, weil Sie Werbung für Lebensversicherungen gemacht haben.

Stimmt. Sie glauben, ich würde die gemeinsame Sache – die Aktienanlage – verraten. Dies ist völliger Unsinn und absolut lächerlich. Ich plädiere für die Aktie und stecke meine Spargroschen hinein. Das war so und wird auch so bleiben. Das eine hat mit dem anderen aber nichts zu tun. Eine Lebensversicherung schließt man zunächst einmal ab, um Vorsorge für den Todesfall zu treffen. Für einen Familienvater wird sie zum absoluten Muß. Keine Anlage bietet die Möglichkeit, die einem liebsten Menschen vom ersten Tag an abgesichert zu wissen. Überlebt der Versicherte die Versicherungspolice, dann wird die Versicherung zu einer normalen Kapitalanlage, wenn auch nicht zu einer der allerbesten. Der Versicherte und die Versicherung verfolgen jedoch das gleiche Interesse. Der Betreffende soll so lange wie möglich leben.

Mein Plädoyer für die Lebensversicherung gebe ich ab, nicht weil ich dafür bezahlt werde, sondern weil ich es ehrlich meine. Für keinen Preis würde ich jemals etwas loben, woran ich nicht selbst glaube. Kostolany hätte zum Beispiel niemals Werbung für Goldanlagen gemacht. Angebote, für den Krüger-Rand oder ähnliches zu werben, bekam ich im Laufe der Jahre genug. Meine Anhänger, das schmerzt mich ein wenig, sollten es wissen.

Meine erste Lebensversicherung schloß ich 1929 ab. Ich war damals ganze 23 Jahre alt und arbeitete als erfolgreicher Börsenprofi an der Pariser Börse. Meine Eltern wollten ihren jüngsten Sohn André zum langfristigen Sparen anhalten. Etwa nach der Erkenntnis Martin Luthers: »Ein ersparter ist redlicher als ein erworbener Pfennig.« Und es war richtig. Ich verdiente als Börsenmakler zwar sehr gut, doch ich wußte damals schon, daß an der Börse schnell alles anders kommen kann.

Die Versicherungspolice lief über dreißig Jahre und wurde vereinbarungsgemäß am Ende mit 10 000 Dollar (heutige Kaufkraft 200 000 Dollar) je zur Hälfte in französischen Francs und Dollars zurückgezahlt.

Interessant war eine Zusatzvereinbarung, die ich mit der damaligen Versicherungsgesellschaft getroffen hatte. Sie sicherte mir zu, daß sie nach zwei Jahren auch im Falle eines Selbstmordes zahlen würde. Eine normalerweise undenkbare Sache. Ich wundere mich heute selbst darüber, daß ich mich mit 23 Jahren gegen Selbstmord versichern wollte. Aber wenn man total am Ende und mit seinen finanziellen Engagements gescheitert ist, kann Selbstmord manchmal der einzige Ausweg sein, einigermaßen ehrenvoll abzutreten. Im gleichen Jahr wählten nach dem Oktoberkrach einige Wall-Street-Banker und Spekulanten diesen Weg. Auch ich hatte fünf Jahre später tatsächlich Selbstmordgedanken. Als man sich in Amerika und Europa Ende der zwanziger und Anfang der dreißiger Jahre ruinierte und meine Kollegen an Selbstmord dachten, verdiente ich wunderbar als Makler und machte als Baissier ein Vermögen. Nur die rechtzeitige Wende mißlang mir, und so verlor ich mein gesamtes Vermögen, als die Aktien wieder ununterbrochen stiegen. Mitte der dreißiger Jahre war es dann soweit. Ich bekam vom Pariser Gerichtshof eine Verfügung zugeschickt: Das Mobiliar meiner Wohnung werde versteigert, wenn ich nicht bis zum 26. Februar des Jahres meine Schulden begleichen würde. An meiner Tür klebte schon der Kuckuck. Ein Kollege half mir dann zum Glück im letzten Moment aus der Misere. Börsianer sind sehr solidarisch.

Manchmal waren es aber nicht Kollegen, sondern eben Lebensversicherungen, die mir aus der Pleite halfen, weil sie justament dann ausgezahlt wurden, als ich dringend Geld benötigte. Denn nach meiner ersten Police von 1929 habe ich noch ein halbes Dutzend anderer unterschrieben. Bis jetzt habe ich sie alle überlebt. Damit waren sie zwar nicht die brillantesten Anlagen, doch schlechte Geschäfte dieser Art mache ich mit der Assekuranz ausgesprochen gerne. Und so hoffe ich, die kleinen Sechsmonatsprämien für eine Police in den USA noch lange zahlen zu dürfen. Mit 89 Jahren ist man schließlich dankbar für jeden Tag. Gott gebe, daß auch diese Police zu einem schlechten Geschäft für mich werden möge. Lang lebe die Versicherung.

Kosto's Währungsirrgarten

Es bleibt dabei: ... fallen kann er, steigen muß er

*Kommen wir zu den Währungen. In Ihrem Buch
... und was macht der Dollar? haben Sie einen
steigenden Dollar prognostiziert. Ab und zu ist der
Greenback auch gestiegen, doch heute steht er tiefer
als damals. Haben Sie sich da geirrt?*
Ja und nein. Richtig ist, daß der Dollar heute etwas tiefer steht
und meine Prognose insofern noch nicht eingetroffen ist. Ich
warte jedoch mit dem G für Geduld darauf. Einen Fehler kann
ich in meiner Analyse nicht entdecken. Die Fakten, die mich
dazu bewogen haben, den Greenback bullish zu sehen, sind noch
immer aktuell.
Der Kaufkraftparität entsprechend, müßte der Dollar zwischen
2 Mark und 2,20 Mark liegen. Das können die Volkswirte genau
berechnen. Man vergleicht einfach einen ähnlichen Warenkorb
in der Bundesrepublik und in den Vereinigten Staaten und sieht
dann, bei welchem Wechselkurs man in beiden Ländern das
gleiche kaufen kann. Zur Zeit können die Deutschen in den
USA mehr kaufen, als es umgekehrt der Fall ist. Deshalb ist
Amerika für Deutsche bzw. für alle Europäer ja auch ein billiges
Reiseland geworden. *Doch auch die Kaufkraftparität ist nicht
allesentscheidend für eine Währung.* Der Schweizer Franken
hätte sonst schon lange fallen und die türkische Währung aufgewertet werden müssen. Das Gegenteil ist jedoch der Fall. Die
wirtschaftliche Potenz und das Vertrauen, das in ein Land
gesetzt wird, sind ebenso ausschlaggebend. Ich habe immer
wieder gesagt, daß das Schicksal des Dollars eng mit dem Ame-

rikas verknüpft ist. Und das Schicksal Amerikas sieht besser aus, als es die US-Valuta zur Zeit widerspiegelt. Fragt man danach, was ein investierter Dollar in den USA und was er in Europa bringt, beziffern Fachleute den Kurs sogar auf 3 Mark. Amerika ist heute ein Investitions-Eldorado. Die Löhne sind niedriger als in den meisten anderen Industriestaaten, und sie sind auch nach unten flexibel. Geht es einer US-Firma schlecht, sind die Arbeiter auch bereit, Lohnkürzungen zu akzeptieren. So rettete Lee Iacocca Chrysler. In Deutschland wäre Vergleichbares undenkbar, eine reale Lohnkürzung ist mit den deutschen Gewerkschaften nicht zu machen. Bei den Löhnen gibt es für sie nur einen Weg, und der führt nach oben. Ein weiterer Anreiz für Investitionen in den USA sind die tiefen Unternehmenssteuern. Reagans *Steuerrevolution*, wie ich sie nenne, senkte die Körperschaftsteuer auf 33 Prozent und animiert die Unternehmer dazu, zu expandieren, und nicht dazu, Scheinfirmen zu Abschreibungszwecken zu gründen, die keinen einzigen Arbeitsplatz schaffen.

Vor allem auf dem Gebiet der Forschung und Entwicklung können amerikanische Firmen wesentlich freier und unbehinderter von überflüssigen Vorschriften arbeiten. Die gesamte Biotechnologie kommt zum Beispiel aus den USA. In Deutschland wurde die Forschung auf diesem neuen vielversprechenden Sektor durch Hunderte von Auflagen quasi unmöglich gemacht. Und ähnliches geschieht natürlich auch in vielen anderen Branchen. Sowohl Produktion als auch Forschung sind in den USA billiger als in vielen anderen Industriestaaten.

Viele Firmen haben das längst begriffen. Deshalb stammt ein Teil der auf dem US-Markt und in Europa verkauften Autos japanischen Fabrikats heute bereits aus amerikanischen Fabriken. Und auch BMW und Mercedes fertigen mittlerweile auf der anderen Seite des Atlantiks. Aber fertigen Toyota, Mitsubishi, Chrysler oder General Motors in Deutschland?

Hinzu kommt, daß es politische Gefahren bei Uncle Sam nicht gibt. Er ist die einzige verbleibende Großmacht. Kommunisten, die den Reichen an die Brieftasche wollen, gibt es nicht. Diese ganzen Fakten sprechen für Amerika und damit für den Dollar. Nichtsdestoweniger steht er tief. Ich bleibe daher dabei: Der Greenback ist extrem unterbewertet.

__Haben Sie eine Erklärung dafür, daß der Dollar so lange schon unterbewertet ist? Und wann wird er sich wieder erholen?__

Prognosen auf die Zeit mache ich grundsätzlich nicht. Vor Jahren wurde ich von einer holzverarbeitenden Firma aus Hamburg eingeladen, einen Vortrag speziell über die Entwicklung des Dollarkurses zu halten. Der Greenback spielte für sie eine wichtige Rolle, da Holz, wie jeder andere Rohstoff auch, in Dollar fakturiert wird. Ich begann meinen Vortrag mit folgenden Worten: »Sehr geehrte Damen und Herren, Ihre Geschäftsleitung hat mich für ein schönes Honorar eingeladen, damit ich Ihnen eine Prognose für den US-Dollar mache. Ich sage Ihnen gleich, ich weiß nicht mehr als Sie. Aber ich werde Ihnen erklären, warum.« Ich erklärte dann zwei Stunden lang die Funktionsweise des Marktes. Und obwohl ich keine genaue Voraussage machen konnte, hat man nicht bereut, Geld für mein Honorar ausgegeben zu haben. Die Leser dieses Buches werden sich leider mit der gleichen Antwort begnügen müssen. Der Greenback kann noch lange unterbewertet bleiben. Ich erinnere mich an die Suez-Aktie, die ich in Paris short spekulierte, weil ich sie für viel zu teuer hielt. Sie blieb noch jahrelang überbewertet, bis sie endlich den fundamentalen Daten folgte und ich sie günstiger eindecken konnte. Genauso ist es mit einer polnischen Ölgesellschaft namens Dabrowwa passiert. Es dauerte zehn Jahre, bis der Kurs zusammenbrach und ich sie zu einem Zehntel zurückkaufen konnte.

Warum der Dollar unterbewertet ist, weiß ich nicht genau. Ich habe nur eine Ahnung. Die Federal Reserve und die Deutsche Bundesbank sind an einem tiefen Dollar interessiert, und sie haben es geschafft, die Devisenspieler auf ihre Seite zu bringen und eine psychologische Stimmung gegen den Greenback zu schüren. Die Psychologie spielt doch eine herausragende Rolle und kann manchmal über Jahre hinweg Kurse übertrieben hoch oder tief halten. Die Napoleon-Münzen kosteten in Frankreich eine Zeitlang das Doppelte des eigentlichen Goldwertes. Es dauerte Jahre, bis man einsah, daß es unberechtigt war, soviel mehr für die Münzen zu berappen.

Die Amerikaner wollen über den billigen Dollar ihr Handelsbilanzdefizit senken, und die Bundesbank freut sich über den Verfall der Rohstoffpreise, da diese bekanntlich alle in Dollar fakturiert werden. Die Intention der US-Regierung und ihrer Notenbank kann ich durchaus nachvollziehen. Jeder Pfennig, den der Dollar verliert, verbessert die Wettbewerbsfähigkeit der amerikanischen Unternehmen. Der Erfolg zeigt sich bereits deutlich. Die USA haben heute einen Überschuß im Warenaustausch mit Europa. Das Defizit im Handel ist fast ausschließlich auf den Warenaustausch mit Japan und die Ölimporte zurückzuführen. Letztere kann man bei der Betrachtung des Dollarkurses vergessen, da die arabischen Ölexportländer de facto zum Dollarraum gehören. Es bleibt das Defizit mit Japan, das die Federal Reserve weiter zu einer Politik des tiefen Dollars bewegt. Da die Japaner ihren Markt nicht für US-Produkte öffnen, versucht man über den Weg der schwachen Währung, den japanischen Exporteuren die Konkurrenzfähigkeit auf dem US-Markt zu erschweren. Diese Interventionen wirken sich traditionsgemäß natürlich auch auf den Wechselkurs zwischen dem Dollar und der Deutschen Mark aus.

Die Intention der deutschen Währungshüter, die heimische Valuta immer weiter aufzuwerten, ist hingegen unlogisch. Deutschland ist Exporteur mit einem Anteil von rund dreißig Prozent am Bruttosozialprodukt. Die Importe spielen eine weit weniger wichtige Rolle. Und so würde die deutsche Wirtschaft von einem hohen Dollar viel stärker profitieren, als sie es durch einen schwachen tut. Der Bundesbank geht die Geldwertstabilität jedoch über alles. Heute heißt es: Deutsche Mark, Deutsche Mark über alles. Verringert sich das Handelsbilanzdefizit der Vereinigten Staaten irgendwann, wäre dieser Belastungsfaktor vom Dollar genommen.

Vielleicht ist das Handelsbilanzdefizit der Grund für die permanente Unterbewertung der US-Valuta. Die genauen Gründe für die lange Schwächephase wird man möglicherweise erst erfahren, wenn sich der Greenback wieder erholt hat. An der Börse passiert es häufig, daß man die Logik hinter einer Kursbewegung erst viel später erkennt. Bei Schafswolle habe ich das einmal erlebt. In meiner New Yorker Zeit gab es eine völlig unbegründet scheinende Differenz zwischen den späteren Terminen und der prompten Lieferung am Terminmarkt für Wolle. Der viermonatige Termin stand bei 95, während der Kassapreis für Wolle 125 betrug. Normalerweise hätte es umgekehrt sein müssen. Die weiten Termine sind für gewöhnlich teurer, da Lagerkosten und Zinsen für den Käufer, der die Ware juristisch schon besitzt, noch auf den eigentlichen Preis aufgeschlagen werden. Ich konnte mir diese Differenz nicht erklären, sah aber keinen Grund, warum ich nicht davon profitieren sollte. Ich kaufte daher den Viermonatstermin zu 95 und wartete so lange, bis er auslief und ich die Wolle zu 125 verkaufen konnte. Von diesem phantastischen Geschäft habe ich zwei Jahre lang wunderbar gelebt. Es handelt sich dabei nicht um hochspekulative Warentermingeschäfte, deren Erfolg von einer kommenden Preisbewegung abhing, sondern um die einfache Ausnutzung einer unberechtigten Kursdifferenz zwischen dem späten und dem nahen Termin. Der Börsenerfolg reichte mir aber nicht aus. Börsianer sind neugierig, und ich wollte wissen, warum sich diese Differenz ergab. Es dauerte Monate, bis ich endlich hinter das Geheimnis kam. Die Frachtschiffe, die Waffen nach Australien lieferten, transportierten auf dem Rückweg Wolle, um nicht leer fahren zu müssen. Die australischen Exporteure bekamen die sechs Wochen, die das Schiff unterwegs war, aber nur finanziert, wenn sie die Wolle vorher auf Termin verkauft hatten. Und so stand der Terminpreis unter Druck, weil hier das Angebot viel größer war als für sofortige Lieferung, deren Preis zudem durch die kriegsbedingte Nachfrage Auftrieb erfuhr. Es dauerte einige Zeit, bis genügend Schiffsladungen in den USA eintrafen und sich die Preise normalisierten. Wann und ob der Dollar überhaupt noch mal steigt, weiß ich, wie schon gesagt, auch nicht. Ich bin nur der Überzeugung, daß er es in einem Moment tun wird, in dem niemand mehr damit rechnet. Genau so geschah es schon einmal. Am Ende der siebziger Jahre war die Dollarstimmung noch pessimistischer, als sie es heute ist. Der Glaube an Amerika war unter Jimmy Carter verlorengegangen. Der Dollar hatte sich seit 1952 von 4,20 DM auf unter 1,80 DM entwertet. Einige glaubten, die US-Währung sei nur noch ein bloßer Papierfetzen. Ich ließ mich von diesem Dollarpessimismus jedoch nicht anstecken. Mir waren noch die Worte zweier meiner Wiener Freundinnen in New York in Erinnerung. Sie gingen häufig zusammen aus und berechneten dann sorgfältig, wer was für wen ausgelegt hatte. »Du bist mir noch einen Dollar fünfzig schuldig«, sagte die eine. »Davon müssen wir aber noch einen Dollar und siebzehn Cent abrechnen«, entgegnete die andere. »Wie kleinlich, alles auf Dollar und Cent auszurechnen«, sagte ich einmal. – »Warum nicht?« fragten sie. »A Dollar is a Dollar!«

Die Welt bekam damals schnell zu spüren, was »a Dollar« ist. Als niemand damit rechnete, drehte sich die über zehnjährige Abwärtstendenz, und die US-Währung stieg innerhalb von fünf Jahren auf 3,47 Mark. Für viele war es ein Fiasko. Jeder hatte sich im Glauben, die Währung und damit auch die Schulden würden sich weiter entwerten, in Dollar verschuldet. Die 3,47 Mark waren natürlich übertrieben hoch. Sie machten den US-Markt zu einem Magneten für ausländische Waren, und so entstand das Handelsbilanzdefizit. Das erklärte Ziel des 1985 verabschiedeten Plaza-Akkords war eine Abwertung des Dollars auf ein realistisches Niveau. Allerdings hatten die Politiker die Spekulation und die Übertreibung wieder nicht ins Kalkül gezogen. Sie schufen eine so pessimistische Stimmung für die US-Währung, daß der Kurs genauso übertrieben tief fiel, wie er zuvor gestiegen war.

***Sie haben das enorme Haushaltsdefizit der
Vereinigten Staaten nicht einmal erwähnt. Hat es
nicht auch schuld an der Schwäche der US-Valuta?***
Das amerikanische Haushaltsdefizit ist genauso enorm oder
gering wie das Deutschlands oder Japans. Absolut gesehen ist
es natürlich größer, doch absolut kann man die Schulden der
verschiedenen Nationen nicht vergleichen. Kann sich Amerika
nicht ein höheres Defizit leisten als zum Beispiel Luxemburg?
Wenn man die Defizite in den öffentlichen Kassen vergleichen
will, dann muß man dies in Relation zum Bruttosozialprodukt
tun. Wenn man so vorgeht, sehen die Zahlen Amerikas nicht
schlimmer aus als die der anderen Länder auch. Die Verschuldung der Bundesrepublik ist durch die Vereinigung sogar
höher. Und außerdem kommt zum deutschen Defizit noch die
Rentenverpflichtung hinzu, die eine riesige versteckte Schuld
darstellt. In Amerika arbeitet das von den Pensionären zuvor
eingezahlte Geld am Aktienmarkt. Einen Generationenvertrag
gibt es dort nicht. Diese Hintergründe erkennen die Gelehrten
leider nicht. Man hat immer behauptet, Amerika würde auf
Kosten der anderen Länder leben, und wenn die Japaner eines
Tages nicht mehr bereit wären, die amerikanischen Staatsanleihen zu kaufen, würden die US-Zinsen in exorbitante Höhen
schnellen. Seit dem Zusammenbruch des japanischen Aktien-
und Immobilienmarktes sind Nippons Söhne als Käufer quasi
ausgefallen, und was ist passiert? Die Zinsen in Amerika sind
gefallen. Den Vorwurf, den das Ausland immer wieder erhebt,
Amerika würde über seine Verhältnisse leben, seine Jugend
würde statt Coca-Cola Champagner trinken, ist lächerlich.
Wenn man in guten Zeiten keinen Champagner trinken darf,
wann soll man es dann tun?
Ein großer Teil des Defizits in der amerikanischen Staatskasse
ist für die Hochrüstung unter Ronald Reagan ausgegeben worden. Viele behaupten heute immer noch, der Schauspieler Reagan habe die Nation dadurch abgewirtschaftet. Wieder einmal
ist die beste Antwort ein Witz aus der Witzfabrik Europas –
Budapest –, den ich in diesem Zusammenhang gerne erzähle.

Der ängstliche Kovacs will seine ersparten 100 000 Forint anlegen. Der Sparkassendirektor sagt ihm: »Lassen Sie es bei uns. Hier bringt Ihr Geld schöne Zinsen und liegt sicher. « Damit will sich Kovacs jedoch nicht begnügen. »Was passiert, wenn Sie Pleite machen?« fragt er den Direktor. »Keine Angst, für uns garantieren die Nationalbank und der ungarische Staat.« – »Und was ist, wenn der ungarische Staat auch Pleite macht?« bohrt der vorsichtige Kovacs weiter. »Das ist auch kein Problem. Für den ungarischen Staat garantieren die Sowjets«, versucht ihn der Direktor zu beruhigen. Doch mit dem Kovacs ist nichts zu machen. »Was aber passiert, wenn die Sowjets zugrunde gehen?« – »Aber lieber Herr Kovacs, unter uns gefragt, wäre ihnen das nicht 100 000 Forint wert?«

Und das frage ich auch. War der Zusammenbruch der Sowjetunion nicht das Defizit im US-Haushalt wert? Von dieser Entwicklung, die das größte Ereignis seit dem Ende des Zweiten Weltkrieges ist, hat die ganze Welt profitiert, und sie wird in den künftigen Jahren weiter davon profitieren. Vor diesem Hintergrund ist die Kritik europäischer Politiker am US-Haushaltsdefizit eine absolute Dummheit.

Kommt dem Dollar denn überhaupt noch die Rolle der Weltwährung zu?

Der Dollar bleibt die Weltwährung. Seine Schwäche ändert daran nur wenig. »... was macht der Dollar?« – Diese Worte klingen mir seit 1914 in den Ohren wie ein wagnerisches Leitmotiv. Überall auf der Welt wird diese Frage in allen erdenklichen Sprachen gestellt. In den höchsten Chefetagen der Unternehmen und Banken genauso wie am Kaffeehaus- oder Stammtisch. Und solange diese Frage gestellt wird, ist der Greenback die unumstrittene Weltwährung. Wie hoch oder tief sie steht, ist bei dieser Betrachtung nebensächlich. Die ganze Welt denkt doch in Dollar. Wenn man von der Verschuldung der Dritten Welt oder irgendwelcher asiatischer Staaten spricht, dann wird diese Schuld immer in Dollar genannt und kalkuliert. Alle Rohstoffe dieser Welt werden auf Dollarbasis fakturiert. Zugegeben, ein Dollar von heute ist nicht mehr ein Dollar von 1946, aber der Greenback ist immer noch die Währung der Vereinigten Staaten, und das ist schon eine ganze Menge. Welche Währung sollte denn den Dollar ablösen, der Yen oder die Mark vielleicht? Jedes kleine Kind auf dieser Welt weiß, was ein Dollar ist. Er bedeutet Wohlstand, Spitzentechnologie sowie politische und militärische Sicherheit. Welcher kleine Junge in irgendeinem Staat in Afrika kennt jedoch die Mark oder den Yen. Auch wenn es vielen Antiamerikanern nicht gefällt: ... was macht der Dollar? – Diese Frage wird auch in den nächsten Jahrzehnten nicht verklingen.

In Ihrem Dollarbuch sprachen Sie 1987 davon, daß es irgendwann nur noch drei Währungen geben werde – den Dollar, den Rubel und den Yen. Bleiben Sie dabei?
Diese Aussage muß ich hier nun etwas modifizieren. Beim Rubel habe ich damals hinzugesetzt:»Wenn dort inzwischen nichts passiert.« Ich konnte den Zusammenbruch der Sowjetunion natürlich genausowenig voraussehen wie alle anderen auch, doch zog ich eine überraschende Entwicklung aufgrund der neuen Politik Gorbatschows ins Kalkül.
Ich bleibe bei drei Währungen für die ganze Welt. Doch der Rubel fällt weg und wird ersetzt durch eine gemeinsame europäische Währung, die dann auch für Rußland und die ehemaligen Satellitenstaaten der Sowjetunion gilt. Der Yen wird die Währung Asiens und des gesamten pazifischen Raumes. Und in Nord- und Südamerika sowie Afrika und Australien wird man seine Rechnungen in Dollar bezahlen. Eine Wette, die ich anbiete, selbst aber weder zahlen noch kassieren werde.

Was halten Sie von den Prognosen der Devisenhändler?
Von derartigen Prognosen halte ich natürlich überhaupt nichts. Die Meinung der Devisenhändler, die zum Schaden der Volkswirtschaft leider auch noch oft zitiert wird, ist nicht einen Pfennig wert. Die Devisenfritzen, wie ich sie einfach nenne, haben

aus dem Dollarhandel ein Spielcasino gemacht. Wie sollen diese Spieler eine Prognose machen, wenn für sie ein einstündiges Engagement im Dollar schon langfristig ist? Ich erinnere mich noch genau. Vor einigen Jahren war in der *International Herald Tribune* ein Interview mit zwei der erfolgreichsten Devisentrader aus New York abgedruckt. Sie gaben unumwunden zu, daß sie nicht auf eine Stunde, sondern auf zwei Minuten spekulieren. Die Geldinstitute, bei denen sie beschäftigt waren, hielten diese Spielerei sogar für wünschenswert. 1986 hielt ich in Bremen einen Vortrag vor Devisenhändlern. Nach meinem Referat kam ich mit einer jungen Händlerin ins Gespräch, die mir auch bestätigte, daß sie im Laufe eines Tages viele Millionen Dollar hin und her schiebe. Ich fragte sie: »Wie groß sind die Differenzen, die Sie zu erzielen versuchen?« – »Ich spekuliere auf die vierte Stelle nach dem Komma« war die Antwort. Das ist natürlich toll. Man setzt eine Million ein, um 100 Mark zu verdienen. Wenn man das dann mehrmals am Tag macht, kommen vielleicht ein paar Tausender zusammen. Die Händler und ihre Arbeitgeber denken wohl ähnlich wie ein Landstreicher im alten Ungarn, der sich wegen Mordes vor Gericht verantworten muß. »Schämst du dich nicht, einen Mann zu ermorden für nur zwei Gulden?« Aus tiefster Überzeugung kam die Antwort: »Aber, gnädiger Herr Richter, zwei Gulden hier, zwei Gulden dort, es läppert sich zusammen.«

Als ich die Bremer Devisenhändlerin dann fragte, wie sie entscheide, ob sie kaufen oder verkaufen solle, gab sie mir die vielsagende Anwort: »Ich verfolge, was die anderen machen.«

Und dafür muß man nun an den teuersten Universitäten der Welt büffeln? Um auf zwei Minuten so zu spekulieren, wie es der Rest der Horde auch tut? Den Direktor der Devisenabteilung einer deutschen Großbank fragte ich einmal, ob seine Händler überhaupt wüßten, was eine Währung ist. »Ich glaube nicht«, meinte er, »aber das ist auch nicht wichtig, sie müssen nur wissen, wie der Dollar in zehn Minuten steht.« Auf meine Frage, wie er denn verhindere, daß zwei Händler zur gleichen Zeit eine Million long und eine short gehen würden, erklärte er mir, daß

das kein Problem darstelle. Wichtig sei nur, daß jeder der Händler am Ende seinen Schnitt mache. Das gleiche erlebte ich in den späten siebziger Jahren mit einem gewissen Henry Buhl III. Er versuchte, mich als Trader für die IOS-Fonds von Bernie Cornfeld anzuwerben, wahrscheinlich auch, um mich als unbequemen Kritiker loszuwerden. Mit zehn Millionen sollte ich beginnen herumzufuchteln. Wichtig sei dabei vor allem, daß ich viel Umsatz mache. Auf meine Frage, wie er denn verhindern wolle, daß von den anderen Tradern, wir wären insgesamt zehn gewesen, einer 10 000 IBM short spekulieren und ich sie kaufen würde, gab er die gleiche Antwort wie der zitierte Bankdirektor. Ich lehnte den Job damals mit Freuden ab. Das Gespräch mit Herrn Buhl III. war jedoch sehr aufschlußreich. Ich wußte anschließend noch genauer, wie gigantisch die Spielhölle war, die die IOS betrieb, und daß es böse enden mußte. Am Devisenmarkt geht es, getrieben von den immer so scheinbar seriösen Banken, genauso chaotisch zu. Bei der Deutschen Bank zitierte ich während eines Vortrages in Bielefeld einmal aus Richard Wagners *Meistersingern:* »Daß Ihr bei aller Biederkeit der ärgste aller Spitzbuben seid!«
Anfang der achtziger Jahre schätzte der damalige Finanzminister Donald Regan den täglichen Umsatz im 24 Stunden dauernden Devisengeschäft auf 100 Milliarden Dollar. Als ich 1987 mein Buch ... *und was macht der Dollar?* schrieb, waren es bereits 360 Milliarden am Tag. Und heute werden annähernd eine Billion Greenbacks hin und her geschoben. Die Transaktionen, denen realer Handels- oder Dienstleistungsaustausch zugrunde liegen, machen einen immer geringeren Teil aus. Heute kaum mehr als 3 Prozent. Der Rest ist bloße Spielerei der Devisenspieler, die sich verhalten wie Roulettespieler, von einem Tisch zum anderen rennen und ohne ersichtlichen Grund mal auf Rot und mal auf Schwarz setzen. Der Unterschied zu Monte Carlo ist nur, daß diese Spielhölle niemals zumacht. Morgens beginnen die Devisenfritzen in Japan und Sydney, dann eröffnet Hongkong, und bevor diese schließen, beginnt sich das Dollarrad in Europa zu drehen. Die Umsätze werden im Interbanken-

handel fast ausschließlich auf Rechnung der großen Geldinstitute und anderer Großunternehmen getätigt. Um 7.20 Uhr Chicagoer Zeit (14.20 MEZ) eröffnet der IMM (International Monetary Market) in Chicago. Dann beginnt das Devisenspiel für jedermann. Die am IMM in Chicago gehandelten Devisenterminkontrakte werden von Banken genauso bewegt wie von Kellnern, Hausfrauen und Zahnärzten in Europa und den Vereinigten Staaten. Die Broker locken Privatleute, um die Kommissionsmaschinerie am Laufen zu halten. Gezockt wird mit Einschüssen von 3 Prozent. Wenn dann die letzten Devisentrader in San Francisco und Los Angeles ihre Büros verlassen, sind die ersten Tokioer Händler schon wieder an ihren Bildschirmen, und das Spiel beginnt von neuem.

Die kurz- und mittelfristigen Bewegungen am Devisenmarkt werden nur von diesem Spiel bestimmt. Je nachdem, ob die kopflose Menge eher bullish oder bearish eingestellt ist, steigt oder fällt der Dollar um ein paar Pfennig.

Schwankungen von 10 bis 20 Pfennig haben im Dollar schon längst nichts mehr mit fundamentalen Daten zu tun. Es reicht, wenn irgendein deutscher Provinzpolitiker die Bemerkung macht, das Handelsbilanzdefizit Amerikas sei zu hoch, und schon rennen alle in die eine Richtung und verkaufen die Dollars, die sie haben, und weitere auf Termin. Das Ganze läuft ab wie in einem Kino, in dem einer »Feuer!« schreit und alle durch dieselbe kleine Tür hinauswollen. Am Ende gibt es Verletzte, ja vielleicht sogar Tote, obwohl nicht ein Zündholz gebrannt hat. Und keiner denkt darüber nach, daß das Leistungsbilanzdefizit viel geringer ist.

Am Devisenmarkt steht der Dollar aufgrund einer derartigen, hysterischen Reaktion schnell 10 Pfennig tiefer. Als Begründung muß dann am Ende das Handelsbilanzdefizit herhalten, ein Defizit, das schon seit Jahren existiert. Wie immer machen nicht die Nachrichten die Kurse, sondern die Kurse die Nachrichten.

Sollte man das Spiel mit dem Dollar verbieten?

Das würde ich nicht gleich sagen. Die Folge wäre Devisenzwangswirtschaft, und die wäre per saldo für die freie wirtschaftliche Entwicklung noch wesentlich negativer. Außerdem wäre es ein Verbot gegen den momentanen Zeitgeist. Aber zumindest müßte man das Spiel begrenzen. Ich bin zwar durch und durch für Marktwirtschaft, das heißt aber nicht, daß alles erlaubt sein muß. Regeln braucht man natürlich. Montesquieu sagte einmal: »Freier Handel bedeutet nicht, daß man alles machen darf, was man will.«

Ich mache mir jedoch keine Illusionen darüber, daß sich für meine Ansichten eine Mehrheit gewinnen ließe. Viel zu groß ist die Lobby der Banken und Broker, die daran interessiert sind, das Spiel weiter anzuheizen. Der Dollar wird weiter herumgekickt, wie der Ball in einem Fußballspiel. Mal ist er vor dem Tor der grünen Mannschaft und fünf Sekunden später vor dem der blauen. Mal führen die einen und im nächsten Moment wieder die anderen.

Würde man den Dollarkurs festlegen, wäre es genauso, als würde man den Fußball auf einer Stelle des Spielfeldes festnageln. Dann müßte man das Match aber abpfeifen, womit die Fußballfans kaum einverstanden wären.

Ich hätte jedoch noch eine andere Idee, wie man den Spielern den Spaß verderben könnte. Die Notenbanken müßten die Kurse so zu manipulieren versuchen, daß die Mehrheit der Devisenfritzen immer verliert. Per saldo, nach Abzug aller Gebühren, verlieren die Devisenhändler heute zwar bereits, doch auch in Spielbanken verlieren die Spieler statistisch gesehen immer, und trotzdem ist der Roulettesaal jeden Abend voll. Spiel ist eine Leidenschaft, die Vergnügen und auch Leiden schafft. Das höchste Glück des Spielers ist es, zu gewinnen, sein zweitgrößtes ist aber schon das Verlieren. Denn die große Lust des Spielers ist die Spannung zwischen Gewinn und Verlust. Gäbe es keine Verluste, gäbe es keine Spannung und daher auch kein Vergnügen.

Die Verluste der Devisentrader müßten so hoch sein, daß die Vorstände der Geldinstitute den Eigenhandel einstellen würden. Der zur Zeit bekannteste Manager von Hedge-Fonds, mein Landsmann George Soros, ist, wie ich glaube, bei seiner Spekulation auf die Aufwertung des malaysischen Ringgit reingelegt worden. Wahrscheinlich hat ihm irgend jemand die Information zugetragen, die Währung würde aufgewertet. Und als er mit seinem Quantum Fonds investiert hatte, hat die Regierung in Kuala Lumpur nicht auf-, sondern um 10 Prozent abgewertet. Der Fonds verlor damals 3 Milliarden.

Ähnlich ging es einmal einem meiner guten Bekannten, einem gebürtigen Franzosen, der ein erfolgreicher Geschäftsmann in Mexiko war. Er wurde zwar nicht bewußt getäuscht, verlor aufgrund eines scheinbar sicheren Tips jedoch auch ein Vermögen. Er hatte zwischen der mexikanischen Regierung und französischen Industriellen große Geschäfte abgewickelt und stand in einer gewissen Partnerschaft mit den verschiedenen Firmen der Familie Laniel. Einige Tage vor den Osterfeiertagen 1952 traf ich ihn in der Halle des Hotels Carlton in Cannes. Er setzte sich zu mir und stellte mir folgende merkwürdige Frage: »Was halten Sie, André, vom französischen Franc? Glauben Sie nicht, daß er abgewertet werden wird?« Erstaunt antwortete ich: »Warum? Ich sehe keinen Grund dafür.« – »Doch« war die Antwort, »es gibt verschiedene Argumente, die zu kompliziert sind, um sie Ihnen zu erklären. Aber ich glaube, daß er abgewertet wird.« – »Ich verstehe wirklich nicht, warum«, meinte ich. Er blieb aber hartnäckig und behauptete, der französische Franc werde noch vor dem Herbst devaluiert. Viel später erst verstand ich den Grund für seine Sicherheit. Er war ja ein Eingeweihter, da er mit der Gruppe Laniel in enger Verbindung stand und wahrscheinlich sogar in Transaktionen der Gruppe gewisse Interessen hatte. Kurz und gut, einige Tage später, am Ostermontag abends, kam er im Kasino auf mich zu und meldete mit entsetzter Miene: »Soeben erfuhr ich, daß die mexikanische Regierung den Peso um 35 Prozent abgewertet hat.«

Er war außer sich, die Nachricht hatte ihn ungeheuer schwer getroffen. Warum dies so war, entdeckte ich erst später . . . In dieser Zeit war Senator Joseph Laniel Regierungschef. Die finanziellen Schwierigkeiten, die in Frankreich herrschten, waren die Folge eines Mangels an politischer Stabilität, den die ganze Welt beklagte, den aber nur wenige zu beheben überhaupt versuchten. Senator Laniel war Anfang der fünfziger Jahre an die Macht gekommen. Er hatte mit seinen Vorgängern nicht viel Ähnlichkeit. Laniel stammte aus einer der größten Familien der Industrie und des Handels und war Herr über eine Vielzahl von blühenden Familienunternehmen, die ebenso erfolgreich wie solide waren. Vielleicht aus nationalen Gründen, aber wohl auch, weil sich seine persönlichen Geschäfte dadurch noch abrunden würden, wünschte er eine Abwertung des Franc und arbeitete insgeheim darauf hin. Trotz entsprechender Gerüchte, die sich auch hartnäckig hielten, erforderte die Situation jedoch keineswegs eine solch strenge Maßnahme. Jedenfalls glaubten gut informierte Leute, wie zum Beispiel mein Freund, fest an die Abwertungspläne der Regierung, und sie täuschten sich diesmal nicht ganz. Der Regierungschef wollte die Abwertung wohl deswegen, weil er schlicht und einfach gegen den Franc spekuliert hatte. Dabei bediente er sich einer wahrlich genialen Kombination, bei der alle Gesellschaften seiner Familie engagiert waren. Diese Firmen hatten im großen Stil Waren nach Mexiko verkauft. Die mexikanischen Importeure, unter ihnen auch der Staat, hatten mit auf Pesos lautenden Wechseln bezahlt. Wissen muß man dazu, daß der Peso damals eine durchaus solide Währung war. Die Laniel-Firmen reichten die Wechsel natürlich der französischen Notenbank zum Diskont ein. Sie waren also im Besitz eines Guthabens in mexikanischen Pesos und einer Schuld in Franc gegenüber der Notenbank. Das Interesse des Regierungschefs und seiner Familie an einer Abwertung ist leicht zu verstehen, um so mehr, als es sich bei diesem Geschäft um riesige Summen handelte. Eine Schuld in Franc gegen ein Guthaben in mexikanischen Pesos war genaugenommen eine Devisenspekulation auf den Sturz des französischen Franc.

Alles schien »in Butter« zu sein, als ein Hindernis auftauchte, das das ganze schöne Gebäude zum Einsturz brachte. Aufgrund des entschiedenen Vetos des Fachmanns auf diesem Gebiet, des Finanzministers Edgar Faure, fand die Abwertung nicht statt. Er erklärte mir viele Jahre später: »Ich habe überhaupt keine Notwendigkeit dafür gesehen.« (Von den mexikanischen Wechseln wußte er natürlich nichts, er kannte lediglich die scharfe Argumentation Laniels für die Abwertung.) Was dann jedoch passierte, war noch viel dramatischer. Ohne die geringste Vorankündigung, ohne Vorwarnung, gab die mexikanische Regierung am Samstag vor Ostern 1952 eine Blitzabwertung des Peso um 35 Prozent bekannt. Für den Ministerpräsidenten und seine Familie veringerte sich das Peso-Guthaben um 35 Prozent, aber die Schuld in Franc blieb leider gleich. Das zu stopfende Loch war so groß, daß die Familienreserven, die, wie es hieß, sehr bedeutend gewesen waren, darin verschwanden. Ein Regierungschef, der seine Familie zu Spekulationen gegen die Währung des eigenen Landes veranlaßt, das sollte doch eigentlich ein sicherer Tip sein! Ich fragte mich sogar, ob ich mich dieses eine Mal – wenn ich rechtzeitig gewußt hätte, daß Laniel auf den Sturz des Franc spekulierte – nicht doch auch hätte verführen lassen, trotz meiner Überzeugung, daß man Tips nicht trauen soll. Aber so ein Tip! Jedenfalls könnte man mit solchen falschen Tips die Spieler zur Räson bringen. Ich habe keinen Zweifel, daß sie darauf hereinfallen würden. Da die hysterischen Devisenfritzen keine eigenen Vorstellungen, Visionen und Motivationen haben, suchen sie immer händeringend Tips und Gurus, denen sie nachlaufen können. Eine solche Politik läge durchaus im Interesse der Notenbanken, denn häufig müssen die Währungshüter eine Geldpolitik machen, die nicht im Interesse der Wirtschaft liegt, sondern nur dem Zweck dient, sich gegen die Spekulation zu stellen. Bevor das britische Pfund aus dem Europäischen Währungssystem ausschied, mußte die Bank of England die Zinsen extrem erhöhen, um zu verhindern, daß das Pfund, getrieben von den Devisenspielern und allen voran George Soros, unter den offiziellen Stützungskurs fiel. Die Wirtschaft aber steckte zu diesem Zeitpunkt in einer Rezession und hätte billiges Geld dringend gebraucht. Am Ende entschied sich die Regierung dann aber doch, den nationalen wirtschaftlichen Interessen den Vorzug zu geben.

Sie haben einmal gesagt, daß eine Notenbank immer einen Spekulanten als Berater an ihrer Seite haben sollte. Wäre das für die vorgeschlagene Strategie sinnvoll?

Ja natürlich, mich sollten sie nehmen! Das ist natürlich ein Spaß. Ich bin zu alt, und mein Ehrgeiz ist nicht groß genug, um noch eine zweite Karriere anzufangen.

Helfen könnte ich den Notenbanken aber bestimmt. Ich habe auf dem Devisenmarkt eine Erfahrung, die bis ins Jahr 1919 zurückreicht. Ich war als junger Bursche schon Devisenhändler in Wien, dem damaligen Umschlagplatz für mitteleuropäische Devisen. Es wurden die neuen polnischen Mark gehandelt, die tschechischen Kronen, Dinar etc. In diesem Devisendschungel war ich Arbitrageur. Ich tauschte eine Währung gegen die andere und machte am Ende 10 Prozent Profit. Seitdem verfolge ich die Devisenmärkte, manchmal aktiv und manchmal auch nur passiv. Ich habe ja ein ganzes Buch *(... und was macht der Dollar?)* über Devisen geschrieben. Dieses Buch kann ich nur jedem Notenbänker empfehlen. Er würde dadurch lernen, die Spekulation zu verstehen und sie in seinen Transaktionen einzukalkulieren. Genau das vergessen die Notenbanken nämlich leider so oft. Ich befürchte aber, daß es von keinem der Mitglieder der Bundesbank gelesen worden ist.

Nur der ehemalige Notenbankpräsident Karl-Otto Pöhl, den ich, im Gegensatz zu seinem Nachfolger Schlesinger, als ausgesprochen klugen und sympathischen Menschen sehr schätze, interessiert sich für meine Meinung, wenn wir uns gelegentlich auf Empfängen treffen. Er hat sogar noch als aktiver Bundesbankpräsident das Vorwort zu meinem bisher letzten Buch *Kostolanys beste Geldgeschichten* geschrieben. Darauf war ich sehr stolz – daß ein Notenbankpräsident einem Spekulanten für sein Buch ein Vorwort schreibt! Ich hatte mit Karl-Otto Pöhl einmal eine interessante Konversation. Ende 1986 und Anfang 1987 fiel der Dollar innerhalb weniger Tage um rund 20 Pfennig von 2,00 Mark auf 1,80 Mark. Es war unverständlich, wie es zu diesem Rückgang gekommen war. Ich fragte Herrn Pöhl, was für eine Erklärung er für diesen Kursrutsch habe.»Wegen des Haushalts- und Handelsbilanzdefizits«, gab er mir zweifelnd zur Antwort.»Wegen des Haushalts- und Handelsbilanzdefizits? Aber das ist doch beides nichts Neues«, antwortete ich ihm höflich.»Also warum?« wollte er wissen. Ich gab ihm meine Erklärung. Zur gleichen Zeit wurde der französische Franc stark angegriffen. Die französischen Sparer hatten panische Angst vor einer Abwertung des Franc und brachten ihr Geld nach Genf, um es in Deutsche Mark oder Schweizer Franken umzutauschen. Die Franzosen standen in Schlangen an den Schweizer Bankschaltern. An einer Abwertung des Franc innerhalb des Europäischen Währungssystems war Frankreich aber nicht interessiert, und deshalb bekamen die Schweizer Banken den Auftrag, alle Francs entgegenzunehmen und bei der Banque de France abzuliefern. Für diese Devisenrückkäufe zahlte die Banque de France in Dollar, weil der größte Teil der Devisenreserven von allen Nationalbanken immer in der US-Valuta gehalten wird. Diese Kapitalflucht kostete Frankreich zehn Milliarden Dollar. Und diese zehn Milliarden, die die Schweizer Banken für die abgelieferten Francs erhielten, verkauften sie wieder gegen Deutsche Mark und Schweizer Franken, und das drückte auf den Dollarkurs. Karl-Otto Pöhl sah mich an und sagte:»Das stimmt, Sie haben recht.«

Und ich bin ein bißchen stolz darauf, daß ein Notenbankpräsident und so gebildeter Mann wie Karl-Otto Pöhl meiner Einschätzung vertraut.

Woher aber wußte ich, was er nicht wußte? Ich hatte nicht etwa eine Insiderinformation. In einem Zeitungsartikel, ich glaube, es war im *Handelsblatt*, stand als kurze unbedeutende Meldung, die Banque de France habe zehn Milliarden Dollar für Interventionen ausgegeben. Ein Börsianer muß eben zwischen den Zeilen lesen können. Wenn ich sage:»Was an der Börse jeder schon weiß, macht mich nicht mehr heiß«, dann heißt das nicht, daß man Insiderinformationen besitzen muß. Die Zusammenhänge so zu deuten, wie es die anderen nicht können, ist das Geheimnis der Kunst, mehr zu wissen als die anderen. Es gibt für mich Seh-Händler, Geschäftsleute, die mit allem handeln, was man sehen kann. Der kluge Spekulant aber ist ein Überseh-Händler: Er handelt mit dem, was die anderen übersehen.

Währungssysteme – Waffen ohne Munition

1992 verließen Italien und Großbritannien nach Kursturbulenzen das EWS. Wären das britische Pfund und die Lira auch ohne George Soros aus dem EWS ausgebrochen?
Soviel Macht kommt Herrn Soros natürlich nicht zu. Er war einer der Spekulanten, die diesen Prozeß beschleunigt haben, aber nicht der einzige. Voltaire hat einmal gesagt:»Der Monsieur X ist ein mächtiger Mann, aber ›Monsieur Jedermann‹ ist noch mächtiger.« Das trifft auch auf George Soros zu. Außerdem sahen die fundamentalen Gegebenheiten damals ebenso aus, daß die Bundesbank die Zinsen künstlich zu hoch hielt und die anderen Länder Europas darunter zu leiden hatten. Während in Deutschland durch den Vereinigungsprozeß der Konjunkturzug noch unter Dampf stand, herrschte in Frankreich, in England und in den meisten anderen europäischen Staaten bereits die Rezession. Das Europäische Währungssystem funktioniert, wie alle anderen Währungssysteme auch, solange es nicht gebraucht wird. Das Ganze ist mit einer Wasserspritze zu vergleichen, die immer dann klemmt, wenn es brennt. Natürlich können die kleineren Schwankungen in der festgelegten Bandbreite durch Interventionen etwas begrenzt werden. Wenn die Stimmung des Publikums einer Währung gegenüber aber außerordentlich

negativ ist, dann wird diese abgewertet. So ist es mit dem französischen Franc im EWS einige Male geschehen. Die Interventionen und Zinsanhebungen nützten am Ende gar nichts. Genauso verhielt es sich mit dem Goldstandardsystem, das ich so oft schon vehement angegriffen habe. Leider gibt es immer wieder Politiker und Volkswirte, die eine Rückkehr zum Goldstandardsystem fordern, so daß ich meinen Kampf weiterführen muß. Ich halte den Goldstandard für einen solchen Unfug, daß ich mit der Frage »Was halten Sie vom Goldstandardsystem?« Volkswirte und Fachleute auf ihr wirtschaftliches Verständnis teste. Der ehemalige Bundeskanzler Helmut Schmidt hat vor ein paar Jahren sogar für eine Rückkehr zum Goldstandard plädiert. Über dieses Thema haben in den Jahrzehnten viele gesprochen, die wenigsten jedoch wissen, worum es wirklich geht.

Der Goldstandard soll ein Währungsmechanismus sein, der Angebot und Nachfrage in der Wirtschaft ausgleicht. Und zwar sowohl national als auch international. Die Zahlungsbilanzen sollen in Gold reguliert werden und so zu festen Paritäten der Devisen führen.

Genauer sieht das so aus: Der Wert jeder einzelnen Währung wird in Gold festgelegt. Zum Beispiel: Ein Dollar entspricht xy Gramm Gold. Der Notenbank ist dann vorgeschrieben, wieviel Goldreserven sie auf die jeweils umlaufende Geldmenge zu halten hat. Zu dem festgelegten Preis ist sie verpflichtet mit einer kleinen Spanne zwischen An- und Verkauf ihre eigene Währung gegen Gold aufzukaufen oder umgekehrt Gold anzukaufen und die eigene Währung auszugeben. Wird nun eine Währung stärker im Ausland angeboten, weil die Handels- oder Zahlungsbilanz des jeweiligen Landes defizitär ist, dann ist die Notenbank dazu verpflichtet, dieses Überangebot ihrer Valuta gegen Gold vom Markt zu nehmen. Damit das bestehende Defizit ausgeglichen wird und die eigenen Goldreserven nicht abschmelzen, muß die Notenbank den Kapitalimport erhöhen. Dies tut sie durch Zinserhöhungen und Ausgabenreduzierung, Kreditkürzungen bzw. Steuererhöhungen. Mit einem Wort, sie betreibt eine radikale Deflationspolitik.

Die Folgen für die Wirtschaft sind verheerend. Das Geld wird aus den Taschen von Verbrauchern und Unternehmern gepumpt, die Nachfrage geht zurück, und es folgt eine hohe Arbeitslosigkeit – und all das nur, um die Goldreserven zu halten.

Ist die Situation hingegen umgekehrt und die Handelsbilanz des jeweiligen Landes weist einen Überschuß auf, so steigt die Nachfrage nach der Währung, und die Goldreserven der Notenbank werden wieder aufgefüllt. Die Zinsen und Steuern können gesenkt werden, es fließt wieder Geld in die Wirtschaft, diese beginnt zu wachsen, und die Arbeitslosigkeit sinkt. Das ist der ganze Goldstandard, der die Staatsfinanzen in Ordnung bringen soll!»Wie sich das der kleine Moritz vorstellt«, hätten die Wiener gesagt. Denn soviel zur immer grauen Theorie.

In Wirklichkeit hat das Goldstandardsystem nie funktioniert und wird es auch nie tun. Keine Regierung wäre jemals bereit, eine so radikale Deflationspolitik zu betreiben, wie es das System verlangen würde. Die sozialen Folgen wären derart negativ, daß die jeweilige Regierung bei der kommenden Wahl zu Recht unterliegen würde.

Darüber debattierte ich vor einigen Jahren auch mit Jacques Rueff (dem Währungsexperten General de Gaulles). Er war so vernarrt in den Goldstandard, daß man meistens den Spitznamen »Monsieur Goldstandard« benutzte, wenn man über ihn sprach. In einer Fernsehdebatte, in der wir uns gegenübersaßen, nannte er das Gold einen souveränen Monarchen, der über die Ordnung in der Weltwirtschaft wacht. »Aber wo hat der Monarch seine Armee«, fragte ich ihn provozierend, »die die Regierung zwingen kann, eine radikale Deflation durchzusetzen?«

1932 hatte Rueff in einem Vortrag an der Sorbonne das Goldstandardsystem glorifiziert. Am lächerlichsten war sein Beispiel, mit dem er den Erfolg des Systems in der Praxis beweisen wollte. Er führte die beispielhafte Deflationspolitik an, die in der Weimarer Republik von der Regierung Brüning durchgeführt wurde. Trotz einer schweren Wirtschaftskrise seien die

Goldreserven erhöht worden, erklärte er mit ehrfürchtiger Bewunderung. Heute wissen wir, wie erfolgreich diese Politik war. Ein Jahr später ergriff Hitler die Macht. Spinnt man diesen Gedanken weiter, kommt man auf heikle Ergebnisse. Vielleicht wäre Hitler nicht an die Macht gekommen, das Dritte Reich, der Zweite Weltkrieg und der Holocaust nie geschehen, hätte es den Goldstandard damals nicht gegeben. Es war zu beobachten, daß, als die Wirtschaftskrise, in der Deutschland damals steckte, zeitweise etwas gelindert war, die Stimmen für die NSDAP sofort zurückgingen. Ein Zusammenhang zwischen der wirtschaftlichen Lage und den Wahlergebnissen ist unbestreitbar. Revolutionen finden immer dann statt, wenn es den Menschen schlechtgeht.

Noch mehr blamierte sich Rueff später in der Weltpresse. Er warnte in einer Artikelserie vor dem Zusammenbruch der Weltwirtschaft, wenn nicht sofort eine Rückkehr zum klassischen Goldstandard (das heißt, der Dollar ist zu 100 Prozent durch Gold gedeckt) erfolgen würde. Seine Warnung wurde, wie wir wissen, nicht beherzigt, und dennoch steht die Weltwirtschaft heute besser da als je zuvor.

Im übrigen braucht man kein Goldstandardsystem, um eine Inflation zu bekämpfen. Es hängt nicht davon ab, ob die Währungen durch Gold gedeckt sind oder frei floaten, entscheidend sind die Macht und das Vertrauen, die eine Regierung in einem demokratischen Land genießen. Die Deflationspolitik Ronald Reagans kurz nach seiner Amtsübernahme beweist es. Zunächst erhöhte er die Zinsen radikal und verschärfte die Wirtschaftskrise, die ihm Carter übergeben hatte, noch mehr, bevor er nach erfolgreicher Inflationsbekämpfung die Wirtschaft mit billigem Geld ankurbeln konnte. Und auch umgekehrt hat der Goldstandard nie funktioniert. So hätten zum Beispiel Länder, deren Währungen unter ständigem Aufwertungsdruck standen wie die Bundesrepublik und die Schweiz, nicht am Geldmarkt intervenieren dürfen, um die Nachfrage nach ihren Währungen zu befriedigen. Die Folge wären erhöhte Goldimporte und eine aufgeblähte Geldmenge gewesen – ein Zustand, den die Bundesbank noch nie geschätzt hat. Statt dessen werteten diese Länder ihre Währungen auf und zahlten zeitweise Negativzinsen auf Bankdepots.

Welches System aber verdient seinen Namen, wenn sich die Teilnehmer nicht an die Regeln halten? Wenn ständig auf- und abgewertet wird, kann man die Währungen gleich floaten lassen.

Das Ganze erinnert mich an die Worte des klugen und erfahrenen Grün, als er im Kaffeehaus seinen Freunden meldet, er habe eine Schiffsladung Weizen sehr günstig kaufen können. »Hast du den Kontrakt auch juristisch genau festgelegt?« fragen die Kollegen. »Wozu?« antwortet Grün. »Wenn der Weizen steigt, liefert man ja nicht. Und fällt er, übernehme ich ihn nicht.«

Der Goldstandard hat seit dem Zweiten Weltkrieg nicht funktioniert. Und mit der Lösung der großen Probleme unserer Zeit wäre er völlig überfordert. Der Grund für sein Scheitern liegt in der Annahme einer völlig falschen Tatsache. Die Befürworter des Systems glauben, die Qualität einer Währung hinge ab von den Goldreserven, die ihr Hüter, also die Notenbank, im Keller hat. Das ist völliger Unsinn. Die Wirtschaftskraft eines Landes an erster und das Management der Staatsfinanzen nur an zweiter Stelle machen die Stärke oder Schwäche einer Währung aus. So wie ein gesunder kräftiger Körper durch eine Erkältung nicht zu erschüttern ist und ein kränklicher Mensch durch eine noch so gute ärztliche Betreuung nicht zu einem rundum gesunden Menschen wird. Gold fließt in ein Land, in dem die Menschen fleißig sind und die Tugenden gewinnen. Siegt jedoch das Laster, reichen alle Goldreserven dieser Welt nicht aus, die Währung zu retten.

Die Deutsche Bundesbank, die ich zur Zeit kritisiere, was ich keineswegs immer getan habe, hat mit Null-Golddeckung angefangen, und trotzdem hat die Mark innerhalb weniger Jahre den Status erlangt, eine der stabilsten Währungen der Welt zu sein.

Die Regierung de Gaulle hatte bis 1968 in der Banque de France gigantische Goldreserven angehäuft, die dann während der damaligen politischen Krise innerhalb von 14 Tagen wie Butter in der Sonne schmolzen.

Die genialste Definition gab einmal Fürst Bismarck, obwohl er – oder vielleicht gerade weil er – kein Wirtschaftsexperte war: »Die Goldreserve ist wie eine Decke über zweien, die jeder auf sich zu ziehen versucht.« Den Goldstandard heute einzuführen wäre noch unmöglicher als früher. Die Devisenströme sind so gigantisch geworden, daß das System machtloser wäre als je zuvor. Im 19. Jahrhundert hat es einigermaßen funktioniert. Aber ist die Wirtschaftsordnung des vorigen Jahrhunderts mit unserer heutigen zu vergleichen? Ich denke da an ein Beispiel aus der Musik. Solange ein Kind Klavier spielen lernt, hat es ein Metronom vor sich, um mit Hilfe des Ticktack den Takt im Spiel zu halten. Für die Aufführung eines großen Orchesterwerkes (Gustav Mahlers Achte, Symphonie der Tausend) braucht man jedoch einen genialen Dirigenten, ein Metronom reicht da nicht aus.

Unser heutiges Wirtschaftssystem braucht gute Notenbänker als Dirigenten der Finanzmärkte und nicht das Goldstandardsystem.

Würde man das Gold wieder zum Maß aller Dinge machen, wären Preiserhöhungen für das gelbe Metall unumgänglich. Eine generelle Rohstoffinflation mit anschließender Inflationspsychose wäre die Folge.

Ohne den Goldstandard aber bleibt Gold eine banale Ware wie jeder andere Rohstoff auch. Es weist einen beständigen Wert auf, doch wie hoch der Wert ist, ob 200, 400 oder 800 Dollar pro Feinunze, kann niemand sagen. Die Befürworter des auf Gold aufgebauten Währungssystems sehnen sich nach festen Devisenparitäten zurück, und dies um so mehr, je wilder es die Devisenfritzen mit ihrem Fußball Dollar treiben. Falls sich eines Tages wieder eine Mehrheit für die Rückkehr zum Goldstandardsystem finden wird, dann tragen die großen Geldinstitute die Hauptschuld, weil sie dieses Spiel noch angeheizt haben. Deswegen sage ich es ganz deutlich: Das Spiel mit dem Dollar ist das größte Verbrechen an der Marktwirtschaft.

Kosto's Börsenlandschaft

Derivate und Hedgefonds –
die aufreizende Mode von heute

Die Spekulation in sogenannten Derivaten
ist überall im Gespräch. Was steckt dahinter?
Nichts weltbewegend Neues. Derivate gibt es schon lange, die
Bezeichnung ist neu. Optionen und Warrants sind zum Beispiel
Derivate. Sie sind nichts anderes als Wetten auf einen Kurs. Vor
fünfzig Jahren hat man schon in Bombay darauf gewettet, wie
der Dow Jones schließen wird, und im Kaffeehaus haben wir
bereits vor dem Krieg das gleiche getan. Nichts anderes sind
Derivate, sie sind Nebenprodukte von Wertpapieren, einer
Währung oder eines Index. Von denen, die sie kreieren und die
damit handeln, hört man, daß es sich um Instrumente zur Absicherung von Kursrisiken handele. In Wirklichkeit aber wollen sie nur mit den Derivaten spielen und über Nacht reich werden.
Manche dieser Instrumente können durchaus volkswirtschaft-
lichen Schaden anrichten. Wie schon erwähnt und erklärt,
waren es nach meiner festen Überzeugung die Aktienindex-Ter-
minkontrakte, die für die Heftigkeit des Kurssturzes von 1987
verantwortlich waren. Mein Vorschlag wäre, die Einschüsse im
Terminhandel zu erhöhen – und zwar nicht auf das Doppelte,
sondern um das Zehnfache der momentanen Margins. Ich
mache mir jedoch keine Illusion über die Wahrscheinlichkeit
der Umsetzung meines Vorschlags. Schließlich sind es in
erster Linie die Geldinstitute, die von der wilden Spielerei profitieren.

Selbst Industrieunternehmen wie Procter & Gamble, General Electric und viele andere verloren Millionenbeträge durch hochspekulative Instrumente. Ein kalifornischer Landkreis namens Orange County verlor durch Spekulation seine Pensionskasse.

Man muß sich fragen, warum ein Chemiekonzern oder ein kleiner Provinzdistrikt an derart riskanten Märkten herumfuchteln müssen. Viele in Deutschland werden sich an den Devisenskandal, in den VW Mitte der achtziger Jahre verstrickt war, noch gut erinnern.

Und auch die Banken verspekulieren sich reihenweise. Der Baring-Skandal, der ein ganzes Bankhaus ruiniert hat, hat es deutlich gezeigt. Und es war nicht etwa der Trader Nick Leeson, der für den Verlust verantwortlich war. Die Banken animieren diese unerfahrenen jungen Trader doch zum Zocken mit Milliardenbeträgen, und diese sind davon natürlich berauscht. Die ganze Welt hat nach der Barings-Pleite gebebt. An sich war sie für die Finanzwirtschaft jedoch völlig bedeutungslos. Erst der Lärm, der um die Barings-Pleite gemacht wurde, hatte globale Bedeutung und wird möglicherweise Regulationen nach sich ziehen. Häufig macht der Tumult, der um einen an sich relativ unbedeutenden Vorfall entsteht, erst einen Skandal daraus.

In den Industriekonzernen beginnt das gefährliche Spiel meistens ganz harmlos. Die Terminmärkte sind ursprünglich ja nicht erschaffen worden, um privaten und institutionellen Anlegern eine neue Art von Spielsaal zu schaffen. Am Terminmarkt konnten sich Produzenten bestimmter Waren absichern. Ein Gutsbesitzer zum Beispiel konnte bereits vor der Aussaat seines Weizens den Preis fixieren und so berechnen, wie hoch der Ertrag seiner Ernte sein würde. Preisschwankungen am Weizenmarkt brauchen ihn dabei nicht mehr zu interessieren. Der Müller hingegen konnte auf diese Art den Weizenpreis im Einkauf fixieren. Und nur so bekommt der Landwirt bei der Bank auch problemlos seine Ernte finanziert.

Genauso kann sich heute ein Autoproduzent – nehmen wir an, Mercedes – den heutigen Dollarkurs für eine Autolieferung sichern, die erst in einem Jahr erfolgt. Mercedes verkauft die Dollars, die für die zukünftige Autolieferung nach Amerika zu erwarten sind, einfach auf einjährigen Termin. Diese Absicherungsgeschäfte sind für viele Wirtschaftsunternehmen, die im Export- und Importgeschäft tätig sind, eine Notwendigkeit. Nun passiert aber folgendes: Die jungen Geldmanager (Durchschnittsalter 25 Jahre), die in den Finanzabteilungen sitzen und sich gegen einen fallenden Dollar abgesichert haben, sehen, wieviel Geld ihre Terminposition oder ihre Option plötzlich verdient, wenn der Dollar fällt. Und nun beginnt der gefährliche Teil. Der Homo sapiens wird zum Homo ludens. Plötzlich verkaufen die Geldmanager nicht nur die Dollarmenge auf Termin, die infolge einer Exportlieferung zu erwarten sind, sondern das Dreifache der benötigten Menge. Fällt der Dollar weiter, verdienen sie dabei gewaltige Summen für ihr Unternehmen und machen die Vorstände glücklich. Steigt der Dollar jedoch unerwartet, wandeln sich zwei Drittel der Position, die nicht durch ein entsprechendes Warengeschäft gedeckt sind, in eine millionenschwere Schieflage. Und dann kommt die Kündigung für diese Golden Boys. 1987 verloren nach dem Krach 50 000 der jungen Geldmanager ihre Stellung. Und 1994 folgte nach dem Debakel am Bondmarkt eine weitere Kündigungswelle. Bei japanischen Versicherungen wurden regelmäßig viel mehr Dollars abgesichert, als US-Wertpapiere in den Depots lagen. Stieg der Dollar dann plötzlich wieder stark an, waren die Verluste enorm.

Es steht außer Zweifel, daß mit diesem Spiel Schluß gemacht werden muß. Man sollte den Managern der Banken und Industrieunternehmen schlichtweg verbieten, spekulative Finanzgeschäfte zu machen.

Weniger gefährlich für die Volkswirtschaft und die Finanzmärkte sind hingegen die Derivate für jedermann. In manchen Fällen wirken sie sogar positiv, weil sie den Umsatz in dem eigentlichen Hauptartikel erhöhen. Die Käufer der Optionen oder Optionsscheine bzw. Warrants können nicht mehr als ihren eigenen Einsatz verlieren, der grundsätzlich voll bezahlt werden muß. So kann der Spielsüchtige auch eine Zeitlang seine Nerven kitzeln, ohne Gefahr zu laufen, vom Milliardär zum Millionär zu mutieren, wie es im klassischen Futuregeschäft über Nacht geschehen kann. Der ursprüngliche Einschuß von 3 Prozent ist dabei nur eine Anzahlung auf den möglichen Verlust.

In Deutschland aber vollzieht sich mit den sogenannten Optionsscheinen seit einigen Jahren eine für das Publikum unerfreuliche Entwicklung. Einige deutsche und ausländische Banken legen ständig neue Warrants auf. Zocken kann man mit den Scheinen auf die verschiedensten Währungen, Aktien, Indizes, Anleihen etc. Sie werden nicht über die Börse, sondern über Zeitungsannoncen verkauft. Der anschließende Freiverkehrsmarkt ist zumeist völlig illiquide, so daß eine Veräußerung der Warrants quasi unmöglich oder nur zu unfairen Preisen zu realisieren ist. Ich frage mich: Haben die Banken in unserer Zeit nicht andere Aufgaben, als das Publikum zum Zocken mit Derivaten zu verführen?

Zweifellos kann man mit den Optionen, sofern man die richtigen hat, schnell viel Geld machen. Die Erfahrung aber lehrt, daß meistens die Verkäufer der Optionen, die Stillhalter, bei den deutschen Optionen sind das die Geldinstitute, die großen Gewinner sind. Nicht ohne Grund fragte deshalb einmal der jüdische Börsianer Grün seinen Freund: »Sag mir, lieber Kollege, woher nehmen die Christen das viele Geld, das sie uns für Optionen zahlen?« Inzwischen haben auch die Christen den Trick gelernt. Denn mittlerweile, so geht die Fama, avancierte der Vatikan zu einem der großen Stillhalter in Aktien.

Glauben Sie nicht, daß der Markt bei einer
Erhöhung der Einschüsse, wie Sie sie
vorschlagen, zusammenbrechen würde?
Na und, soll er zusammenbrechen. Irgendwann kommt der Krach sowieso. Je früher er kommt, desto besser und desto geringer die Verluste des Publikums. Läßt man über eine extreme Erhöhung der Einschüsse die Luft aus den durch den Terminhandel aufgeblähten Märkten, ist der Schaden sicher nicht

147

so arg, als wenn man wartet, bis sie von selbst platzen. Außerdem müssen nicht alle Märkte zusammenbrechen. Es hängt davon ab, ob ein Überhang an Short- oder Long-Positionen besteht. Sind beide Seiten ausgeglichen, wird gar nichts passieren. Nur die Umsätze werden von einem Tag auf den anderen einbrechen. Aber auch das wäre keine Katastrophe, die Märkte wären auch mit einem Zehntel des heutigen Umsatzes noch liquide.

Weinen müßten nur die Broker, deren Provisionen zusammenschmelzen würden. Für die Wirtschaft wäre es ein Gewinn. Sie sollte den Brokern mit Wilhelm Busch antworten: »Ist fatal! bemerkte Schlich. Hehe! Aber nicht für mich!«

Die sogenannten Hedgefonds spekulieren
auch groß am Terminmarkt und in Derivaten.
Der Quantumfonds, der von Ihrem Landsmann
George Soros gemanagt wird, ist unter ihnen der
berühmteste. Sollten Anleger hier investieren?

Ich verbiete es allen Lesern, Freunden und Anlegern, in diese sogenannten Hedgefonds zu investieren. Sie sind eine hundertprozentige Irreführung des Publikums, eine doppelte sogar. Erstens ist es kein Hedge und zweitens kein Fonds. Um Fonds handelt es sich deshalb nicht, weil sie in Ländern mit entwickelten Kapitalmärkten und Anlegerschutzgesetzen gar nicht als Fonds zugelassen würden. Fast alle diese sogenannten Fonds mußten sich daher ihre Heimat in kleinen Inselstaaten suchen, dem Betrug wird so Tür und Tor geöffnet.

Wie Lohengrin es in der berühmten Gralserzählung singt: »In fernem Land unnahbar Euren Schritten.«

Und Hedgegeschäfte machen sie auch nicht. Hedgegeschäfte sind etwas völlig anderes. Hat man zum Beispiel Goldminenaktien und verkauft im Gegenzug Gold auf Termin, dann hat man eine abgehedgte bzw. abgesicherte Position. Fällt das Gold, werden zwar die Minen schwach, dafür verdient man am Terminmarkt à la baisse. Steigt aber der Goldpreis, werden sich die Minen vorteilhaft entwickeln, der Gewinn reduziert sich aber um den Betrag, den man am Terminmarkt verliert. Die Hedgefonds aber spekulieren in eine Richtung, und zwar mit einem das Eigenkapital um das Mehrfache übersteigenden Quantum. Sie gehen so weit, daß sie die ohnehin schon viel zu geringen Einschüsse auf Devisen, Anleihen oder Rohstoffterminkontrakte auch noch mit Krediten finanzieren, die sie separat in Anspruch nehmen. Es ist ein absolutes Hasardspiel und genauso, als würde ich im Spielsaal dem Herrn Meyer sagen:»Sie verstehen nichts von dem Spiel. Geben Sie mir Ihr Geld, und gehen Sie während zwei Stunden spazieren, ich werde in der Zwischenzeit für Ihre Rechnung Roulette spielen.« Wenn er dann wiederkommt und ich ihm melde, daß ich alles verloren habe, kann er nichts anderes machen, als sich zu ärgern und als armer Mann nach Hause zu gehen. Die Erfolge, die die Hedgefonds 1993 hatten, einige von ihnen legten weit mehr als 100 Prozent zu, haben das Publikum hysterisch gemacht. Die meisten Anleger glauben, die Hedgefondsmanager à la Soros könnten sichere Gewinne machen.

Das gleiche erklärte mir bereits vor mehr als fünfzehn Jahren eine Tänzerin, denn die Hedgefonds sind keine neue Erfindung, wie viele unerfahrene Börsianer glauben. Meine Bekannte hatte bereits länger eine Debatte mit ihrem Mann, einem international bekannten Choreographen. Sie stritten über Anlagefonds. Er war Anhänger der konservativen Anlagefonds, während sie auf Hedgefonds schwor. Auf meine Frage, worauf sich ihr Optimismus gründe, gab sie mir die kurze, aber lehrreiche Antwort:»Wissen Sie, die Börse steigt nicht immer, sie kann auch fallen. Und wenn sie fällt«, fuhr sie fort,»dann kann man auch verdienen.«
Endlich konnte ich diese beiden wichtigen Börsenaxiome von einer Ballerina lernen.»Die Hedgefonds spekulieren auch auf Baisse, verkaufen Wertpapiere, die sie nicht besitzen. Fällt die Börse, dann können sie diese Papiere billiger zurückkaufen, steigt die Börse, dann verdienen die Hedgefonds mit ihren Hausse-Positionen. Gleichgültig, ob hinauf oder herunter, der Gewinn ist auf jeden Fall gesichert«, klärte meine Ballerina

mich auf. Das klingt zunächst durchaus logisch und einfach. Es erinnert mich an eine Freundin aus der Schweiz, die ihre Freunde zum Bridgespielen immer mit den netten Worten empfing: »Ich hoffe, Sie werden alle gewinnen.«

Ich möchte von meiner Erfahrung mit zwei scheinbar sicheren Geschäften, die wirkliche Hedgegeschäfte waren, erzählen.

In den dreißiger Jahren kam es in Paris zu einer umfangreichen Spekulation mit französischen Staatsanleihen. Große und kleine Börsianer spielten intensiv in Staatspapieren. Die Kurse stiegen und fielen wie bei Aktien. Es gab verschiedene Serien von Anleihen: dreiprozentige, vierprozentige, viereinhalbprozentige und auch andere.

Die Börsenspieler sprangen von einer Seite auf die andere, um kleine Gewinne einzustreichen. Die Kalkulation war einfach: Da es sich um die gleiche Anleihe handelte (derselbe Schuldner, die gleiche Währung, dieselben Garantien), mußte man nur ausrechnen, welche Serie im Vergleich zu den anderen zu tief oder zu hoch stand. Es war das Paradies der Hedgegeschäfte: Die billigen Serien mußte man kaufen und die zu hoch notierten leer verkaufen, das heißt »hedgen«.

Gegen Ende der dreißiger Jahre ergab sich eine besonders auffallende Konstellation. Die viereinhalbprozentige Anleihe stand auf 70, die dreiprozentige auf 80. Letztere notierte natürlich viel zu hoch im Verhältnis zu ersterer. Jeder Handelsschüler konnte sich ausrechnen, daß die Notierung mathematischer Unsinn war. Eines jedenfalls war klar: Entweder die eine Serie stand zu hoch oder die andere zu tief.

Alles stürzte sich folglich auf diese einmalige Gelegenheit. Man mußte die viereinhalbprozentige Anleihe kaufen und die dreiprozentige hedgen, das heißt leer verkaufen. Wie immer es auch kommen mochte, entweder würde die eine Serie steigen oder die andere fallen. Das war klar wie der lichte Tag. Und wie endete diese »sichere« Spekulation? Mit der größten Katastrophe. Die viereinhalbprozentige Anleihe fiel noch tiefer, auf 70, und die dreieinhalbprozentige stieg auf kaum zu glaubende 80.

150

Diese Entwicklung war genauso logisch wie die Grundidee der mißlungenen Spekulation. Die viereinhalbprozentige Anleihe hatte eine besonders große Auflage. Sie stammte aus einer kurz zuvor durchgeführten Konversion, und deshalb kamen noch immer Angebote auf den Markt. Die dreiprozentige war die älteste französische Staatsanleihe aus dem Jahre 1825. Ihre Besitzer waren darauf fast eingeschlafen. Es kam keine Ware auf den Markt, und die Leerverkäufer konnten nur bei steigenden Preisen zurückkaufen.

Die Verluste waren ungeheuer, denn dieses Hedgegeschäft hatte so gefahrlos ausgesehen, daß die Profis mit großen Posten eingestiegen waren. Das ist ein geradezu klassisches Beispiel dafür, wie der »sicherste Hedge« enden kann.

Auch an der Börse kann die vollkommen aufgebaute Spekulation mißlingen, nicht weil sie einen logischen Fehler enthält, sondern weil die Logik der Börse auf der technischen Seite die fundamentalen Daten zuweilen überspielt. Auch der beste Computer könnte eine solche Situation nicht vorausberechnen.

Mir blieb der Verlust mit den französischen Staatsanleihen glücklicherweise erspart. Ich hatte Jahre zuvor mit einem ebenso »sicheren« Geschäft bereits sehr viel Geld verloren.

Speck ist in der angelsächsischen Welt ein unentbehrlicher Bestandteil des Frühstücks. Im Frühjahr 1933 war er Mittelpunkt eines leidenschaftlichen Börsenspiels. Eine Armee von Börsenmaklern aus Chicago überschwemmte die Vereinigten Staaten und Europa und erzählte allen von ihrem wunderbaren Tip. Diese Makler behaupteten, sie hätten die »Spekulation des Jahrhunderts« entdeckt, und wollten die Masse ihrer Kunden daran profitieren lassen.

Seit die Welt besteht, gibt es eine konstante Preisrelation zwischen Mais und Schweinespeck, denn aus dem Mais wird in der wunderbaren »Fabrik Schwein« der Speck erzeugt. Wenn wir also annehmen, der Kurs für Mais stehe bei 100, dann muß der Speck natürlich auf 120 stehen. So war es seit eh und je.

Doch so unwahrscheinlich es auch scheinen möge, der Mais stand damals auf 90, und Speck notierte bei 130. Jeder Speku-

151

lant, der diesen Namen verdiente, war es sich schuldig, nach diesem Geschenk des Himmels zu greifen. Er mußte einfach an der Warenbörse von Chicago Mais kaufen und damit à la hausse spekulieren, dann Speck auf Termin leer verkaufen und à la baisse spielen. Es lag auf der Hand, daß die Kursspanne viel zu groß war und sich schnell wieder verringern mußte. Wie viele meiner Freunde konnte auch ich der Versuchung nicht widerstehen. Doch gegen alle Erwartungen hielt das Schicksal nur schmerzliche Überraschungen für uns bereit. Der Maiskurs rutschte tiefer und tiefer, und der Speckpreis kletterte höher und höher. Die Niederlage war ebenso hart wie unverständlich.

Was war geschehen? Ein neuer Mann war in Washington in das Weiße Haus eingezogen, Franklin D. Roosevelt. Mit ihm begann auch für die Wirtschaft eine neue Ära. Unter den zahllosen Verordnungen, die den New Deal einleiteten, war auch ein Erlaß, der die Abschlachtung von Millionen Ferkeln verlangte. Das Resultat war, daß nicht mehr genügend Schweine da waren, um den Mais zu fressen. So kam es zum Kurssturz in Mais. Es waren aber auch nicht mehr genug gemästete Schweine da, das Schweineschmalz fehlte ebenfalls, und der Preis sauste in die Höhe.

Eine regelrechte Panik bemächtigte sich der fettverarbeitenden Industrie. Die fast vollkommene Spekulation war zusammengebrochen, weil wir vielleicht einen Augenblick lang vergessen hatten, daß man auch bei der scheinbar sichersten Kombination mit allem rechnen muß. Vor allem mit dem Unerwarteten.

Aber gerade das erfährt der Spekulant immer erst im nachhinein. Es sind ja gerade die Überraschungen, die aus bestimmten Handelstransaktionen Spekulationen machen. Andernfalls würden sie unschuldige bürgerliche Geschäfte bleiben. So wie es mir bei der Speck-Mais-Spekulation und meinen Freunden mit den französischen Staatsanleihen erging, kann es den Hedgefonds von heute auch passieren. Die damaligen Geschäfte waren vom Ansatz her sogar wesentlich sicherer als die

Transaktionen, die die Hedgefonds heute für ihre Anleger tätigen. In der ersten Hälfte des Jahres 1994 bekamen viele Hedgefonds-Anteilseigner auf unsanfte Weise mitgeteilt, daß das Wort Verlust auch im Wortschatz der Hedgefonds zu finden ist. Meine Ahnung ist: Es wird böse enden.

Die Ergebnisse des Quantumfonds waren
in den letzten Jahren aber sehr beachtlich.

Das stimmt, aber das will überhaupt nichts bedeuten. Ich habe Börsianer gekannt, die mit falschen Strategien zwanzig Jahre überlebt haben und am Ende doch pleite gingen. Ich glaube, Soros' Erfolg beruht auf zwei Spekulationen. Er war wahrscheinlich short im Dollar von über 3 Mark bis 1,60 Mark. Da hat er das große Geld gemacht und mit seiner Prognose, das will ich gern zugeben, besser gelegen als ich. Und dann landete er einen zweiten großen Coup: die Baissespekulation auf das Pfund Sterling. Dieser Coup brachte ihm die große Popularität, die er seitdem für seine Quantumfonds zu nutzen versucht, bisher aber ohne großen Erfolg. Im Gold hat er vielleicht noch einmal einen kleinen Schnitt gemacht. Ein Mehrfaches dessen, was er dort verdiente, verlor er danach in der malaysischen Währung. Riesige Watschen hat er auch im 87er Krach bekommen. Soros hatte geglaubt, ein Zusammenbruch der Weltbörsen würde in jedem Fall von der teuersten Börse, der in Tokio, ausgehen und hier würde es auch am ärgsten krachen. So baute er einen Hedge zwischen dem Nikkei- und dem S+P-500-Index auf. Soros ging den S+P-500-Index long und den Nikkei short. Und was passierte? Genau das Gegenteil von dem, was Soros erwartet hatte. Ein Krach wie noch nie zuvor kam, doch nicht aus Tokio, sondern aus Wall Street. Japan verlor zwar auch, konnte sich von allen Börsen aber am schnellsten wieder erholen. Die Tokioer Börse brach erst zusammen, als niemand damit rechnete und alle anderen Börsen sich in Hausselaune befanden. Gegen die allgemein vorherrschende Meinung brachen dann die anderen Börsen nicht ein, sondern stiegen bis zur Golfkrise munter weiter. Da hätte Soros mit seiner Position goldrichtig gelegen. Nicht umsonst heißt es »die« Börse. Ihre Logik ist kapriziös wie die einer Frau.

Per saldo hat George Soros bisher gewonnen. Aber wer sagt, daß es in Zukunft nicht irgendwann einmal umgekehrt sein wird? Bei den Risiken, die er durch seine Kreditengagements eingeht, kann eine Fehlspekulation schnell mit dem Totalverlust der Anlegergelder enden.

Davon abgesehen sagt er öffentlich, daß er schon lange nicht mehr im Tagesgeschäft involviert ist. Er hat seine Golden Boys, die das Geld verwalten, und das macht mich noch mißtrauischer.

Anleger, Spekulanten und Spieler

Sie haben vorher vom chaotischen Börsenspiel gesprochen. Hat der Spekulant überhaupt noch seine Daseinsberechtigung?

Natürlich hat der Spekulant trotz all der Kritik eine Daseinsberechtigung, er ist eine Conditio sine qua non für die freie Marktwirtschaft. Es gibt keinen funktionierenden Markt ohne Börse. Und es gibt keine Börse ohne Spekulanten. Die Unternehmen können sich über die Ausgabe von Aktien billiger finanzieren als über die Bank. Banken verlangen hohe Zinsen und stellen Kapital nur auf Zeit zur Verfügung. Die billigere Finanzierung fördert die Unternehmensinvestitionen und schafft Arbeitsplätze und damit mehr Wohlstand. Die großen wirtschaftlichen Revolutionen wie die Eisenbahngesellschaften in den Vereinigten Staaten oder die Computerindustrie hätte nie so schnell entstehen können, wären die Anleger nicht bereit gewesen, ihre Sparguthaben für diese Abenteuer herzugeben. Der Aktienbesitzer bekommt eine schöne Dividende und Kurssteigerungen, wenn es dem Unternehmen, dem er sein Geld zur Verfügung gestellt hat, gutgeht.

Wichtig ist auch, nicht nur zwischen Anlegern und Spekulanten, sondern auch zwischen Spekulanten und Spielern zu unterscheiden. Der Anleger investiert sein Geld auf lange Sicht in Aktiengesellschaften. Zwischenzeitliche Schwankungen interessieren ihn nicht. Er macht deswegen auch sehr wenig Umsatz. Ich bin heute Anleger, behalte meine Papiere und kaufe nur dazu. Der Spekulant, zu dieser Kategorie gehörte ich in früheren Zeiten, versucht die mittelfristigen Bewegungen mitzunehmen und während der Schwächephasen an der Börse zuzuschauen. Er bemüht sich, niedrig zu kaufen und hoch zu verkaufen. Der Spekulant stellt Überlegungen an, hat Visionen und Motivationen. Der Spieler hingegen hat nichts dergleichen, er fuchtelt wild umher, denkt nicht nach, rennt irgendwelchen Tips und Trends hinterher. Fast alle Spieler verlieren deshalb auch ihr ganzes Geld. Das bedeutet jedoch auch nicht, daß Spekulanten immer gewinnen. Sie können auch pleite gehen, nur eben aus anderen Gründen. Zum Beispiel weil sie eine vollkommen falsche Überlegung hatten. Aber im Gegensatz zu den Spielern stellen sie zumindest Überlegungen an. Die Broker lieben die Spieler, weil sie den großen Umsatz machen, ihre Tochter würden sie ihnen aber nicht zur Frau geben.

Alle drei Gattungen – die Grenzen sind natürlich fließend – sind ein fester Bestandteil der Börse und unabdingbar für ihr Funktionieren. Wenn ich die Spieler oder, wie ich sie auch nenne, Parasiten des Kapitalismus auch verachte, so sind sie doch notwendig. Sie machen den nötigen Umsatz und halten den Markt damit liquide. Gäbe es sie nicht, müßte man sie erfinden.

Kein Anleger oder Spekulant würde an der Börse einsteigen, könnte er nicht sicher sein, seine Wertpapiere jederzeit wieder zu einem fairen Kurs verkaufen zu können. Ohne die Spieler wäre genau das nicht garantiert. Gefährlich aber wird es, wenn die Spieler in der absoluten Übermacht sind und aus den Märkten eine Spielhölle machen. Die Zickzackbewegungen, die sie auslösen können, verschrecken dann den braven Anleger, und am Ende tummeln sich nur noch Zocker an der Börse. Das ist dann genauso schädlich wie ein illiquider Markt. Die Umsätze müssen so hoch sein, daß jederzeit ein fairer Kurs zustande kommt. Aber um auf den Devisenmarkt zurückzukommen.

Ganz sicher würden 100 Milliarden Dollar Umsatz am Tag aus-
reichen, wahrscheinlich sogar noch weniger, um den Devisenmarkt liquide zu halten. Eine Billion hin und her zu schieben ist
nicht nur unnötig, sondern gefährlich. Die Schäden, die das
Devisenspiel der Weltwirtschaft zufügt, habe ich schon
genannt. Der Spekulant nach meiner Definition, insbesondere
der in Wertpapieren, hat seinen festen Platz in der freien
Marktwirtschaft.

Dann haben Sie sich nie geschämt, Spekulant zu sein?
Nein, ich bin sogar stolz darauf. Viele beneiden den Spekulanten doch um seinen Beruf, weil er, scheinbar ohne zu arbeiten,
Geld macht. Wahrscheinlich ist er deshalb bei vielen auch nicht
gerade beliebt, aber das stört mich nicht. Lieber habe ich tausend Neider als einen, der mich bedauert. Spekulant zu sein ist
natürlich kein Beruf im bürgerlichen Sinne, dafür aber gesund.
Kopfarbeit ist für die physische Verfassung des Menschen wichtig. Mit 89 Jahren weiß ich, wovon ich spreche. Der Spekulant
denkt und analysiert den ganzen Tag. Ja, selbst nachts führt er
Debatten. »Soll ich kaufen, soll ich verkaufen oder nur zuschau-
en?« Er ist unabhängig, muß sich nicht mit Vorgesetzten oder
Angestellten herumärgern. Seine Zeitung lesend, sitzt er im
Fauteuil und philosophiert.
Warum soll man sich dafür schämen? Bernard Baruch, ein enger
Freund Franklin Roosevelts und Berater von vier amerikanischen Präsidenten, antwortete vor einer Senatskommission auf
die Frage nach seinem Beruf ohne Umschweife: »Ich bin Spekulant.« Bernard Baruch war nicht nur der größte Spekulant seiner Zeit, sondern obendrein ein guter Politiker. Spekulant
allein bin ich auch nicht. Ich bin ein Musikus dazu. In Amerika,
dem Land, das die freie Marktwirtschaft als Philosophie verin-
nerlicht hat, ist es keine Schande, wenn man sich als Spekulant
bezeichnet. Ein deutscher Politiker hätte nach dieser Antwort
wahrscheinlich zurücktreten müssen. Hierzulande ist die Meinung weit verbreitet, daß an der Börse immer einer das verlieren müsse, was ein anderer gewinnt. Und das stimmt nicht.

Wenn ich eine IBM-Aktie, eine Xerox oder eine Coca-Cola gekauft habe, als diese Unternehmen noch klein waren, dann habe ich wunderbar davon profitiert, ohne daß ein anderer Geld verloren hat. Bei der Baissespekulation ist es anders, denn jeder Baisseposition am Terminmarkt steht eine Hausseposition gegenüber. Die Marktteilnehmer wissen aber natürlich um diese Tatsache. Und wie wichtig die Rolle der Terminmärkte in der Marktwirtschaft ist, habe ich bereits erklärt.

Schämen muß sich nur der Spekulant, der gegen die nationalen Interessen eines Landes handelt. Das aber habe ich nie getan.

Die Börsenspieler aber, die im Auftrag großer Geldinstitute mit Millionen herumzocken und aus den Börsen Irrenhäuser machen, handeln gegen die nationalen und internationalen Interessen eines sauberen Kapitalismus.

Börsengurus und Crashpropheten

Es gab immer wieder vielbeachtete Börsengurus. Zur Zeit genießt zweifellos George Soros dieses Privileg. Glauben Sie, daß sein Name ebenso untergehen wird wie der Joe Granvilles, Robert Prechters und all der anderen Gurus, über die heute niemand mehr spricht?

Soros' Name wird untergehen. Es ist nicht besonders schwer, an der Börse Guru zu sein. Es gibt schließlich nur zwei Richtungen, in die sich die Börse entwickeln kann: herauf oder herunter. Einmal oder auch zweimal hintereinander die richtige zu erwischen ist kein Kunststück.

Jeder Börsianer ist deshalb irgendwann einmal für einige Wochen der Guru. Ich war es auch, in den dreißiger Jahren, als ich short war und gewann, während alle meine Freunde verloren, weil sie auf Hausse engagiert waren. Damals verehrten sie mich, da ich als einziger richtig lag. Einmal hörte ich sogar, wie ein Kollege zum anderen sagte: »Das mußt du kaufen!« – »Warum?« – »Der Kosto hat's!« In der dann kommenden Hausse verlor ich alles, und mein Status war schnell verschwunden.

George Soros hat sich den Titel des Gurus durch seine Short-Spekulation auf das britische Pfund erworben. Genauso wie der einstmalige Guru Robert Prechter durch seine Warnung vor dem 87er Crash zum Guru wurde. Kurz zuvor hatte er aber noch einen Dow Jones von 3686 Punkten als kommende Höchstmarke im Jahr 1988 vorausgesagt. Solche Prognosen ähneln der eines Meteorologen, der im Januar für den 15. August eine exakte Temperatur von 25,4 Grad Celsius prognostiziert. Kurz vor dem schwarzen Montag, an dem der Dow Jones um die berühmten 508 Punkte fiel, blies Prechter nach den bereits erfolgten Kursverlusten zum Wiedereinstieg. Seine Anhänger erhielten die Post jedoch erst am Dienstag und blieben vor den Verlusten bewahrt.

Nach dem Crash wechselte der damals etwa Mitte dreißigjährige Prechter abermals die Seiten, und zwar ins Lager der Crashgurus. Er sah den Dow Jones plötzlich bei 1300 und etwas später bei nur noch 400 Punkten. Seine Short-Positionen wurden in den folgenden Monaten ständig ausgestoppt, und bald sprach niemand mehr vom großen Prechter.

Ich habe auf dem Investmentkongreß 1988 einmal kurz mit ihm gesprochen. Er war ein sympathischer junger Mann, aber ein Dummkopf. Wer einen Dow Jones von exakt 3686 Punkten prognostiziert, offenbart in einem Satz, daß er von der Börse nicht die leiseste Ahnung hat. Man kann optimistisch oder pessimistisch sein, und der Dow Jones kann um 1000 Punkte steigen oder um 1000 Punkte fallen, aber eine punktgenaue Prophezeiung ist purer Schwachsinn. Die Elliotwellentheorie, auf die er schwor, ist eine Verdummung des Publikums. Als die Elliotwellen in aller Munde waren, fiel mir das Buch von Mr. Elliot, dem Erfinder der obskuren Wellentheorie, in die Hand. In seinem Vorwort schreibt er: »Der Leser soll sich nicht fragen, warum die Dinge so sind, wie ich sie beschreibe, sie sind eben so!« Das reichte mir schon, ein dogmatisches Buch über die Börse war das letzte, was ich lesen wollte.

Nun würde man George Soros jedoch großes Unrecht tun, vergliche man ihn mit Robert Prechter. Denn ein Dummkopf ist

George Soros sicher nicht. Ich hege durchaus Sympathien für ihn. Zunächst kommen wir aus demselben Stall, wir sind gebürtige Budapester und Söhne jüdischer Großbürger. Er war auf dem gleichen Gymnasium wie ich, natürlich nicht zur selben Zeit, sondern 25 Jahre später. Er feierte voriges Jahr fünfundvierzigstes Maturatreffen und ich das siebzigste. Zufällig traf ich einen seiner Schulkameraden, der mir erzählte, daß Soros auf dem Maturatreffen war.

Daß ein Mann mit seinem Ansehen, seinem Prestige und seinem Ruhm in Ungarn zu seinen alten Schulkameraden geht, macht ihn a priori schon sympathisch. Was ich außerdem schätze, ist sein Engagement in Osteuropa. Er hat dort diverse Stiftungen gegründet, um den ehemals kommunistischen Staaten auf die Beine zu helfen. Dort investiert er sein Geld, statt damit herumzuprotzen, wie es erfolgreiche Börsianer leider für gewöhnlich tun. Das erinnert mich an den eingefleischten Baissier Gustav Hofmann, den größten Spekulanten an der Budapester Börse. In einer stürmischen Hausse fragte ihn ein junger Börsianer provozierend: »Was sagen Sie dazu, die Kurse steigen und steigen, und wir jungen Leute machen Geld!« Gelassen antwortete er: »Das, was ihr da gewinnt, kommt alles zu mir zurück. Nur was in der Zwischenzeit für Champagner und Frauen verpraßt wird, ist für immer verloren.« Bei Soros geht das Geld nicht für Champagner und Frauen drauf, sondern für den Aufbau Osteuropas, und das ist doch positiv.

Daß der zur Zeit anerkannteste Börsenguru ausgerechnet gebürtiger Ungar ist, gibt mir Anlaß, ein paar Worte über die Ungarn-Mafia zu verlieren. »Extra Hungariam non est vita, et sed est vita, non est ita!« heißt der Spruch, den jeder Ungar mit der Muttermilch aufnimmt. »Außerhalb Ungarns gibt es kein Leben. Und wenn es doch eines gibt, dann ist es nicht dasselbe.« Nichtsdestoweniger wandern die Ungarn seit Jahrzehnten ins Ausland. Dort bilden sie eine Art spezieller Mafia. Sie beschimpfen sich, und zugleich unterstützen sie einander, kreuz und quer in der ganzen Welt, sogar wenn sie erbitterte Konkurrenten sind. So spielten die Ungarn eine herausragende Rolle in der Wissenschaft. Professor Leo Szilard und der Nobelpreisträger Eugene Paul Wigner waren die Väter der Atombombe und trugen damit maßgeblich zum Sieg über das Dritte Reich bei. So wie Edward Teller, Erfinder der Wasserstoffbombe und später enger Berater Präsident Reagans, durch das Vorantreiben des »Sternenkrieges« SDI maßgeblich dazu beitrug, die Sowjets in die Knie zu zwingen. Edward Teller war nicht nur ein Landsmann, sondern zugleich mein Spielkamerad aus Kinderzeiten. Er wohnte in unserer unmittelbaren Nachbarschaft. Noch einen Jugendfreund und Verwandten habe ich, der als Wissenschaftler große Karriere machte. John von Neumann, Professor in Princeton, gilt als einer der größten Mathematiker der Neuzeit. Er leistete die grundlegende Vorarbeit zur Entwicklung des Computers. Zu meinen engen Freunden zählte ich auch den führenden Aerodynamiker Professor Theodore von Kármán. Doch nicht nur in der Wissenschaft, auch auf trivialeren Gebieten haben die Ungarn etwas zu bieten. Vor dem Ersten Weltkrieg waren hübsche Mädchen der große Exportschlager meiner Heimat. Die Ungarn beherrschten einst auch die Filmindustrie in Hollywood und London. Ob Produzenten, Regisseure, Schriftsteller, Gagschreiber, Musiker, Kostümschneider oder Lichtmechaniker, wenn sie Ungarn waren, arbeiteten sie zusammen.

In London beherrschte der später vom englischen König geadelte Ungar Alexander Korda die britische Filmindustrie und die ungarische Mafia. Sir Alexander sprach perfekt Englisch, aber Engländer nichtungarischer Herkunft verstanden ihn nicht. Dafür verstand er sich um so besser mit Winston Churchill.

Ob Filmmogul oder Wissenschaftler – Moneymaker waren die Auslandsungarn nicht. In diese Rolle schlüpfte erst George Soros. Und am traditionellen Zusammengehörigkeitsgefühl hat der Berufsspekulant es auch nicht mangeln lassen, als er kürzlich vom Börsenparkett herbeieilte, um seinem Landsmann Paul Reichmann aus der Patsche zu helfen. Reichmann galt mit einem auf 25 Milliarden Dollar geschätzten Vermögen noch vor zwei Jahren als der größte Immobilienspekulant der Welt. Er war ein unverbesserlicher Hasardeur. Die letzte Rezession brachte die Immobilienpreise unter Druck und ihn in große Schwierigkeiten. Aus diesen befreite ihn Soros. Und wäre der in Ungarn geborene englische Medienzar Robert Maxwell nicht vorher ins Meer gefallen, hätte die ungarische Mafia wohl auch ihn nicht im Stich gelassen. Maxwell wäre heute noch ein Krösus – ein ungarischer.

Meine Ungarn bilden eine farbenfrohe Mafia. Die Muttersprache, die ungarische Küche und der Patriotismus halten sie zusammen. Patrioten sind sie wirklich, haben sie doch alle in der Schule das schöne Gedicht unseres großen Dichters Petöfi gelernt: »Wenn der Globus Gottes Hut ist, dann ist Ungarn das Sträußerl drauf.«

Einer der Pioniere der Filmindustrie, Adolph Zuckor, der die Paramount mitbegründete und 103 Jahre alt wurde, kam aus einem kleinen ungarischen Dorf nach Hollywood und ließ Hunderte von Landsleuten für seine Gesellschaft nachkommen. Es ist kein Witz: Am Eingang zu den Studios der MGM warnte eine Tafel, es genüge nicht Ungar zu sein, man müsse auch Fachmann sein.

Diese Warnung möchte ich auch Soros geben. Es reicht nicht, Ungar zu sein, man muß auch Erfahrung haben. Und vielleicht ist er noch ein bißchen zu unerfahren, sonst würde er nicht so wild herumspielen und herumspielen lassen. Er ist sicher ein Fachmann und versteht etwas von der Börse, aber er ist leider auch ein Zocker, und das wird ihm wahrscheinlich irgendwann große Watschen einbringen. Bei anderen Börsengurus sehe ich das manchmal mit etwas Schadenfreude und Genugtuung, bei ihm täte es mir leid. Wir Ungarn halten schließlich zusammen.

Was für Erfahrungen haben Sie noch
mit den sogenannten Börsengurus gemacht?

Mit Geschichten über andere Börsengurus könnte man ein ganzes Buch füllen. Eines der interessantesten Erlebnisse hatte ich mit Joe Granville. Granville hatte sich durch marktschreierische Eigenwerbung zum Guru gemacht, nachdem er einmal einen Rückschlag des Dow Jones um dreißig Punkte richtig vorausgesagt oder besser erraten hatte. Für diese Prognose verlangte er nicht weniger als den Nobelpreis für Wirtschaftswissenschaft. Dabei war die Voraussage kein Kunststück gewesen, schließlich hatte er den Rückschlag selbst verursacht, indem er zwanzig- bis fünfzigtausend Aktienbesitzern Telegramme schickte, in denen er aggressiv den Verkauf aller Aktien empfohlen hatte. Natürlich ging die Börse daraufhin zurück. Wenn Tausende naive Sparer plötzlich ihre Aktien auf den Markt werfen, kann der Dow Jones leicht um dreißig Punkte fallen, das macht aber nicht einmal 3 Prozent aus. Über Nacht wurde Granville zum Star und Börsenguru, der seine Anhänger nicht nur in den USA, sondern auch in der Bundesrepublik fand.

Unter diesen Anhängern war wohl auch ein gewisser Kurt Oligmüller, der in Deutschland selbst zum Börsenguru avancierte. Er lebte in Montreux und verwaltete Depots. Ich machte mit ihm sogar eine persönliche Erfahrung. Nachdem ich mich in meiner *Capital*-Kolumne über Sternengucker, Börsenalchimisten und ähnliche Gelehrte lustig gemacht hatte, erhielt ich von ihm einen Brief. Er fühlte sich durch meine Aussagen beleidigt, obwohl ich seinen Namen nie erwähnt hatte. Er machte nämlich eine Riesenwerbung für seine neuerfundene Theorie, mit deren Hilfe man angeblich die Kursentwicklung einer jeden Aktie mit der größten Präzision voraussagen konnte. Einige bekannte Journalisten haben ihn für diese Erfindung sogar gefeiert. Er nannte seine Theorie »den goldenen Schnitt«.

In seinem Brief beschimpfte er mich in aggressivem Ton und behauptete, Joe Granville habe mehr Börsenwissen in seinem kleinen Finger als ich in meinem Kopf. Er forderte mich auf, in meinen Kolumnen nicht alte Börsenanekdoten zu erzählen, sondern genau vorauszusagen, wie irgendeine Aktie dreißig Tage später stehen würde. Die Börse sei eine Wissenschaft, schrieb er, die man kennen und studieren müsse. Seine Theorie endete leider sehr tragisch: Einige Monate später beging er Selbstmord, nachdem er zuvor seine Frau erschossen hatte. In seinem

Abschiedsbrief schrieb der arme Mann, er halte noch immer daran fest, daß seine Theorie unfehlbar sei, aber leider habe er nicht mehr die Nerven und die Gesundheit, dies zu beweisen. Er verlor das ihm anvertraute Geld seiner Kunden bis zum letzten Pfennig. Dieser tragische Fall ist der beste Beweis dafür, wie besessen Systemspieler sein können. Ich glaube, daß er ein Opfer von Granvilles Prophezeiungen wurde. Dieser hatte nämlich nach seinem 30-Punkte-Erfolg wieder einmal versucht, seine Fähigkeit unter Beweis zu stellen, und orakelte, als der Dow-Jones-Index bei 750 stand, daß das führende Marktbarometer Amerikas in kürzester Zeit inmitten eines totalen Zusammenbruchs auf 450 Punkte fallen müsse. »Es ist so sicher, daß ich auch den Großmüttern (er wollte damit sagen: auch den alten Damen) befehle, auf diesen Krach zu spekulieren, der unvermeidbar ist«, sagte Granville unmißverständlich dem Publikum. Was dann geschah, ist heute schon Wall-Street-Geschichte: Der Dow Jones ist, statt auf 450 zu fallen, in den folgenden Jahren auf 1850 Punkte gestiegen. Wie ich erfuhr, hatte Kurt Oligmüller in Chicago auf dem Indexmarkt gespielt, wo er mit dem ganzen ihm zur Verfügung stehenden Geld auf den von Granville vorhergesagten Sturz der amerikanischen Börse spekulierte.

Granville selbst dachte aber keineswegs an Selbstmord und auch nicht an Bescheidenheit und Scham. Er verbreitete weiter mit großem Tamtam seine Prophezeiungen. Mit viel Aufwand trat er damals auch in Deutschland auf.

In einer öffentlichen Debatte, von Prudential Bache für die Presse organisiert, protzte er höhnisch: »Mister Kostolany behauptet, daß er in hundert Fällen einundfünfzigmal recht behält und daß ihm das genügt. Das ist ja ein Spaß. Ich habe unter hundert Fällen hundertmal recht. Ich sage auch nicht wie Kostolany: ›Ich glaube‹ oder: ›Ich meine‹ – ich sage: ›Ich weiß es!‹« Interessant war das, was er mir unter vier Augen gestand, als wir allein in einem kleinen Salon waren: »You know, Mister Kostolany, I am a ham« (Schmierenkomödiant!). Und Hunderttausende Sparer hingen an seinen Lippen. Mir war er nicht ein-

mal unsympathisch. Am nächsten Tag erschien in der *Frankfurter Allgemeinen Zeitung* ein halbseitiger Artikel über die
Debatte. Man gab mir hundertprozentig recht und beleidigte
Joe Granville sogar etwas. Es sei kein Wunder, daß ein gebildeter Mann wie André Kostolany keine ordentliche Debatte mit
einem Granville führen könne. Eigenartigerweise sind die meisten Börsengurus Crashpropheten. Haussegurus gibt es nur
wenige, den Weltuntergang zu predigen erregt eben mehr Auf-
sehen.

Von den Crashgurus, die in Deutschland ihr Unwesen treiben,
sind einige gute Freunde von mir. So zum Beispiel Paul C. Martin, der sich immer noch großer Beliebtheit erfreut. Seit zwanzig Jahren bereitet er uns auf den Crash der Börse, der Banken
und der Wirtschaft vor. Erst sollte die Welt an Inflation, später
dann an Deflation zugrunde gehen. Er ist zur Zeit bei der Bild-
Zeitung beschäftigt. Wenn wir uns hier und da treffen, freue ich
mich immer, und wir plaudern dann über Bücher, Frauen oder
Politik, aber bestimmt nicht über die Börse.

Ein anderer liebenswerter Freund ist der Exbankier Philipp
Freiherr von Bethmann. Er spricht seit über zehn Jahren
davon, die Welt werde eine verheerende Inflation und den totalen Zusammenbruch der Banken erleben. Bis heute liegt er mit
seinen Prophezeiungen völlig falsch. Wie bei keinem anderen
bin ich mir bei ihm völlig sicher, daß er hundertprozentig an seine Prognosen glaubt. Er schaltete vor einigen Jahren in der
FAZ eine ganzseitige Annonce mit der Warnung vor dem wirtschaftlichen Untergang der Welt. Diese Anzeige kostete ihn
schließlich eine Menge Geld, ohne daß er dadurch irgendeinen
finanziellen Nutzen gehabt hätte. Bei manchen anderen Crashgurus bin ich mir manchmal nicht so sicher, ob sie ihre Prognosen nicht vielleicht deshalb machen, um die eigenen Bücher
oder Börsenbriefe zu verkaufen, bei Bethmann aber ist es
sicher nicht so.

Ein anderer, der vor einigen Jahren ins Lager der Crashgurus
überwechselte, ist Roland Leuschel. Er ist der Börsenexperte
der Banque Bruxelles Lambert und genießt in Deutschland

immer noch großes Ansehen. Einen Teil dieses Ansehens verdankt er seinem Sieg bei einem vor einigen Jahren durchgeführten Wettkampf der Fernsehsendung Telebörse, in dem er sich mit drei anderen Börsenexperten, unter ihnen auch Wall-Street-Experte Heiko Thieme, messen mußte. Leuschel gewann damals, weil er kaum etwas machte und die Börse in dem betreffenden Jahr leicht abwärts tendierte. Seit ein paar Jahren malt er ein Horrorbild an die Wand. Für die Wirtschaft komme es schlimmer als 1929 und für die Börse noch ärger als 1987, predigt er unentwegt. Der Dow Jones ist währenddessen um über 1000 Punkte gestiegen und mit ihm natürlich auch der DAX.

Leuschel ist ein kluger Kopf, der sich von seinen Wirtschaftsstudien irreführen läßt. Offensichtlich weiß dieser Musterschüler nicht, daß Wirtschafts- und Börsenprognosen drei monströse Feinde haben: Statistiken, Bilanzen und theoretische Postulate. Wer sich von solchen Monstern nicht trennen kann, sollte keine Prognosen machen und nicht in die Nähe der Börse gehen.

Was ich an Leuschel kritisiere, ist seine unbescheidene Haltung trotz all dieser Blamagen. Zur Zeit befinden wir uns in einem sogenannten Salami-Krach, erklärt er seinen Anhängern. Damit will er sagen, daß der Crash sich in kleinen Schritten vollzieht. Natürlich ist das semantisch völlig falsch. Ein Crash ist etwas Plötzliches und Unerwartetes mit sehr bösen Folgen. Meine Definition für einen Crash sieht folgendermaßen aus: Die Hausangestellte kommt mit der Suppenschüssel ins Speisezimmer und läßt sie fallen. Den ersten Krach gibt es, wenn die Porzellanschüssel den Boden erreicht. Dann fliegen die Scherben auseinander, und zum Schluß macht die Dame des Hauses dem Mädchen einen Krach. Das ist ein Crash – ein Triplecrash sogar.

Statt sich etwas zurückzuhalten, protzt er damit, wie recht er habe (»I told you so«). Tatsächlich aber ist keine der Prognosen des Deutsch-Belgiers je eingetroffen.

Ein anderer bunter Vogel unter den Zukunftsforschern, den ich jedoch nicht persönlich kenne, ist Bob Farrell, der noch 1990 schrieb, der Dow Jones werde auf 2000 Punkte fallen und sich jahrelang nicht mehr erholen. Und Bob Farrell ist nicht etwa ein Wald-und-Wiesen-Guru, der einen Börsenbrief herausgibt. Er ist Chefanalyst der weltgrößten Investmentbank Merrill Lynch. Man muß sich ernsthaft fragen, warum er seinen Job nach einer derart kolossalen Fehlprognose nicht verloren hat, während die Lady-Guru der Wall Street, Elaine Gazarelli, die den Krach von 1987 voraussah und danach mit ihren optimistischen Prognosen weiter richtig lag, bei Lehman Brothers ihre Stellung verlor. Pessimistische Prognosen sind seit einiger Zeit groß in Mode, besonders in Deutschland. Vor zwanzig Jahren war das noch ganz anders. Damals herrschte eine solche Hochstimmung, daß selbst manche Wirtschaftsredakteure meine damaligen Warnungen vor Bernie Cornfield und seiner IOS als Miesmacherei bezeichneten. Zu der Zeit war nicht nur Pessimismus, sondern auch Kritik verboten. Ich erhielt sogar Drohbriefe, als ich die Machenschaften der IOS entlarvte. Heute aber, wo die Welt besser als jemals zuvor aussieht und der Weltfriede so sicher ist, wie er es seit 1912 nicht mehr war, haben die Auguren des Weltuntergangs Hochkonjunktur.

Ich habe die Hoffnung schon lange begraben, ich könnte diese Crashverehrer vom Gegenteil überzeugen. Je weniger ihre Prognosen aufgehen, desto verbissener scheinen sie daran zu glauben.

Nur eine Bitte an die Crashgurus erlaube ich mir. Geht die Börse irgendwann wirklich einmal um 20 oder 30 Prozent zurück, laufen Sie nicht triumphierend und protzend durch die Welt, ganz nach dem Motto: »Ich hab's ja immer vorausgesagt.« Wer bei einem Dow Jones von 1800 Punkten bereits den großen Krach vorausgesagt hat, liegt immer noch mächtig daneben, selbst wenn der Dow Jones von 4000 auf 3000 Punkte zurückgeht. Die Crashgurus sollten ihre Fehler eingestehen, genauso wie ich gerne zugebe, daß ich mit dem Dollar bisher falsch liege. Halten sollten es die Crashpropheten wie mein Bruder in Budapest.

Bei einem großen Hausball sagte er zur Gastgeberin: »Sehen Sie den häßlichen Zwerg dort mit dem Wasserkopf?« Die Antwort der Dame:»Das ist mein Sohn.«Mein Bruder erbleicht und erwidert das einzig Vernünftige:»Gnädige Frau, so einen Fehler kann man nicht wiedergutmachen. Ich gehe.«Und er ist gegangen.

Sie selbst werden auch häufig als Börsenguru oder Börsenpapst bezeichnet. Akzeptieren Sie dieses Prädikat für sich selbst?

Bestimmt nicht. Der Papst ist unfehlbar, unfehlbar bin ich ganz sicher nicht. Ich bin nur ein alter, sehr erfahrener Börsenprofi. Und ich traue mich zu sagen, daß man wahrscheinlich keinen Börsianer findet, der auf internationaler Ebene die Erfahrung besitzt, wie ich sie habe. In New York und auch an den Börsenplätzen Europas sind noch einige sehr alte Börsianer, auch ältere als ich, aber die haben die große Erfahrung an ihrem jeweiligen Börsenplatz gesammelt und nicht international. Als ich einmal nachts nicht einschlafen konnte, habe ich gezählt, mit wie vielen Börsen ich in meinem Leben zu tun gehabt habe. Ich bin auf siebzig gekommen. Und da ich immer noch nicht schlafen konnte, begann ich meine Brokerverbindungen zu zählen und bin dann, als ich wieder bei siebzig angekommen war, eingeschlafen. Auf diese Tatsache bin ich nicht stolz. Stolz wäre ich, wenn ich eine Sonatine oder eine kleine Melodie von zehn Takten komponieren könnte.

Ich sage auch nicht, daß ich weiß, was morgen kommen wird. Das weiß ich genausowenig wie alle anderen auch. Ich weiß nur, was gestern war und heute ist, und viele meiner Kollegen wissen nicht einmal das.

Es ist an der Börse nicht entscheidend, kurzfristig großen Erfolg zu haben. Das bedeutet überhaupt nichts. Einen großen Coup landet jeder Börsianer in seinem Leben. Man trifft ja auch gelegentlich eine Sardine, wenn man mit einer Pistole in ein Faß schießt. An der Börse muß man à la longue Erfolg haben. Ob ein Börsianer erfolgreich war oder nicht, können nur seine Erben beurteilen.

167

Unwahrheiten, Lügen und Tips

Die Gurus sind es, die die heißen Tips lancieren. Sie geben keine Tips. Haben Sie Angst, danebenzuliegen?
Nein, darum geht es nicht. Immer wieder, wenn ich zu Talk-Shows oder Vorträgen eingeladen werde oder die Leute mich auf der Straße ansprechen, werde ich um Tips gebeten. Ich habe darauf nur eine Antwort: Tips gibt es nicht. Tips werden von großen Finanzinstituten, Syndikaten oder irgendeiner anderen Interessengruppe lanciert, um Papiere beim Publikum abzuladen. Und deshalb gebe ich nichts darauf, sondern mache das Gegenteil davon. Genauso wie ich in einem Restaurant genau das nicht bestelle, was der Wirt mir empfiehlt, denn das will er loswerden!
Ich gebe den Leuten keine Tips, ich lehre die Börse. Es gibt ein chinesisches Sprichwort, das lautet:»Wenn du einen Freund hast, schenke ihm einen Fisch, wenn du ihn aber wirklich liebst, lehre ihn fischen!«
Die Fische sind die Tips, die man sich selbst machen muß. Und auch eine Empfehlung für ein bestimmtes Papier ohne die Absicht, dem Publikum etwas zu verkaufen, könnte ich nicht geben. Würde ich im Fernsehen vor einem Millionenpublikum zum Beispiel sagen, man sollte das Papier XY kaufen, und wenige Wochen später aufgrund einer einschneidenden Nachricht meine Meinung ändern, wie soll ich dann diejenigen erreichen, die meiner Empfehlung gefolgt sind, um ihnen zu sagen, daß sie jetzt verkaufen sollen? Es wäre unmöglich. Einem Freund, den ich täglich im Kaffeehaus sehe, kann ich meine Ideen mitteilen, ihm könnte ich auch jederzeit meinen Sinneswandel erklären.
Aber wie ich es bei den deutschen Young-Anleihen schon beschrieben habe, ist es auch nicht unproblematisch, guten Freunden Tips zu geben. Da die Idee nicht in ihrem Kopf entstanden war, es also nicht ihre eigenen Gedanken waren, konnten sie auch nicht an die Idee glauben. Und da sie keinen Glauben hatten, hatten sie auch keine Geduld und haben verkauft,

als die Papiere vor dem großen Anstieg noch um 20 Prozent zurückgingen.

Die Tips, die ich gebe, sind meine Bücher und Vorträge. Dazu gibt es eine wunderbare Geschichte. Sie ereignete sich bereits vor zwanzig Jahren. An einem Nachmittag in Paris rief mich ein Mann aus Antwerpen an. Er fragte mich, ob ich in der kommenden Woche in Paris sei, da er selbst dorthin komme und mich unbedingt treffen wolle. Er hatte Glück, ich war dort. Er kam wie angekündigt nach Paris, und wir trafen uns. Er erzählte mir seine Lebensgeschichte: Er sei Gemüse- und Südfrüchtehändler in den Markthallen von Antwerpen, und zwar in zweiter Generation. Sein Arbeitstag beginne morgens um fünf und ende nachmittags um drei Uhr. Er arbeite also hart, habe dabei aber auch verhältnismäßig viel Geld verdient, von dem er einiges gespart habe. Und dann erzählte er mir die Geschichte, die mich betraf: »Als sich auf meinem Konto mehr Sparkapital befand, als ich für mein eigenes Geschäft brauchte, dachte ich mir, daß man damit an der Börse etwas machen könne. Ich ging in die Buchhandlung, um mir ein paar Bücher über die Börse zu kaufen. Ich las drei, wurde aber leider nicht klug. Und dann bin ich noch mal in einen anderen Bücherladen gekommen, und man empfahl mir Ihr Buch – auf holländisch: *Over de beurs gesproken* (französisch: *Si la Bourse m'etait contée;* deutsch: *Das ist die Börse*). Das habe ich gelesen, und es hat mir wunderbar gefallen. Eine Sache hat mich besonders interessiert. Das waren Ihre Börsenabenteuer mit notleidenden Anleihen, die dann später irgendwie geregelt werden. Ich begann die Anleihenkurse zu studieren und fand Kongo-Anleihen, die völlig entwertet waren, weil die Zinsen schon lange nicht mehr gezahlt wurden. Ich dachte mir, hier besteht eine Chance, daß die Anleihen doch geregelt werden. Ich ging zu meinem Bankier, um ihm den Auftrag zu geben. Er hat mich ausgelacht, wie alle meine Freunde am Stammtisch, denen ich davon erzählte. Doch ich ließ mich nicht beirren, ich kaufte diese Kongo-Anleihen und bekam recht. Die Anleihen sind auf das Zehnfache gestiegen. Heute kommt der Bankdirektor immer zu mir, um Tips zu bekommen. Und meine Freunde vom Stammtisch machen das gleiche.«

So schnell wird ein Guru geboren, der Tips abgeben muß. Mein Freund brachte mir als Dank für mein Buch einen großen Korb voller Früchte mit.

Also, ich lehre fischen, aber ich verschenke keine Fische. Und die Fische, die andere verschenken, sind meistens faul.

Das heißt, ein Börsianer muß eigene Gedanken haben?
Genau, oder er muß der Empfehlung oder dem Rat eines Kollegen folgen, zu dem er Vertrauen hat. Doch darf er es nicht blind tun. Jede Empfehlung muß er eigenen Überlegungen unterwerfen. Dazu habe ich folgenden Satz geprägt: Wenn ein Bankier zu einem Vorschlag nein sagt, meint er vielleicht. Sagt er vielleicht, meint er ja. Sagt er aber sofort ja, ist er kein guter Bankier. Wenn aber ein Spekulant auf einen Tip ja sagt, meint er vielleicht, sagt er vielleicht, meint er nein. Und wenn er gleich nein sagt, ist er kein wirklicher Spekulant. Man muß auch eigene Gedanken haben, wenn man einem Tip folgt, nur der Impuls, die Idee, darf von einem guten Freund kommen. Natürlich kann ein Tip aus fremder Hand auch seriös sein. Ein erfolgreicher Börsianer zum Beispiel gibt seine Meinung über eine spezielle Aktie an einen Freund weiter. Der erzählt es seiner Frau, die es wiederum einer Freundin erzählt, die es dann an ihre Friseurin weitertratscht etc. So wird aus einer Meinung ein Tip. Natürlich ist dieser Tip nicht schlecht. Der Urheber hat damit ja nicht bezweckt, das empfohlene Papier beim Publikum abzuladen. Nur kann man als fünftes Glied in dieser Kette natürlich nicht wissen, ob es sich um einen heißen oder seriösen Tip handelt. Deshalb ist es besser, man befolgt nur solche Empfehlungen, die aus erster Quelle von einem guten Freund stammen. Das mache ich auch manchmal. Oft geht die Spekulation dann aber für mich besser aus als für denjenigen, von dem ich die Idee habe, weil ich die Papiere nach dem Kauf gar nicht mehr beobachte und so die nötige Geduld besitze, die den anderen fehlt. Von Teléfonos de México habe ich ja schon erzählt. Und ich erinnere mich noch an

170

einen anderen Fall, in dem die Empfehlung eines Freundes für mich besser lief als für ihn. Mein guter Börsenkollege Lacy Kux – er war in den sechziger Jahren der erfolgreichste und anerkannteste Arbitrageur in New York – gab mir einmal folgenden Tip: »André, in Unilever muß etwas vorgehen, London kauft und kauft und kauft. Ich verkaufe riesige Posten Unilever aus New York nach London. Da muß man einsteigen.« Ich war natürlich höchst aufmerksam und interessiert. Wenn Unilever aufgekauft wurde, sollte ich dabeisein. Die Firma war schließlich eines der größten europäischen Unternehmen. Ich schickte ein Telegramm an meine Schweizer Bank und machte bei der Auftragserteilung einen Fehler. In der Schweiz wurden die Aktien zu einem anderen Nominalwert gehandelt als in New York. Eine Aktie in der Schweiz entsprach zehn Anteilsscheinen an der New Yorker Börse. Als ich dies auf der Auftragsbestätigung entdeckte, verkaufte ich sofort alles. Ich hatte genug von Unilever. Ich verlor nur die Spesen für den An- und Verkauf. Mein Freund Lacy Kux aber verlor mehr, denn in den nächsten Monaten sind Unilever nur gefallen. Natürlich rettete mich in diesem Fall nur Glück und keine besondere Gabe. In meiner Börsenerfahrung habe ich es aber auch oft erlebt, daß ein Irrtum ein wunderbarer Börsenerfolg werden kann.

Also, auf Freunde kann man hören. Was man aber bestimmt nicht darf, ist, Tips blind hinterherzulaufen. Das muß unweigerlich schiefgehen. Wenn man schon blind handelt, ohne sich eigene Gedanken zu machen, dann muß man das Gegenteil der Tips tun.

Die Information über Unilever war ja schon fast eine Insiderinformation. Kann man mit Insiderinformationen denn nicht todsicher Geld verdienen?

Man kann todsicher pleite gehen. Insiderinformationen sind fast immer falsch, weil sie bewußt gestreut werden. »Der Mann der Freundin meiner Freundin arbeitet bei der Firma X Y, und dort soll folgendes vor sich gehen ...« Auf diese Art und Weise werden Insiderinformationen verbreitet. Es gibt natürlich auch richtige Insiderinformationen, zum Beispiel vom Chef irgendeiner Firma. Dieser weiß zwar, was in der Firma vor sich geht, aber nicht, was an der Börse passiert. Er weiß nicht, wie das Publikum auf gewisse Nachrichten reagiert. Dazu kann ich unzählige interessante Anekdoten aus meinen über siebzig Jahren Börsenerfahrung erzählen. Ich habe sie zwar schon öfters erzählt, aber sie illustrieren das, was ich meine, eben besonders gut.

Einer meiner Freunde, Adrien Perquel, erzählte mir bei einem Mittagessen, daß er mit dem Vorstandsvorsitzenden der Compagnie Française de Pétrole, einer der größten Erdölgesellschaften der Welt, eine lange Unterhaltung gehabt hatte. Und daß dieser ihm ausdrücklich bestätigte, daß die Aktien der Française de Pétrole bei einem Kurs von 10 000 (alten) Franc stark überbewertet seien. Ich hielt einen größeren Posten und war schon auf den kommenden Tag ungeduldig, um sie alle zu verkaufen. Es klingt fast wie ein Witz, aber nachdem ich sie verkauft hatte, sind sie in den folgenden Monaten raketenhaft auf 60 000 Franc gestiegen.

Ich nehme an, der Präsident war in seiner Auskunft absolut bona fide, nur, wie ich es immer wiederholen muß, wissen Insider eben selber nicht, wie ihre Aktien an der Börse stehen werden.

Als Makler in Paris passierte mir einmal etwas Ähnliches wie das, was Lacy Kux mit Unilever passiert war. Mein Kunde war die Stockholmer Privatbank Jacobson & Ponsbach. Jeden Tag kauften sie bei mir SKF. Ich dachte, Stockholm kauft SKF, die müssen es doch wissen, kaufte auch und habe nur verloren.

Diese beiden Erfahrungen lehrten mich, in einer anderen Situation das Richtige zu tun.

Vor mehreren Jahrzehnten rief mich mein guter alter Freund Ernst Gall aus Zürich an. Gall war damals der erste Prokurist und Börsenhändler des großen Bankhauses Julius Bär & Co. Man müßte Aktien von »Papier St. Moritz« kaufen, teilte er mir mit. »Warum?« – »Egal, ganz egal« war die Antwort. »Sie werden steigen.« Die aufgeregte Stimme zeigte mir, daß mein Freund zwar keine Erklärung geben konnte, sich seiner Sache aber sicher war. Hier hilft nur Glaube, dachte ich mir ausnahmsweise, Vox populi, vox Dei, und kaufte »Papier St. Moritz« zum Kurs von 162.

Als ich den Hörer auflegte, fiel mir plötzlich ein, daß der Präsident der Papierfabrik La Chapelle (das einzige Aktivum der »Papier St. Moritz«) ein guter Bekannter von mir war: Monsieur George Hereil, ehemaliger Präsident der Sud-Aviation, Schöpfer der Caravelle, späterer Präsident von SIMCA und Vizepräsident von Chrysler.

Die Antwort auf meine Frage nach seiner Meinung zu seinen Papieren war niederschmetternd: »Der Preis an der Zürcher Börse ist glatter Nonsens, der Buchwert ist kaum vierzig Franken, gar keine Aussicht auf Dividende. Es ist ein Unfug der Spekulation, den Kurs so in die Höhe zu treiben. Die in Zürich sind verrückt geworden, die Aktie ist zu dem Preis ein glatter Verlust. Man sollte auf keinen Fall kaufen.« Die Heftigkeit, mit der er seine Auskunft unterstrich, veranlaßte mich, mir die Angelegenheit etwas näher anzuschauen. Ich stellte tatsächlich fest, daß der Preis unverhältnismäßig hoch lag und daß der Präsident recht hatte. Ungeduldig wartete ich am nächsten Tag darauf, meinen Freund bei Bär zurückzurufen. »Sie sind ein Feigling, nicht mehr gekauft zu haben«, tönte es mir aus dem Telefon entgegen, »heute steht ›Papier St. Moritz‹ schon auf 165.« Es machte mir Spaß, einem Bankier eine Lektion zu erteilen, obwohl dieser Bankier mein guter Freund war. Ich wiederholte ihm wörtlich, was Präsident Hereil mir mitgeteilt hatte und was sich durch meine Untersuchungen bestätigt gefunden hatte. Vom anderen Ende der Leitung war eine verängstigte Stimme zu hören: »Was sollen wir tun, Herr Kostolany, wollen Sie wieder verkaufen?«

»Was wir tun sollen? Kaufen Sie mir weitere ›St. Moritz‹ dazu.«
Es folgte eine lange Pause, ich sah meinen Freund als stummes Fragezeichen vor mir. Ich setzte hinzu: »Ich wollte Ihnen nur zeigen, welche Bedeutung ich der Insiderinformation beimesse, selbst wenn diese vom Präsidenten kommt.«

Am nächsten Tag erzählte ich meinen Freunden am Stammtisch von diesem extravaganten Entschluß, auch sie können als Zeugen auftreten. Dann vergaß ich die ganze Angelegenheit. Einige Monate später las ich in der *New York Times* über die Entwicklung der St.-Moritz-Aktien, die gerade von 1200 auf 1600 gesprungen waren. Ich rief meinen Freund in Zürich erneut an und verkaufte fröhlich alle meine »St. Moritz«.

Als er mir am Telefon die Ausführung meldete, fragte ich ihn eigentlich im Scherz:»Nun, lieber Herr Gall, habe ich einen guten Tip gehabt?« Beleidigt antwortete mein Züricher Freund:»Wieso denn Sie? Ich habe doch den Tip gehabt!« (Er hatte ja nicht unrecht.)

Einige Zeit später stiegen die »St. Moritz« noch höher, und dann verschwanden sie von der Börse, da die Firma von der englischen Gesellschaft Bowater übernommen worden war. Später unterhielt ich mich mit dem Präsidenten Hereil über diese Geschichte, und wir lachten herzlich darüber. Später wußte auch er, was er damals nicht wissen konnte: Bowater hegte finstere Fusionspläne. Seine Bilanzanalyse war absolut richtig gewesen, doch der Analytiker denkt, die Börse lenkt. Die Börse ist keine Wissenschaft, sondern eine Kunst. In der Malerei muß man auch für Surrealismus Verständnis haben. Auch wenn der Kopf manchmal unten ist und die Beine oben sind. Und werden nicht solche Bilder oft von Tausenden bewundert? Ich kaufte »Papier St. Moritz« nicht trotz, sondern gerade wegen der schlechten Information. Diese Geschichte halte ich gern denjenigen entgegen, die mit Computern Bilanzen analysieren und Grafiken erstellen. Am Ende kommt dann doch alles anders.

Meine spektakulärste Erfahrung mit Insiderinformationen aber machte ich im Wintersport, genauer gesagt im Palace-Hotel St. Moritz. Daß hier schon wieder St. Moritz eine Rolle spielt, ist schierer Zufall.

Anfang der dreißiger Jahre sah ich mich durch meine Baissespekulationen in die glückliche Lage versetzt, einen luxuriösen Winterurlaub machen zu können. Ich fuhr nach St. Moritz, das damals ein Symbol für Luxus und Reichtum war. Das Palace-

Hotel mit Halle, Bar und Grill spielte eine besondere Rolle. Es war der Treffpunkt der internationalen Hochfinanz, der Playboys und der Prominenz aus aller Welt. Der Leser kann sich mit Recht fragen, was ich in diesem exklusiven Kreis zu suchen hatte. Als Zuschauer absolvierte ich meine Lehrjahre in kosmopolitischem Lebensstil und gewann dadurch Lebenserfahrung, die mir bis heute nützlich ist. Diese kleine farbige Welt ist vergangen wie der Schnee vom letzten Jahr. Wenn ich aber heute durch die Halle des Palace gehe, dann sind die Geister der Vergangenheit noch immer lebendig. In einer Ecke sehe ich den Autokönig André Citroën – es war die Zeit noch vor seiner Pleite. An einem anderen Tisch sitzt Sir Henry Deterding, Herr des Royal-Dutch-Shell-Konzerns. In seiner Nähe diniert die Konkurrenz: Mr. Walter C. Teagle, Präsident der Standard Oil. Dem Dorfklatsch zufolge trafen die beiden Potentaten jedes Jahr hier zusammen, um ihre Probleme zu besprechen: Preise, Märkte, Öl. Genau wie heute die Ölscheichs in einer Wiener OPEC-Konferenz. Zwei Schritte von ihnen entfernt sehe ich Kees van Dongen, den weltberühmten Maler, und Charlie Chaplin. Nie fehlte hier mein Landsmann Dr. Arpad Plesch, der brillante Spekulant und größte Fachmann für Goldanleihen. Auf der anderen Seite saß im immer gleichen Fauteuil und, in Gedanken versunken, Dr. Fritz Mannheimer, der einflußreichste Bankier dieser Zeit, ein gebürtiger Stuttgarter, Chef des Bankhauses Mendelssohn & Co. in Amsterdam. Nach dem Ersten Weltkrieg in Amsterdam als Devisenhändler begonnen, fungierte er als Vertreter der deutschen Reichsbank und hatte die Aufgabe, durch Interventionen den Kurs der Deutschen Reichsmark zu stützen. Seine Tätigkeit war sehr erfolgreich, allerdings weniger für die Reichsbank als für ihn selbst. Denn die Reichsmark fiel auf Null; Dr. Mannheimer aber schuf sich ein Vermögen. Mit den verdienten Millionen gründete er den holländischen Zweig der Berliner Firma Mendelssohn & Co. und wurde später unter anderem Bankier der französischen, holländischen und belgischen Regierung. Als ungekrönter König des damals so wichtigen Finanzplatzes Amsterdam imponierte er mir natürlich am meisten. Er war untersetzt, arrogant, sich seiner Macht und Bedeutung wohl bewußt.

Ich verfolgte diese Show im Palace mit den Augen eines Privatdetektivs, analysierte die Gesten der auftretenden Figuren, ihre Physiognomien und hätte gern ihren Gesprächen gelauscht. Sicher sprachen sie nicht über das Wetter! Und durch einen merkwürdigen Zufall wurde meine Neugier befriedigt. Eines Abends klopfte der Page an meiner Tür und überreichte mir ein Telegramm, das ich ungeduldig aufriß. Der Text bestätigte die Ausführung eines gigantischen Kaufauftrages von vielen tausend Royal-Dutch-Aktien auf allen Märkten der Welt. Der Wert der Aufträge belief sich auf mehrere Millionen Gulden.

Ich verstand nicht, worum es sich handelte, wendete das Telegramm und sah erst jetzt, daß es an Dr. Mannheimer adressiert war. So ein Irrtum kann sogar im Palace vorkommen! Mein Zimmer lag auf der Schattenseite, genau gegenüber der auf der Sonnenseite liegenden Suite von Dr. Mannheimer. Heute, viele Jahrzehnte später, fühle ich noch immer den Schock, der mich damals durchfuhr. Ich war plötzlich in die Geheimnisse der Götter eingeweiht. Erst vor einigen Tagen hatte ich Sir Henry mit Dr. Mannheimer in lebhaftem Gespräch entdeckt.

Die haben, so dachte ich mir, gewiß etwas Besonderes in Royal Dutch ausgekocht. Das war unmißverständlich. Ich läutete nach dem Pagen, gab ihm das Telegramm zurück und versuchte Ordnung in meine aufgewühlten Gedanken zu bringen. Damals war ich Baissespekulant. Ich war aus wirtschaftlichen und politischen Gründen pessimistisch und für Haussetips nicht besonders empfänglich. Außerdem befand sich die Börse noch mitten in der Baisseperiode der damaligen Zeit. Aber eine solche Information wie die, die mir ein teuflischer Zufall zugespielt hatte, so etwas passiert kaum zweimal im Leben! So einem Tip muß man folgen. Und ich folgte ihm. Ich kaufte Royal Dutch, und von diesem Augenblick an begann der Kurs zu fallen – bis auf ein Drittel des Kurses, zu dem ich gekauft hatte. Ich verlor das ganze Geld, das ich in diesen Tip gesteckt hatte.

Ich habe nie erfahren, was die beiden in der Halle des Palace besprochen hatten. Ich weiß nur, daß die Firma Mendelssohn, Amsterdam, im Herbst 1939 mit großem Skandal Bankrott machte und daß das Börsenspielkonto Dr. Mannheimers mit riesigen Schulden belastet war. Aus dieser Erfahrung konnte ich aber zwei Schlüsse ziehen: Ein großer Financier kann auch ein schlechter Spekulant sein, und beim Wintersport kann man auch etwas über die Börse lernen.

Es ist nicht schwer zu erkennen. Wenn ich einer Insiderinformation folgte, verlor ich, machte ich aber genau das Gegenteil, so profitierte ich riesig. Deshalb sage ich:»Information gleich Ruination.«

Noch eine andere interessante Geschichte fällt mir ein. Sie ist die Ausnahme, die die Regel bestätigt. Wieder besaß ich Insiderinformation, handelte danach und profitierte sogar oder, besser gesagt, konnte durch sie einen großen Verlust vermeiden. Vielleicht lag es daran, daß ich zur Erlangung der Informationen aktiv tätig wurde und sie mir nicht zufällig zugetragen wurde.

Ich interessierte mich während des letzten Krieges in New York für europäische Regierungsanleihen, besonders solche aus Schuldnerländern, die von der deutschen Armee besetzt waren.

Dies traf auch auf die Schuldscheine des Königreichs Dänemark zu, die an der New Yorker Börse gehandelt wurden. Die Zinskupons wurden bezahlt, aber die Frage blieb offen, ob die gefährlich nahe Rückzahlung möglich sein würde oder nicht.»Zahlen oder nicht zahlen?« war hier die Frage für die dänische Regierung. Es handelte sich um sechsprozentige Papiere, die an der Börse zu 60 Prozent des Nominalwertes notierten und die sechs Monate später zu 100 eingelöst werden sollten. Ein so anomaler Abschlag war für eine Anleihe dieser Qualität nicht zu rechtfertigen, zumal die Schuldnerin, die dänische Regierung, bei US-Banken einen großen Betrag in Dollar besaß.

Ich hatte von diesen Papieren schon ein kleines Paket zu einem Kurs 30 zu 40 gekauft. Warum sollte man sie schon zu dem damaligen Kurs 60 zu 70 verkaufen, wohin sie langsam kletterten, wenn man einige Monate später einfach zum Schalter würde gehen können, um sie zu 100 einzulösen. In der Welt der Finanzen ist alles möglich, und der Appetit eines Spekulanten ist unbegrenzt.

Ich hatte einen Nachbarn, René von Bourbon-Parma (Bruder der vor ein paar Jahren verstorbenen ehemaligen Kaiserin Zita), der der Schwiegersohn des Königs von Dänemark war. Ich hatte ihm einen Vorschlag gemacht, natürlich mit einem schönen Honorar, den er auch mit Freude akzeptierte: Er sollte nach Washington fahren, dort den Botschafter von Dänemark, den er gut kannte, aufsuchen und sich bei ihm erkundigen, ob die fraglichen Anleihen am 1. Dezember 1941 bezahlt werden sollten oder nicht. Zum festgesetzten Tag, zur festgesetzten Stunde rief mich der Prinz aus Washington an (Pünktlichkeit ist die Höflichkeit der Könige):»Die Anleihen werden nicht bezahlt!« Es war zwar nichts faul im Staate Dänemark, die Dänen hatten genügend Dollars in den USA, um ihre Schuldscheine einzulösen, aber sie hätten ihre Kassen leeren müssen und dann für andere noch laufende Anleihen mit späterer Fälligkeit keine Zinsen mehr zahlen können. Die Zinsen für die sechsprozentigen Anleihen sollten auch weiter bezahlt werden, nicht aber das Kapital.

Ich konnte nun meine dänischen Papiere sehr günstig verkaufen, weil sie nur einen Monat vor Fälligkeit in die Höhe stiegen und sogar 90 erreichten. Bei diesem Kurs hatte ich dann die Courage, auch leer zu verkaufen. Der Kurs hielt sich zu meiner Überraschung, ich begann sogar, an meinem Prinzen zu zweifeln. Doch es dauerte nicht lange, da erschien eines Morgens in der *New York Times* eine große Annonce mit dem Text:»Die Regierung von Dänemark bedauert es, ihren Gläubigern schweren Herzens mitteilen zu müssen, daß...« Der Rest war all das, was ich schon von dem Prinzen erfahren hatte. Die Anleihen stürzten auf 60 Prozent, meine Insiderinformation war von Erfolg gekrönt. Allerdings traue ich seither nicht mehr der dritten Strophe, Psalm 143, König David, der lautet:»Verlasset Euch nicht auf Prinzen.«

Sie haben also insgesamt eher die Erfahrung gemacht, das Gegenteil dessen zu tun, was die Insiderinformationen sagen. Aber der ehemalige Vorsitzende der IG Metall, Franz Steinkühler, hat Geld mit seiner Information gemacht. Hatte er Glück?
Es gibt schon einen gewaltigen Unterschied zwischen verschiedenen Arten von Insiderinformationen. Ob ein an sich unbeteiligter Spekulant eine Insiderinformation durch Zufall oder vielleicht auch durch sein Bemühen zugetragen bekommt oder ob er knallhart ein Geschäftsgeheimnis ausnutzt, das ist etwas völlig anderes. Franz Steinkühler zum Beispiel war in seiner Funktion als Arbeitnehmervertreter Mitglied des Aufsichtsrates der Daimler-Benz AG. Hier erfuhr er nicht nur, sondern beschloß auch mit, daß die Aktionäre der Mercedes-Holding für ihre Aktien im Verhältnis 1 zu 1 Daimler-Papiere bekommen sollten, was einem Gewinn von rund 80 Mark pro Mercedes-Aktie gleichkam.

Wenn der Vorsitzende der IG Metall, während er die Arbeiter in den neuen Ländern auf einen Wochen dauernden Streik für ein paar hundert Mark mehr Jahreslohn einschwört, mal eben an der Börse innerhalb weniger Tage, durch den Umstand, Arbeitnehmervertreter zu sein, 70 000 Mark einsteckt, dann ist das meiner Ansicht nach im höchsten Maße unmoralisch. Dieses Verhalten wäre in Frankreich, England und vor allem in den USA nicht mit einem Rücktritt erledigt gewesen. Eine Gefängnisstrafe hätte Herrn Steinkühler mit Sicherheit erwartet. Auch in der Bundesrepublik wäre die Angelegenheit strafrechtlich geahndet worden, hätte sie sich nach dem 1. Juli 1994 abgespielt. Seit diesem Tag nämlich gibt es ein Gesetz, das das Insidervergehen unter Strafe stellt.

Man muß also zwischen solchen und solchen Insiderinformationen unterscheiden. Die Ausnutzung einer Insiderinformation, wie ich sie zum Beispiel im Palace-Hotel erhielt, ist meiner Ansicht nach nicht unmoralisch. Das Ergebnis zeigte schließlich auch, daß diese Information keineswegs ein Weg zum risikolosen Börsengewinn war. Wenn aber jemand wie Steinkühler eine offizielle Funktion ausübt und er die kursbeeinflussende Nachricht selbst mitbestimmt, dann ist es Betrug, wenn er den Informationsvorsprung ausnutzt. Genauso liegt ein Insidervergehen vor, wenn der Direktor einer Goldminengesellschaft von einem großartigen Fund erfährt, schnell Aktien der eigenen Gesellschaft kauft und die Information erst danach an die Presse gibt.

Insiderinformation oder Geschäftsgeheimnis, das ist hier die Frage. Im Fall Steinkühler handelte es sich zweifellos um ein Geschäftsgeheimnis. Und wie es so ist mit Geheimnissen – wer einem anderen eines anvertraut, wird ganz schnell zu dessen Gefangenem. Der Aufsichtsrat Steinkühler vertraute sein Geheimnis dem Spekulanten Steinkühler an. Wer ist hier der Gefangene? Alle beide – Gefangene ihrer Geldgier.

Waren die Arbitrageure des großen Insiderskandals von 1986, Ivan Boesky und Dennis Levine, Insider oder Inhaber eines Geschäftsgeheimnisses?

Die Grenzen zwischen Insiderinformation und Geschäftsgeheimnis sind natürlich immer fließend. Deshalb ist die Klärung der Schuldfrage ausgesprochen schwer. Man muß jeden einzelnen Fall genau untersuchen.

Pauschalurteile sind mit Sicherheit immer falsch. Ich selbst war einige Male Schiedsrichter auf dem Freiverkehrsmarkt in Paris, wo ein riesiger Handel in Gold, Schweizer Franken und später auch in Wertpapieren stattfand. Die Beurteilung jedes Falles war ausgesprochen schwierig, man mußte die einzelnen Beziehungen und Verflechtungen der an der Transaktion Beteiligten genau kennen.

Boesky und seine Kollegen waren nicht Inhaber eines Geschäftsgeheimnisses, sie erfuhren nur über ihren Informationsring, welche Fusion oder welche Firmenübernahme wo und zu welchem Preis geplant war. Diese Informationen mußten natürlich noch lange nicht richtig sein, denn in der Zwischenzeit kann viel passieren. Imponderabilien können die ganze Strategie immer noch über den Haufen werfen. Also an sich würde ich

Boesky und Co. nicht moralisch verurteilen, nur durch die Professionalität, mit der sie ihren Insiderring betrieben, hatten ihre Handlungen natürlich keinen Zufallscharakter mehr. Es spielt aber auch gar keine Rolle, ob ich ihr Verhalten moralisch verurteile oder nicht. Entscheidend sind die Gesetze, und nach denen war ihr Vorgehen juristisch in jedem Fall zu verurteilen. Die Gefängnisstrafen gaben ein eindrucksvolles Zeugnis davon ab, wie die amerikanische Börsenaufsichtsbehörde SEC (Securities Exchange Commission) und die Staatsanwaltschaft gegen Insider vorgehen.

Im übrigen waren die Mitglieder des berühmten Insiderrings von 1986 keine Arbitrageure. Sie sind in der Presse nur immer als solche bezeichnet worden, weil die Journalisten die Bedeutung des Wortes nicht richtig kannten. Arbitrage ist die Spekulation im Raum. Das heißt, man kauft und verkauft im Prinzip ohne zeitliche Differenz die gleiche Ware oder das gleiche Wertpapier an verschiedenen Orten und nutzt Preisunterschiede aus, die zwischen zwei Märkten bestehen. Die Insiderspekulanten in Wall Street haben das nicht getan. Sie kauften Wertpapiere, um sie nach der Ankündigung einer Firmenübernahme höher zu verkaufen. Das war Spekulation in der Zeit. Man nannte sie wahrscheinlich Arbitrageure, weil man annahm, daß sie, wie der Arbitrageur, risikolose Gewinne machten. Hier liegt der große Unterschied zwischen Arbitrage und der Spekulation im herkömmlichen Sinn. Bei einer Arbitragespekulation weiß man vor Abschluß des Geschäfts, wie groß der Gewinn sein wird. Man berechnet einfach die Kursdifferenz, und nur wenn sie lohnenswert ist, führt man eine Transaktion durch.

Aber mich hat etwas ganz anderes am Verhalten Boeskys und seines Insiderrings abgestoßen. Sie wollten Gauner sein, besaßen aber keine Gaunerehre. Als sie gefaßt wurden, halfen sie den Ermittlungsbehörden, indem sie als verdeckte Ermittler weiterarbeiteten, ihr Telefon anzapfen und so Kumpane hochgehen ließen. Nicht die Insidergeschäfte waren niederträchtig, sondern der anschließende Verrat. Allein dafür habe ich ihnen die Gefängnisstrafe gegönnt.

Zu diesen ganzen Erfahrungen mit Insidergeschäften, ob nun mit dem eigenen Geldbeutel oder als unbeteiligter Betrachter, fällt mir nur ein Zitat von Charles Maurice de Talleyrand ein: »Es ist ärger als ein Verbrechen, es ist ein Fehler.«

Sie haben kurz das Arbitragegeschäft erklärt.
Haben Sie selbst auch arbitragiert?
Speziell nach dem Krieg habe ich auch Arbitrage gemacht. Doch auf der Bühne der Arbitrageure gab ich nur ein Gastspiel, zu Hause war ich immer unter den klassischen Spekulanten. Arbitrage ist ein blitzschnelles Geschäft. Man muß seine Entscheidung innerhalb von Sekunden treffen, um dann ein paar Prozent Gewinn zu machen. Beides entspricht nicht meinem Naturell. Erstens denke ich über ein Börsenengagement lieber in Ruhe nach, wäge alle Pros und Contras ab, und zweitens reicht mir ein Gewinn von 3 oder 5 Prozent nicht aus. Ich wollte, wenn ich spekulierte, immer mindestens 100 Prozent Profit machen. »Wenn schon Schweinefleisch, dann muß es triefen«, sagen die Juden. Für die Börse habe ich den Spruch geprägt: Wer das Kleine sehr ehrt, ist des Großen nicht wert.

Ein Börsenspekulant muß wie ein Pokerspieler mit guten Karten viel gewinnen und mit schlechten wenig verlieren. Börsenspekulation, da gibt es keinen Zweifel, ist eine Kunst und keine Wissenschaft. Arbitrage ist eher wissenschaftlich, wenn dazu nicht nur ein blitzschnelles Telefonat gehört. Ich habe mit Lacy Kux, den ich zuvor schon erwähnte, einen der besten Arbitrageure gekannt. Er war ein genialer Wissenschaftler auf seinem Gebiet. Geboren wurde er nicht in Boston oder Texas, sondern in der Slowakei. Er hatte in Wien die Schule besucht, in London und Leipzig Nationalökonomie studiert und sich an der Sorbonne mit klassischer Kultur beschäftigt. Schließlich kam er nach Deutschland, wo er an der Börse volontierte, bevor er in London seine Ausbildung als Bankier bei der Firma Singer & Friedlander begann. Während des Zweiten Weltkrieges ging er nach New York, wo er bei der Firma Sutro Brothers das Arbitragegeschäft leitete. Kurz, er war der perfekte Arbitrageur.

Außerdem hatte er einen Bruder in Johannesburg, einen Vetter in Sydney, einen Schwager in London und viele Freunde und Kollegen überall in der Welt, darunter auch mich. Arbitragegeschäfte sind meistens natürlich viel komplizierter, als ich sie zuvor erklärt habe, um den Unterschied zur Spekulation zu verdeutlichen. Eine Transaktion meines Freundes Lacy Kux, an die ich mich selbst angehängt habe, ist mir in bester Erinnerung geblieben, und sie zeigt, wie versiert ein Arbitrageur sein muß, um Erfolg zu haben.

Als der Zweite Weltkrieg vorüber war, begann Frankreich wieder im Rhythmus seiner zurückgewonnenen Freiheit zu leben. In der Zeit der Feindseligkeiten war der Geldkreislauf sowohl aus praktischen als auch aus psychologischen Gründen unterbrochen gewesen. Zu der Schwierigkeit, Zinsen für die Kupons ausländischer Wertpapiere ausgezahlt zu bekommen, kam das Mißtrauen, der Schutzinstinkt, der dem einzelnen eingibt, bei drohender Gefahr zuerst sich selbst und gleich danach sein Hab und Gut zu verbergen. Vergraben unter Bäumen, versteckt auf dem Grund irgendwelcher trockengelegter Brunnenschächte oder auch verborgen in den Erdhöhlen eines uralten Waldes, warteten die Wertpapiere, bis sie in weniger schwierigen Zeiten wieder ans Tageslicht geholt werden konnten.

Statt gleich zu ihren Verstecken zu laufen, hatten die Eigentümer dieser Wertpapiere (hauptsächlich südafrikanische Goldminenaktien) Verstand genug, erst einmal zu überlegen, ob das plötzliche Wiederauftauchen so vieler Wertpapiere die Regierung nicht in Versuchung führen könnte, diese einfach zu beschlagnahmen. Für Monsieur Martin und Madame Dupont gab es in dieser Situation nur einen Zufluchtsort, nur einen einzigen sicheren Hafen – so glaubten sie jedenfalls in naiver Weise seit Jahr und Tag –, wo ihr Vermögen kommende Stürme überstehen könnte: im Gold. Nicht in Franken, nicht in Dollar, nur in purem Gold, in Barren oder Napoleonmünzen (für die Franzosen damals das, was heute für die Deutschen der Krüger-Rand ist).

Man mußte sich also dieser Papiere, die im Dornröschenschlaf lagen, entledigen und diese vielen Tonnen Papier in wirkliches gelbes Metall umtauschen. Wieder einmal wirkte das Fluidum des Goldes, von dem jedermann, angefangen bei Volpone und Mercadet, glaubt, daß es den Menschen vor allen Mißlichkeiten beschütze. In den tiefsten Tiefen der Geldschränke sollten die guten Goldbarren oder Münzen die Goldminenaktien ersetzen, die ihrerseits dann eine überstürzte Reise in alle Himmelsrichtungen antraten. Spezialisten des Grenzverkehrs wußten ihnen den Weg aus Frankreich nach Genf zu bahnen, wo die Goldminenaktien von Lacy Kux für Dollar übernommen wurden. Im 32. Stock eines Wolkenkratzers in Wall Street im traurigen Mosaik dieser Glaskäfige mit ihren luxuriösen, aber unpersönlichen Büros überlegte mein Freund, ob ihm hier wohl der schönste Coup seiner Laufbahn als Arbitrageur gelingen würde. Mit einem Telefongespräch würde er die Papiere aus Genf in ein Land dirigieren, wo der Staat, speziell in Steuerangelegenheiten, eine weniger schwere Hand hatte: nach Havanna in Kuba.

Während der Kriegsjahre hatten die in Frankreich begrabenen Aktien einen »langen Bart« bekommen, das heißt, sie waren mit einem langen Streifen von rückständigen Kupons ausgestattet. Die Papiere wurden nun nach London geschickt, wo die Zahlung in steuerfreien Dollars erfolgte, da für kubanische Konten abgerechnet wurde. Von ihren Kupons befreit, gingen auch die Wertpapiere auf die Reise, und zwar nach New York. Von seinem Hauptquartier aus bereitete Lacy Kux die nächste Etappe vor: Die zweite Überquerung des Atlantiks führte die Minenaktien zur Stock Exchange in London, wo sie verkauft werden sollten. Die britischen Käufer bezahlten die Papiere in »gesperrten Pfund Sterling« (»switch sterling« genannt). »Switch sterling« waren nur für den Kauf anderer Wertpapiere verwendbar, das heißt, sobald sie auf dem Konto der amerikanischen Firma lagen, waren sie »gesperrt«.

Lacy Kux kaufte an der Londoner Börse mit den Sperr-Pfund brasilianische Staatsanleihen sowie argentinische Aktien jeglicher Art (Brauereien, Mühlen, Eisenbahnen etc.), denn er hätte bei einer direkten Konversion der gesperrten Pfund Sterling in Dollar einen Abschlag von 40 Prozent hinnehmen müssen.

Daraufhin lancierte er die so erworbenen Papiere von seinem Wolkenkratzer in Manhatten aus nach Buenos Aires und Rio de Janeiro. Die Ursprungsländer der Papiere waren begierig, ihnen wieder Heimatrecht zu geben. In Argentinien und Brasilien wurden die Papiere mit gesperrten Cruzeiros und Pesos bezahlt – gesperrt, weil in beiden Ländern das Geld nur für den Einkauf von Erzeugnissen verwendbar war, deren Export gefördert werden sollte: Kaffee, Kakao, brasilianische Baumwolle oder auch argentinisches Gefrierfleisch.

Lacy Kux besaß nun Sperr-Cruzeiros und Sperr-Pesos, hatte aber nicht die Dollars zurückbekommen, die er in Genf ausgegeben hatte. Was sollte er mit Cruzeiros und Pesos machen? Er kam hier mit einer eisernen Regel in Konflikt, die Brasilien und Argentinien aufgestellt hatten: Für sie war Amerika gleich Dollar wie auch heute noch. »Wenn die Yankees unseren Kakao und unseren Kaffee trinken, unser Fleisch essen wollen, dann sollen sie gefälligst auch in harten klingenden Dollars bezahlen – oder wir verkaufen ihnen gar nichts«, meinten sie. Doch die armen Verwandten der Nachkriegszeit, die Japaner, die Finnen und die Russen zum Beispiel, die durften ihre Einkäufe in Brasilien und Argentinien mit gesperrtem Geld bezahlen.

Sofort verkaufte unser Lacy Kux seine Sperrguthaben in Helsinki, Tokio oder Moskau, wo sie sich in Kakao, Baumwolle, Kaffee oder Gefrierfleisch – importiert aus Brasilien oder Argentinien – verwandeln durften. Der Reigen ging manchmal noch weiter, denn es kam vor, daß Finnland einen Teil der eingekauften Waren nach Rußland leitete, um damit alte Schulden zu bezahlen. Obwohl Finnland ein armes und vom Krieg geschundenes Land war, hatte es dennoch die Dollars zur Verfügung, um Lacy Kux in New York zu bezahlen. Finnland exportierte Papierbrei aus seinen Wäldern im hohen Norden in alle Länder der Welt.

Man könnte hier nach dem Sinn dieses Geldtanzes fragen. Warum haben Helsinki und Tokio gesperrtes Geld gekauft, um damit Waren zu kaufen, die sie sich leicht mit ihren eigenen Dollars hätten beschaffen können? Der Grund dafür war einfach: Die gesperrten Devisen erhielten sie mit großem Abschlag.

Der Mechanismus dieser Reise war also folgender: Das französische Publikum wollte sich seiner Goldminenaktien entledigen und war auf das gelbe Metall versessen. Also wurden die Aktien zu Spottpreisen verschleudert, und für Gold in Münzen und Barren wurden überhöhte Preise gezahlt. Lacy Kux konnte sich dadurch seine Cruzeiros und Pesos so billig beschaffen und sie so günstig weiterverkaufen, daß die Finnen und Japaner ihre Warenimporte aus Südamerika mit diesen Geldsorten vorteilhafter finanzieren konnten, als wenn sie die Waren gleich in Dollar bezahlt hätten. Für Lacy Kux jedenfalls war das eine schöne runde Sache; der Kreis war geschlossen, er und damit auch ich erhielten unsere Dollars doppelt zurück, ein Profit, der bei Arbitragegeschäften höchst ungewöhnlich, heute ganz bestimmt unmöglich ist.

Arbitragemöglichkeiten wie diese sind natürlich nicht jedermann bekannt. Sie werden, genau wie wissenschaftliche Erkenntnisse, die gewinnversprechend sind, bewußt geheimgehalten. Arbitragemöglichkeiten muß man selber finden oder erfinden. Man muß die Verordnungen und Regeln in allen Ländern kennen und vor allem die Tricks, wie man gewisse Regeln umgehen kann – eine Wissenschaft für sich also.

Weniger wissenschaftlich, aber ebenso ertragreich waren die Arbitrageure, die in früherer Zeit zwischen London und Paris handelten. Hunderte von Wertpapieren wurden gleichzeitig an beiden Märkten notiert, allen voran südafrikanische Goldminen und internationale Ölgesellschaften.

Entscheidend für den Arbitrageerfolg war damals eine schnelle Telefonverbindung. Wer als erstes den Broker in London oder umgekehrt in Paris erreichte, konnte die Differenzen zwischen beiden Börsenplätzen ausnutzen und ausgleichen. Da Selbstwählverbindungen noch nicht existierten, bestachen manche Arbitrageure die Telefonistinnen in den Vermittlungsstellen. Sie schenkten ihnen Schokolade, Bonbons oder Parfum. Manche luden sie sogar zum Essen ein und verliebten sich in sie. So entstanden einige Ehen zwischen Spekulanten und Telefonistinnen. Sogar ein Lied gab es zu diesem Thema. Der Refrain fällt mir noch ein: »Hallo, süße Klingelfee, sag mir, wie der Dollar steht.«

Heute sind diese Geschäfte vorbei. Die Informationen, ob Nachrichten oder Kurse, sind zeitgleich in Tokio, London, Frankfurt, New York und der kleinen Volksbank einer 5000-Seelen-Gemeinde auf dem Bildschirm. Die Kursdifferenzen sind minimal und werden in Sekundenschnelle ausgeglichen. Allerhöchstens die Makler können noch kleine Differenzen von 0,1 Prozent ausnutzen, weil sie keine Kommissionen bezahlen. Der unabhängige Spekulant wird in der heutigen Zeit keinen Kursunterschied zwischen zwei Börsenplätzen finden, der auch nur die Hälfte seiner Spesen decken könnte. Die Zeit der Sperrdevisen ist zum Glück für die Weltwirtschaft auch schon lange vorüber. Sicher gibt es in weniger entwickelten Ländern noch Devisenbeschränkungen und Arbitragemöglichkeiten, wie Lacy Kux sie fand. Vielleicht findet man einige Arbitrageure, die mit osteuropäischen Devisen einen schönen Profit machen. Aber damit befasse ich mich nicht.

Das Volk der Dichter, Denker und Musiker, aber nicht der Börsianer

Das deutsche Börsenpublikum ist in Europa das unerfahrenste in der Aktienanlage. Was sind die Gründe hierfür?

Dem Volk der Dichter und Denker vergeht bei der Geldanlage jegliche Muse, Phantasie und Philosophie. Der IOS-Betrug war mit den Deutschen daher auch so einfach zu machen. Warum es so ist, weiß ich nicht genau. Bei den Juden, weiß man, warum sie so tüchtige Kaufleute waren und noch immer sind. Es ist eine Tradition, die noch aus Zeiten des Römischen Reiches stammt und die sich bis heute fortgesetzt hat. Damals war den Juden verboten worden, ein Handwerk auszuüben, und so mußten sie Kaufleute und Händler werden. Deutschland hat sich während der nationalsozialistischen Herrschaft natürlich seiner ganzen Kompetenz im Finanzgeschäft beraubt, da die führenden Bankiers Juden waren. Vielleicht ist dies ein Grund für die unterentwickelte Börsenlandschaft in Deutschland. Es ist aber auch die deutsche Mentalität, die der Aktienanlage entgegensteht. Die deutschen Tugenden wie Fleiß, Genauigkeit und Pünktlichkeit haben sehr viel Positives für das Wohlergehen aller Deutschen gebracht; mit dem übertriebenen Sicherheitsdenken bringt der Deutsche sich aber jährlich um einen ansehnlichen Vermögenszuwachs. Ich persönlich kann der Einstellung der Deutschen aus rein egoistischen Gründen allerdings auch etwas Positives abgewinnen. Da das deutsche Börsenpublikum so unerfahren war, beschloß ich vor rund dreißig Jahren, meine Aktivitäten, wie die *Capital*-Kolumne, meine Bücher und später die Kostolany-Börsenseminare, die mein langjähriger Partner Gottfried Heller ins Leben gerufen hat, auf Deutschland zu konzentrieren. Hier, dachte ich, kann man Pionierarbeit leisten. Und so habe ich viele liebe Freunde gewonnen, die ich sonst nicht gefunden hätte. Außerdem liebe ich München – meine Heimat, wenn ich in Deutschland bin. Grundsätzlich hätten mir meine anderen Sprachen auch die Möglichkeit gegeben, in Frankreich oder dem englischsprachigen Raum aktiv zu werden. Mein erstes Buch *Si la Bourse m'était contée* (deutscher Titel: *Das ist die Börse*) erschien zunächst in Frankreich. Ungarisch spreche ich als Muttersprache natürlich am besten, doch die Frage nach einer Veröffentlichung in Ungarisch stellte sich aufgrund der bekannten Hindernisse nicht. Deutsch beherrsche ich von den vier Sprachen, die ich spreche, am schlechtesten. Zwar habe ich sie bereits als Kind sprechen gelernt, weil meine Privatlehrerin aus Bamberg stammte, doch ist Französisch für mich die gewohntere Sprache, da ich, abgesehen von der Unterbrechung durch den Krieg, seit 1924 in Frankreich lebe. Vielleicht beruht auch gerade ein Teil meines Erfolges darauf, daß mein Deutsch so einfach ist und ich die Dinge unkompliziert erkläre.

Hat sich die Mentalität der Deutschen in den letzten
Jahrzehnten ein wenig pro Aktie entwickelt?
Ein wenig schon, und in diesem Zusammenhang muß ich ein
bißchen protzen, denn ich glaube, daß ich einen Teil dazu beigetragen habe. Es gibt in Deutschland keine andere Person, die
soviel für die Popularität der Aktie getan hat wie ich. Ekkehard
Schwarzkopf, der bekannte Vermögensverwalter aus München, sagt bei jeder Gelegenheit, daß er durch mich zur Börse
gekommen ist. Und auch der Börsendirektor der Deutschen
Bank in München hat vor Publikum gesagt: »Herr Kostolany,
durch Sie bin ich zum Börsianer geworden.«
Ich habe die Börse so lebendig, interessant und verlockend
beschrieben, daß viele sich mit dem »Virus« infiziert haben.
Manche habe ich vielleicht sogar ungewollt börsensüchtig
gemacht. Wie viele Taxifahrer haben mich schon angesprochen
und mir gesagt, daß sie meine Bücher gelesen hätten und durch
mich zu Börsianern geworden seien.
Vor allem bei der jungen Generation habe ich großen Erfolg.
Diese hat die Inflationen nicht miterlebt und ist nicht der Vor-
stellung verhaftet, nur Sachwerte seien ewig. Die zwei Geld-
entwertungen haben sicher großen Anteil daran, daß die Masse
des älteren deutschen Publikums der Börse so ablehnend
gegenübersteht.

Haben die deutschen Banken auch zur
Popularisierung der Aktienanlage beigetragen?
Ja und nein. In den achtziger Jahren hat die Aktienanlage auch
in Deutschland einen Aufschwung genommen. Das war natürlich im wesentlichen der allgemeinen Hausse zu verdanken,
doch auch die deutschen Kreditinstitute gaben sich aufgeschlossen und forcierten ihr Aktiengeschäft. Da rief ich erst mal bra-
vo. Aber in der zweiten Hälfte der achtziger Jahre trieben es die
deutschen Banken zu bunt. Der Markt haussierte so stark, daß
er bereitwillig jede Neuemission und jede Kapitalerhöhung auf-
nahm. Es begann, getrieben von den Banken, die davon kolossal profitierten, ein wahrhaftes Emissionsfieber.

189

Jede neue Aktie, die auf den Markt kam, war um das Zehnfache überzeichnet. Meistens bekamen die Anleger nur drei Stücke. Der erste Börsenkurs lag immer weit über dem offiziellen Emissionskurs. Das lockte noch mehr Anleger für die nächste Emission an, und so kam das Karussell erst richtig in Schwung. Die deutschen Geldinstitute begriffen schnell, was Alexandre Dumas schon lange vorher festgestellt hatte: »Das große Geschäft ist das Geld der anderen.« Mit dem Fortschreiten der Euphorie wurden die Papiere qualitativ immer schlechter und die Emissionskurse immer überhöhter. Die Banken machten aus dem Geschäft mit den neuen Aktien eine Hasenhaarschneiderei. Die Hasen wurden hereingelockt, bekamen die Haare geschoren und liefen verschreckt weg. Die Krönung und auch das vorläufige Ende des Spiels war das »Going public« der Sportpantoffelfabrik, die durch den ersten Wimbledon-Erfolg Boris Beckers ihren großen Aufschwung genommen hatte. Mit riesigem Werbeaufwand wurden die Aktien angekündigt. Der Emissionskurs betrug 310 Mark, zu diesem Kurs kamen freilich nur wenige zum Zuge. Der erste Börsenkurs lag dann schon bei 500 Mark. Das Publikum war so angesteckt von den ersten Gewinnen, daß jeder dabeisein wollte. In nur wenigen Tagen stiegen die Papiere auf sagenhafte 1500 Mark. Die anschließende Talfahrt war genauso rasant. In nur wenigen Monaten stürzten die Papiere auf 430 zurück. Dann wurden noch Informationen über Probleme im Amerikageschäft bekannt. Man konnte den Emissionsbanken zwar nicht nachweisen, daß sie schon vor der Börseneinführung von diesen Problemen gewußt hatten, doch bleiben berechtigte Zweifel.

Genauso verhält es sich mit der Preisbildung nach der Börseneinführung. Beweisen kann ich es nicht, doch ich habe in meinen über siebzig Jahren Börsenerfahrung unzählige Kursmanipulationen gesehen, und in diesem Fall sah alles danach aus.

In der dann folgenden Börsenbaisse zeigten sich die Banken leider bei Stützungskäufen weniger aktiv, als sie es bei den Emissionen zuvor gewesen waren. Viele der neuen Aktien fielen weit unter ihre Ausgabepreise. Das Resultat war weniger erfreulich für die deutsche Börsenlandschaft. Das Haarescheren hat die Hasen so verschreckt, daß sie im Zorn wegliefen. Viele sind bis heute nicht an die Börse zurückgekehrt. Sie fühlen sich durch die Verluste, die ihnen die Tips der Geldinstitute eingebracht haben, persönlich beleidigt und halten Aktien für eine unseriöse Sache.

In Frankreich oder Amerika wäre das nicht passiert. Dort kommt das Publikum wieder, weil es für Börsenverluste trainiert ist. Die französischen Banken und amerikanischen Broker lassen ihre Kunden in Börsenschwächen aber auch nicht allein im Regen stehen, wie es die deutschen Geldinstitute tun.

Auch die Behandlung der Kleinaktionäre ist in Deutschland ein großes Problem. Während sich amerikanische, britische und französische Aktiengesellschaften um ihre Anteilseigner bemühen, schlagen die deutschen Unternehmen ihre Geldgeber vor den Kopf, indem sie sie behandeln, als wären sie ein notwendiges Übel. Auch hier trifft die Banken die Hauptschuld, die durch ein eng gestricktes Beteiligungsgeflecht über ihre Aufsichtsratsmitgliedschaften quasi alle großen Industrieunternehmen regieren. Diese Umgangsweise mit den Aktionären ermutigt natürlich ausländische institutionelle Investoren nicht gerade, ihr Geld in deutsche Unternehmen zu investieren, was den Shareholder Value entsprechend tief hält.

Ich sympathisiere aus all diesen Gründen auch mit den Opponenten unter den Kleinaktionären, wie Professor Wenger, der in letzter Zeit für viel Furore auf Hauptversammlungen gesorgt hat. Ich selbst gehörte jedoch nie zu ihrem Lager. Wenn mir die Geschäftsführung einer Firma nicht gefiel, habe ich das Papier verkauft, und die Angelegenheit war damit erledigt. Ich bin daher auch nie auf Hauptversammlungen gegangen. Eine Ausnahme habe ich allerdings gemacht. Als J. P. Morgan in eine Aktiengesellschaft umgewandelt wurde, hatte ich zehn Aktien gekauft, nicht in erster Linie, weil ich mir einen großen Gewinn erhoffte, sondern weil ich Kunde bei diesem renommierten Haus werden wollte. Ich hegte aber die Befürchtung, man würde mir vielleicht entgegnen, Privatkunden würden nicht angenommen, und daher wollte ich Aktionär sein. Als Aktionär, so hoffte ich, müßten sie mich akzeptieren. Und so war ich auf der überhaupt ersten öffentlichen Hauptversammlung von J. P. Morgan. Wir waren insgesamt rund zehn Aktionäre. Die neun anderen repräsentierten die größten amerikanischen Unternehmen – U. S. Steel, General Motors usw. Ich war der einzige Kleinaktionär.

Eines steht fest, die deutschen Kreditinstitute, vor allem die Großbanken, haben in der Vergangenheit große Fehler im Umgang mit dem noch jungen Börsenpublikum gemacht. Teilweise geschah dies aus Ungeschick, zu einem großen Teil aber auch durch rücksichtslose Verfolgung der eigenen Interessen. In welche Kategorie eine Aussage Rolf Breuers einzuordnen ist, von der ich jetzt erzählen werde, soll der Leser selbst entscheiden.

Das Vorstandsmitglied der Deutschen Bank und Präsident der deutschen Börsen AG hatte in einem Interview mit dem *Handelsblatt* und der internationalen Presse gesagt, er habe das Gefühl, der deutsche Aktienmarkt könnte in ein Sommerloch fallen. Die Stimmung in Frankfurt war damals nicht sonderlich gut. Warum mußte Herr Breuer in seiner Position noch Öl in das Feuer gießen? Ihm mußte doch bekannt sein, daß die Psychologie eine gewaltige Rolle spielt und daß seine Aussage den Kursen einen weiteren Schlag versetzen würde. Millionen kleiner und großer Aktionäre glauben oft, Bankprofis, ja selbst die Laufburschen in Banken, wüßten es besser als sie selbst. Um wieviel mehr müssen sie dann dem Chef der Laufburschen und Direktoren Glauben schenken? Jemand in einer solchen Position muß den Geheimnissen der Götter ja näher sein und kann mit seiner Erklärung durchaus eine Panik hervorrufen. Um der allgemeinen Stimmung entgegenzuwirken, hätte Herr Breuer das Gegenteil tun oder wenigstens den Mund halten müssen. Aber eine derart pessimistische Prognose zu machen, die nicht nur den Anlegern, sondern auch der Wirtschaft, die sich über die Börse finanzieren will, großen Schaden zufügen kann, war nicht nur ein Fehler, sondern ein Skandal. In Paris, London oder Amsterdam hätte sich Herr Breuer einen neuen Job suchen müssen. Natürlich bleibt ihm unbenommen, pessimistisch zu sein, das heißt aber nicht, daß er es gleich in die Welt hinausposaunen muß. In den eigenen vier Wänden kann er seine Mitarbeiter und auch seine Kunden warnen, wenn er tiefere Kurse erwartet, das ist sogar seine Pflicht und Aufgabe als Börsenvorstand der Deutschen Bank. Die Geschichte fand aber glücklicherweise ein Happy-End. Ins Loch – oder besser auf die Nase – fiel nur Rolf-E. Breuer. Si tacuisses, philosophus mansisses!

Die deutsche Börse entwickelte sich genauso, wie es Herr Breuer nicht vorhergesehen hatte: Sie setzte zu einer rasanten Aufwärtsbewegung an, die den Deutschen Aktien-Index (DAX) um knapp 40 Prozent nach oben katapultierte. Ein Grund für Herrn Breuer, sich erst mal in Zurückhaltung zu üben? Weit gefehlt. Nach der großen Aufwärtsbewegung stellte er sich erneut für ein Interview zur Verfügung. Was die deutsche Börse anging, so blieb er weiterhin pessimistisch eingestellt. Nach den fulminanten Kurssteigerungen war diese Äußerung kein Problem mehr. Die Stimmung war positiv, und nach der vorhergegangenen Fehlprognose konnte eine Prognose aus seinem Mund eigentlich nur das Gegenteil bewirken. Ganz nach dem Motto: Wenn Breuer sagt: aussteigen, dann muß man einsteigen. Perplex ließen mich in seinem Sommerinterview vielmehr die Weisheiten, die er verkündete. Die hätten auch von einem jungen Studenten der Volkswirtschaftslehre stammen können.

Zunächst erklärte er dem Publikum, warum die Börse gestiegen sei. Die fallenden Zinsen seien es gewesen, die zur Liquiditätshausse führten und die Anlagealternativen zur Aktie fehlen ließen. Welch neue Erkenntnis! Fast jede Hausse wird von diesem Effekt getragen. »Kaa Geld, kaa Musik«, singt der Zigeunermusikant. Außerdem, so wußte Herr Breuer zu berichten, sei die Hausse in 1993 vom Prinzip Hoffnung getragen worden. Weiß er denn nicht, daß die Börse von Hoffnungen lebt? Mit der Vergangenheit befassen sich die Volkswirte. Und selbst diese interpretieren sie meist falsch.

Die Kursgewinnverhältnisse seien mit 20 zu hoch, warnte Breuer. Auch wenn ich nicht viel auf diese Relation gebe, hier hatte er recht. Nur war auch dieses Argument aus seinem Munde verwunderlich, da er zur gleichen Zeit japanische Aktien empfahl, die ein Kursgewinnverhältnis von 70 und mehr hatten. Wer aber nur auf das Kursgewinnverhältnis schielt, dem entgehen die größten Gewinne an der Börse. Eine IBM oder eine Compaq hätte man in den Zeiten ihrer größten Kursgewinne nicht anrühren dürfen, weil die Price-Earnings immer höher waren als die anderer etablierter Industriekonzerne. Oder wenn ich an die vielen Unternehmen denke, die ich kaufte, als sie Verluste machten und am Boden lagen. Chrysler ist der klassische Fall.

Banking werde zur Kunst, hat Breuer am Schluß seines zweiten Interviews noch geäußert. Auch da lag er wieder falsch. Nicht Banking, sondern die Börse ist eine Kunst. Ein Künstler ist der Börsenvorstand des größten deutschen Kreditinstitutes sicher nicht.

Bankiers der Könige und Könige der Bankiers

Welche Erfahrungen haben Sie noch mit Bankern und Brokern gemacht?
Positive und negative. Die Amerikaner sagen über die Frauen: »You can't live with them and you can't without them.« Das gleiche kann man auch über die Broker und die Banker sagen.
Ich habe einen unschätzbaren Fundus von Erlebnissen und Geschichten mit Banken, angefangen bei den Großbanken, sogar den größten der Welt, bis zu kleinen Privatbanken und Bänkern bzw. Bankiersfamilien, die vielleicht die interessantesten Geschichten produzieren.
Spricht man über herausragende Privatbankiers, überragt ein Name alle anderen: Rothschild. Dieser Name ist der Inbegriff des jüdischen Geldadels, er steht für Reichtum und Macht, für Prestige und last but not least auch für die teuersten Weine der Welt.

Die Rothschilds waren zweifellos die Bankiers der Könige und die Könige der Bankiers. Natürlich gab es auch andere große jüdische Bankiers, wie Warburg in Hamburg und London, Oppenheim in Köln, Hirschland in Essen, Aufhäuser in München oder Bleichröder und Mendelssohn in Berlin. Letztere spielten – noch in meiner Jugendzeit – eine besonders bedeutende Rolle als die Hausbank der Regierungen Belgiens, Frankreichs und Hollands.

Doch keine dieser zweifellos reichen Familien hat je den Glanz und das Prestige der Rothschilds, der sogenannten fünf Frankfurter, erreicht. Man kann nicht über die Weltgeschichte des 19. Jahrhunderts sprechen, ohne dabei auch auf die Rothschilds zu kommen, so sehr haben sie diese Epoche mitgeprägt. Ihr Reichtum war so groß, daß nur das Vermögen aller ihrer Kunden größer war als ihr eigenes. Man nannte sie die jüdische Aristokratie. Was aber ist jüdische Aristokratie? Nach meiner Definition eine Familie, die die drei Künste – Schreiben, Lesen und Rechnen – in drei Sprachen über drei Generationen beherrscht.

Nur Reichtum reicht nicht aus, dieses Prädikat zu bekommen, denn sonst würden heute viele jüdische Aristokraten in New York leben. Bildung, Erziehung, Tradition und der Charakter sind die ausschlaggebenden Kriterien.

Doch der Sturm der Zeit hat ihr Imperium und auch das der anderen jüdischen Bankiersfamilien dahingefegt. Die Zeiten, als die Initialen R. F. (Rothschild Frères) mit R. F. (République Française) identisch waren, sind längst vorbei. Geblieben sind nach der Verstaatlichung durch Mitterrands Regierung Anfang der achtziger Jahre nur Reste hier und dort in der Schweiz, in Frankreich und in Deutschland. Aber es lebt noch immer der Mythos, der mit unverminderter Kraft auf das Publikum wirkt. Viele vermuten hinter dem Namen Rothschild auch heute noch die geheime Macht der jüdischen Hochfinanz. Arm sind sie daher auch nicht geworden, der Glanz der alten Zeiten strahlt noch stark genug, um die Geschäfte in den Marktnischen, in die sie sich zurückgezogen haben, florieren zu lassen. Das haben auch andere schon längst begriffen, und so gibt es einige Rothschildfirmen, die gar nichts mit der eigentlichen Familie zu tun haben.

Die echten Privatbankiers aber sind die letzten Maßschneider unter den Konfektionären. Sie beraten ihre Kunden persönlich und individuell, etwas, das in der anonymen Atmosphäre der großen Geldhäuser längst verlorengegangen ist. Der Privatbankier kannte seine Kunden noch persönlich, er kannte die Depots, womöglich sogar die Freundinnen und Liebhaber. Er behandelte die zittrige alte Dame anders als das Ehepaar, den Vater, der für Kinder und vielleicht sogar Enkel sorgen mußte, anders als den kapitalkräftigen Junggesellen. Er entschied sogar, wieviel Mitgift ein Vater seiner Tochter geben sollte.

Die großen Banken dagegen beraten am Schalter und gehen wenig auf die Kundenwünsche ein. Im besten Fall wird der Klient vom Anlageberater empfangen. Dieser hat vielleicht gerade ein paar Jahre Börsenerfahrung, aber eben keine Menschenerfahrung, auf die es doch so ankommt. Seine Tips bezieht der Anlageberater aus Börsenbriefen und Zeitungsartikeln oder von anonymen Vorgesetzten in einer Researchabteilung. Wie ich bereits erwähnte, habe ich mit rund siebzig Brokern bzw. Investmentbankern zusammengearbeitet. Vertrauen schenkte ich allenfalls fünf von ihnen. Wie es so schön in einer berühmten Koloratursopranarie heißt:»Oskar weiß es, sagt es aber nicht.« Ich drehe den schönen Satz um:»Der Broker sagt es, weiß es aber nicht.«

Anekdoten über die Rothschilds kann ich viele erzählen, einige sogar aus eigener Erfahrung. Vor nicht allzu langer Zeit war ich aufgefordert, meine Erinnerungen an die berühmteste Bankiersfamilie wieder wachzurufen, da ich eingeladen war, anläßlich einer Ausstellung über die Erfolgsgeschichte der Familie Rothschild im Jüdischen Museum in Frankfurt am Main eine Eröffnungsrede im Kaisersaal des Römers zu halten. Ich hatte mir lange überlegt, welche Anekdoten ich in der mir vor dem Hauptredner Bundespräsident Roman Herzog zugedachten Viertelstunde zitieren sollte, denn es gibt nicht nur schmeichelhafte. Die Rothschilds waren zwar große Wohltäter, spendeten für alle sozialen Einrichtungen und sorgten auch für das Überleben Israels, doch ihre gesellschaftliche Stellung machte sie auch etwas versnobt. Ich begann mit einer Geschichte, die ich von der Familie selbst erfahren hatte.

Ein gewisser Lord Rothschild, der Experte für Schmetterlinge war und durch ganz Europa reiste, um diese zu sammeln und zu erforschen, lernte in Wien im Hause der ungarischen Gräfin Teleki eine kleine ungarische Jüdin aus der Provinz kennen. Ob dies Zufall war oder von der Gräfin arrangiert, weiß ich nicht. Lord Rothschild verliebte sich sofort in das Mädchen. Sie war hübsch, intelligent, sprach vier Sprachen perfekt, spielte phantastisch Klavier und war zudem noch eine gute Reiterin.

Der Lord hatte sich so verliebt, daß er häufig in die ungarische Provinz reiste, um seine geliebte Rosalinde auf dem kleinen Besitz, auf dem sie mit ihren Eltern lebte, zu besuchen. Man tuschelte schon, Lord Rothschild habe sich verlobt. Das Gerücht war nicht grundlos entstanden, denn er hielt wenig später mit dem Satz »Ich habe Vermögen und werde meine Frau erhalten können« um ihre Hand an.

Überall wurde darüber geredet, auch in der Presse. Aber man wollte nicht glauben, daß ein Rothschild eine Ungarin aus einer unbedeutenden Familie heiraten würde. Doch die Liebe war in diesem Fall mächtiger als das Geld.

Bevor sie den Hochzeitstermin festlegen wollten, gab es jedoch ein Problem. Die Rothschilds waren diesbezüglich schwierig. Bei ihnen war es Tradition, daß die Männer, wenn möglich, bereits in geadelte jüdische Familien einheirateten. So begannen sie zu forschen, wer Rosalinde von Wertheimstein überhaupt war. Und sie entdeckten, daß die Ahnen bereits im 18. Jahrhundert durch Kaiser Lepold II. geadelt und in den Ritterstand erhoben wurden, zu einer Zeit also, in der der alte M. A. Rothschild, der Urvater der Familie, noch mit alten Münzen gehandelt hatte. Der Hochzeit stand damit nichts mehr im Weg, und es wurde ein rauschendes Fest, mit allem, was dazugehört. Das Paar wurde durch den Oberrabbiner in Wien getraut, doch die

Familie Wertheimstein, als große ungarische Patrioten, bestand darauf, daß auch ein ungarischer Rabbiner eine Predigt halten müsse. Und so war der Oberrabbiner von Großwardein auch dabei und hielt eine Rede. Es war damals eine Riesensensation, daß in Wien eine Hochzeit zweisprachig stattfand.

Amüsant war, daß vor meinem kurzen Vortrag im Jüdischen Museum Lord Jacob Rothschild neben mir saß. Er fragte mich, woher ich käme. »Aus Ungarn«, antwortete ich. Er entgegnete: »Meine Großmutter kam aus Ungarn.« – »Ihre Großmutter? Wertheimstein?« fragte ich. Er war überrascht: »Ja! Sagen Sie, was für eine Familie waren diese Wertheimsteins?« Ich sagte: »Gedulden Sie sich noch einen Moment, Ihre Frage werde ich in meinem Vortrag beantworten.«

Natürlich hat der Stand und die Macht der Rothschilds auch Neid und Antisemitismus provoziert. Und dazu erzählte ich eine eigene kleine Erinnerung. Zu Beginn des Zweiten Weltkrieges lebte ich noch in Paris. Erst 1940, als die Deutschen kurz vor der Besetzung der französischen Hauptstadt standen, floh ich mit meinem Wagen nach Biarritz, wo man das Ausreisevisum bekam, um nach Spanien reisen zu können, von wo aus die Schiffe nach Amerika abfuhren. Biarritz war der Zufluchtsort aller, die den Nazis entgehen wollten. Es standen Tausende vor der Präfektur an, die das gleiche Begehren hatten, und nur mit großer Protektion fand ich Einlaß in den Wartesaal. Auf einmal betrat ein sehr großer, dicker und häßlicher Mann den Raum. Ich erkannte ihn sofort. Es war Baron Maurice Rothschild, Senator, Vetter des letzten Seniorchefs des Familienclans in Paris. Mit rauher Stimme sagte er: »Ich will den Präfekten sprechen!« Der Diener fragte ihn: »Wer sind Sie?« – »Senator Baron Rothschild.« – »Setzen Sie sich«, sagte der Diener im Befehlston. Ich war schockiert. Der Baron Rothschild war mir zwar nicht ausgesprochen sympathisch, aber ich dachte, so behandelt man nicht einen Rothschild, der außerdem noch Senator ist. War der Antisemitismus schon von Paris nach Biarritz gekommen, und wie würde man mich behandeln? Glücklicherweise wurden meine Ängste sehr schnell wieder zerstreut, denn schon nach kurzer Zeit kam der Diener wieder heraus und sagte: »Verehrter Baron, würden Sie so liebenswürdig sein, eine Minute zu warten, der Präfekt wird sie sofort empfangen.« Für mich war die Welt zumindest für ein paar Stunden wieder in Ordnung, denn flüchten mußten wir beide.

Zu Maurice Rothschild habe ich noch zwei weitere interessante Anekdoten, die ich aber nicht in meiner Rede erwähnte, da ich niemanden beleidigen wollte und der Eindruck hätte entstehen können, ich würde etwas gegen die Bankiersfamilie haben.

Baron Maurice Rothschild floh wie ich über Spanien und landete auf den Bermudas. Als er dort war, ging er zum amerikanischen Konsul, um ein Visum zu bekommen. Er überreichte seinen Paß. Und als der Konsul ihn öffnete, lagen zwei Banknoten à hundert Dollar drinnen. Die Antwort des Konsuls kam prompt und direkt: »Herr Baron, ich gebe Ihnen kein Visum, und Sie werden auch nie eines bekommen.« Maurice Rothschild wußte offenbar nicht, daß man einen amerikanischen Konsul nicht bestechen kann. Richter und Politiker sind auch in den USA käuflich, aber ein Konsul ist es nicht, denn er ist ein Angestellter der Regierung. Rothschild mußte nach Kanada gehen, denn ein amerikanisches Visum erhielt er tatsächlich nie. Offensichtlich schadete es ihm aber nicht, denn als er Anfang der fünfziger Jahre starb, wurde seine Erbschaft in der Presse mit 277 Millionen Pfund Sterling angegeben, damals etwas mehr als eine Milliarde Mark. Sein Sohn Edmund Rothschild war der Begünstigte und später auch der reichste aller Rothschilds, deren Vermögen infolge von Heiraten und Erbschaften immer wieder aufgeteilt wurde.

Bevor Baron Maurice Rothschild nach Kanada flüchtete, war er in Paris ein extravaganter Lebemann und gab regelmäßig große Feste und Empfänge in seinem Palais am Park Monceau in Paris. Das bedeutendste Fest, das er veranstaltete, fand immer am letzten Samstagabend im Monat Juni, am Vorabend des Grand Prix von Paris, statt. Eingeladen wurde natürlich die Hautevolee von Paris und alle diejenigen, die Rothschild für die vornehmsten Pariser hielt. Auch Monsieur und Madame Cartier erschienen an einem dieser Abende.

Er: Der größte Juwelenhändler der Welt, Präsident der französischen Handelskammer und sogar designierter Botschafter Frankreichs in den Vereinigten Staaten.

Sie: Eine geborene ungarische Gräfin Almassy (von der ich übrigens die Geschichte erfahren habe). Die Cartiers kamen in dem Palais an und wurden von Maurice Rothschild begrüßt. Monsieur Cartier überreichte ihm seine Einladung mit folgender Bemerkung:»Lieber Baron, Ihr Sekretariat hat offensichtlich einen Irrtum begangen: Die Einladung war an meine Frau adressiert.«

»Das war durchaus kein Irrtum«, bekam er zur Antwort.»Ich pflege meine Lieferanten nicht zu meinen Festen einzuladen.« Zu dieser Anekdote erübrigt sich meiner Meinung nach jeder Kommentar. Zum Abschluß meiner Eröffnungsrede im Museum gab ich noch eine kleine Geschichte zum besten, die die Weisheit und Bescheidenheit des alten Anselm Rothschild illustriert. Der Ort ist Frankfurt um 1800 herum. Der alte Rothschild sitzt in seinem Kontor, als ein preußischer Offizier mit Monokel in bester Uniform eintritt. Stramm stehend stellt er sich vor: »Freiherr von Primnitz, Adjutant Seiner Majestät des Königs von Preußen!« – »Bitte, nehmen Sie sich einen Stuhl«, entgegnet der alte Rothschild.»Mein Herr, ich wiederhole: Freiherr von Primnitz, Adjutant Seiner Majestät des Königs von Preußen und Ritter des Malteserordens!« – Rothschild wiederholt geduldig:»Bitte, bitte, nehmen Sie sich einen Stuhl!« Doch der Offizier gab sich nicht zufrieden:»Mein Herr, Sie haben nicht verstanden, ich bin Freiherr von Primnitz, Adjutant Seiner Majestät des Königs von Preußen, Ritter des Malteserordens und päpstlicher Kämmerer.« – »Bitte, bitte, dann nehmen Sie sich zwei Stühle!«

Das Publikum hat wunderbar gelacht, und ich fügte noch hinzu: »Meine verehrten Damen und Herren, der Freiherr von Primnitz wird hier nicht eintreten, er ist auch nicht eingeladen. Statt dessen haben wir einen anderen Ehrengast hier, der viel größeres Prestige besitzt und der, wie ich sehe, schon sehr bequem auf nur einem Stuhl sitzt. Es ist der Bundespräsident Roman Herzog.«

Auf der anderen Seite des Schreibtischs

Sie haben geschildert, was Sie mit Bankern und Brokern erlebt haben. Sie selbst haben in jungen Jahren aber auch selbst mal als Broker gearbeitet. Wie war die Perspektive von dieser Seite des Schreibtisches?

Sie war bestimmt ebenso interessant. Ich hatte in meinem Leben rund 600 Kunden, interessante Persönlichkeiten genauso wie langweilige und fade. Einige, die nur sehr wenig gemacht haben, vielleicht nur zwei oder drei Geschäfte im Jahr, und andere, die Zocker waren und jeden Tag Aufträge gaben. Ich teilte sie in zwei große Gruppen ein. Die Prestige- und die Profitkunden. Die Prestigekunden hatte ich als Aushängeschild für meine Qualität, und sie brachten mir Profitkunden, an denen ich gut verdiente. Einer meiner Prestigekunden war Erzherzog Wilhelm von Habsburg, der Thronprätendent der Ukraine. Er selbst brachte mir zwar nicht viel ein, dafür brachte er aber andere Kunden, unter denen natürlich welche waren, an denen ich hervorragend verdiente.

Einer meiner besten Profitkunden war eine Kundin, die Comtesse de Beaupaire. Sie war Französin, hatte aber einen Amerikaner geheiratet, der früh verstorben war und ihr sein großes Vermögen hinterlassen hatte. Meinen Kontakt zu ihr stellte ein ungarischer Freund her, ein Juwelenhändler. Ich trage heute noch Manschettenknöpfe, die ich von ihm gekauft habe. Er war ein eher primitiver Ungar. Eines Tages kam er zu mir und sagte, er habe eine potente Kundin für mich, die Comtesse de Beaupaire Sie sei sehr wohlhabend, über die Firma Carl M. Loeb bereits Investorin an der New Yorker Börse und suche noch einen Finanzberater, der für sie an der Pariser Börse tätig werden sollte. Ich nahm die Sache, da ich meinen Juwelenhändler kannte, zunächst nicht besonders ernst. war aber bereit, die Comtesse zu treffen. Mein Freund schlug mir vor, sie auszuführen, da sie sehr gern ausging. Ihr New Yorker Broker tat es auch ständig. Wir machten an einem Freitag abend einen Termin zu dritt, was mir sehr wichtig war, da es schlecht ausgesehen hätte, wenn ein so junger Mann in Begleitung einer älteren Dame auftauchte, die sich zudem schminkte wie eine Zwanzigjährige, jedoch schon siebzig Jahre alt war. Sie war behängt mit Juwelen, die natürlich der Grund dafür waren, daß mein ungarischer Freund sie gut kannte. Ich habe selten eine Frau gesehen, die so verliebt in Juwelen war wie sie. Sie besaß einen einzigartigen dreißigkarätigen Brillantring nicht in Blauweiß, sondern Rosaweiß. Während des Abendessens hatten wir eine interessante Konversation. Sie war intelligent, gebildet und hatte, als ihr Mann noch lebte, die ganze Welt bereist. Und sie interessierte sich für die Börse, wenn sie auch, wie sie selber zugab, nicht viel davon verstand. Deshalb vertraute sie Fachleuten und wollte mich als Berater an der Pariser Börse gewinnen.

Am gleichen Abend stellte sie mir einen großen Scheck aus, damit ich sofort für sie handeln konnte. Ich spekulierte mit ihrem Geld in einem Engagement, das ich auch für mich und andere Kunden sehr verbissen verfolgte. Ich verkaufte Suezaktien short und kaufte viereinhalbprozentige dollargarantierte französische Anleihen. Ich war pessimistisch für die Suez, doch man konnte nicht wissen, was die Aktien machen würden, wenn der Franc schwach würde, was ich für wahrscheinlich hielt.

Und deshalb kaufte ich zur Absicherung die in Dollar garantierten Anleihen. Ich war mir sicher, sie würden steigen, wenn der Franc fiele. Es war ein phantastisches Hedgegeschäft. Beide Seiten entwickelten sich zu meinen und der Comtesse de Beaupaire Gunsten. Obwohl der Franc gar nicht zur Schwäche neigte, stiegen die Anleihen ununterbrochen. Alle vierzehn Tage bekam meine neue Kundin einen größeren Betrag gutgeschrieben. Sie trug das Geld dann entweder zu Cartier oder zu van Cleef et Arpels, den zwei größten Juwelieren Frankreichs.

Ich dachte, eines Tages würde ich vielleicht auch von ihr mit einer Kleinigkeit von Cartier bedacht werden, doch da irrte ich. Sie nahm die Gewinne als relativ selbstverständlich hin. Und da ich meinen Gewinn an ihrem Depot etwas erhöhen wollte, machte ich ein paar Geschäfte, die mir große Provisionen einbrachten. Sie war eine ideale Profitkundin. Doch als der Krieg ausbrach, verlor ich die Verbindung zu ihr.

Interessanterweise stieß ich aber viel später noch mal auf ihre Spur. Nach dem Krieg erkundigte ich mich, was mit ihr geschehen war, und da erfuhr ich, daß sie während des Krieges gestorben sei. Ich überlegte, wo der unglaublich schöne Ring wohl geblieben sein mochte. Er übte eine solche Anziehungskraft aus, daß mein damaliger Chef, als mich die Comtesse einmal im Büro besuchte, sie gebeten hatte, den Ring abzunehmen, damit er ihn in der Hand halten und bewundern konnte. Es gelang mir nicht, in Erfahrung zu bringen, wo dieses Prachtstück geblieben war. Durch Zufall las ich einige Monate später in einem Bericht von Sotheby's in London, ein dreißigkarätiger Ring mit einem rosaweißen viereckigen Stein sei versteigert worden. Ich war mir sicher, es war der Ring der Comtesse. Ich wußte, daß sie einen jungen italienischen Gigolo gehabt hatte, und dieser hatte nun wahrscheinlich das wertvolle Stück zur Versteigerung gegeben.

Ein anderer großer Kunde war ein Ehepaar, das ich durch meinen guten Freund Theodor Tausky kennengelernt hatte, der bei einer amerikanischen Firma namens Hirsch Lilienthal beschäftigt war und mir Kunden für die Pariser Börse zuführte. Er lebt noch und handelt mittlerweile mit Manuskripten. Unter den Kunden, mit denen er mich bekannt machte, war auch das Ehepaar de Villeroy – Marquis Nicolai de Villeroy und seine Frau, die Marquise. Dieser Marquis de Villeroy war der Onkel von Monsieur von Boch. Und nun wissen die meisten Leser wahrscheinlich, um welche bekannte Familie es sich handelt: Villeroy & Boch.

Der Marquis war sogar ein halber Rothschild, weil seine Mutter eine Goldschmied Rothschild war. Seine Gemahlin war in der Ehe dominierend und fast genauso juwelensüchtig wie die Comtesse de B. Sie besaß zum Beispiel einen hundertdreißigkarätigen Saphir. Und so war sie natürlich auch geldsüchtig und wurde in der Hoffnung, von den Spekulationsgewinnen weitere Juwelen kaufen zu können, meine Kundin. Als dann der Zweite

Weltkrieg ausbrach, trennten sich unsere Wege zunächst. Die de Villeroys waren sehr rechtzeitig nach Amerika ausgewandert und wohnten in New York im Hotel Pierre. Und dank ihrer Protektion konnte ich, als ich später in New York ankam, auch im Hotel Pierre zum Preis von 100 Dollar pro Monat wohnen (heute 300 Dollar pro Nacht). Heute kenne ich ihren Neffen Monsieur von Boch sehr gut, und ich war schon einige Male bei der Firma, um Vorträge zu halten.

Auch der beste Freund der Villeroys war mein Kunde. Er wohnte ebenfalls im Hotel Pierre. Es handelte sich um Senior José Lazaro, ein älterer spanischer Herr und Sammler. Er war sehr wohlhabend, und er sammelte alles, was er bekommen konnte. Er ging in alle Antiquariate und kaufte, was ihm gefiel, mal Miniaturen, dann Gläser und ein anderes Mal einen silbernen Löffel. Ein Ausspruch von ihm blieb mir in bester Erinnerung, und er ist typisch für jeden leidenschaftlichen Sammler. Als ich einmal bei ihm war und seine wertvolle Sammlung bewunderte, fragte ich ihn, ob er gut versichert sei. »Wozu?« entgegnete er. »Was würde ich bekommen, wenn etwas gestohlen würde? Geld – und das ist kein Ersatz.«

Er war ausgesprochen geizig, ich war einer der wenigen, die er zum Essen einlud. Sonst verlangte er immer zwei Rechnungen.

Lazaro war eher Anlegerkunde, investierte hier und da. Erst später erfuhr ich, daß er der reichste meiner Kunden war. Wenn wir uns über Aktien unterhielten, dann sagte er bei einigen Papieren: »Ich habe 30 000« oder: »Ich habe 50 000 Stück.« Ich glaubte das aber nie und war verwundert. Ein so feiner alter Herr hat es nötig, so aufzuschneiden, dachte ich damals enttäuscht. Erst nach seinem Tode stellte ich zu meinem Erstaunen fest, daß seine Äußerungen keineswegs Bluffs waren. Er hatte ein riesiges Vermögen. Seine Kunstsammlung schenkte er einem eigenen Museum, dem Museum Lazaro in Madrid.

Die spektakulärste Geschichte aber lieferte ein anderer Kunde: Serge Rubinstein. Sein Vater Dimitri Rubinstein war der Hausjude von Rasputin, dem Berater des Zaren. Serge Rubinstein kannte ich noch aus Paris. Beliebt war er nicht besonders, da er ein häßliches Geschäft betrieb, mit dem er dafür um so mehr Geld verdiente. Er war Aktionär bei der Banque Franco-Asiatique, wo er Einblick in gewisse russische Konten bekam. Irgendwie hat er die Besitzer dieser auf den Konten schlummernden Gelder aufgespürt und ihnen gegen eine Provision verraten, wie sie an ihr Geld kommen konnten. Diese Art von Geschäft war in den Kreisen der Geldgeschäftsleute verachtet. Später wurde er aus einem mir nicht genau bekannten Grunde aus Frankreich ausgewiesen. Man mußte nicht viel anstellen, um die französischen Behörden zu diesem Schritt zu provozieren. Ich selbst wurde einmal aufgefordert, Frankreich zu verlassen, weil man hinter einem meiner Spekulationsgeschäfte staatsfeindliche Absichten vermutete. Ich konnte den Fall glücklicherweise klarstellen und durfte bleiben.

Serge Rubinstein aber ging nach Japan. Dort erwarb er die Kontrolle über die Goldmine Chosen Corporation, die er hemmungslos plünderte. Danach ging er nach Amerika, wo er auch Finanzgeschäfte machte. Er übernahm dort zum Beispiel Aktien der BMT (Brooklyn Manhattan Transit), der großen New Yorker Subway und Konkurrenz der IRT. Die IRT wollte die BMT damals übernehmen. Serge Rubinstein aber wußte, daß zur Übernahme der Gesellschaft eine bestimmte Zahl Preferred Stocks der BMT nötig wären. Daher kaufte er alle Preferred-Aktien auf, und als das Übernahmeangebot kam, machte er einen riesigen Gewinn. Sein Vorgehen war mit dem der Raider an der Wall Street in den achtziger Jahren zu vergleichen. Sie kauften auch große Aktienpakete und erpreßten die Unternehmen mit der Drohung, sie würden die Firma ganz übernehmen, in Einzelteile zerschlagen und verkaufen, wenn das Unternehmen ihnen die bereits erworbenen 10 oder 20 Prozent nicht zu einem höheren Kurs abkaufen würde.

Serge Rubinstein machte solche Transaktionen häufiger, sein Ansehen in New York war daher sehr schlecht. In der Presse machte man eine Kampagne gegen ihn. Er aber liebte die Publicity und engagierte sogar noch einen Public-Relations-

Manager, dem er 5000 Dollar auf den Tisch legte und sagte:»Sie sollen über mich schreiben, ob gut oder schlecht, ist mir egal. Wichtig ist nur, daß man über mich liest und spricht.« Geschrieben wurde viel über ihn, jedoch nur Schlechtes. Die Wirtschaftspresse griff ihn besonders an, als er das Palais des verstorbenen großen Brokers Jules Bache kaufte. Man war erbost, daß ein dahergelaufener russischer Emigrant wagte, das Palais Baches zu kaufen. Wer jedoch der »große« Bache war, fragte keiner. Er war auch nur ein kleiner Frankfurter Jude, der nach Amerika emigriert war und die Tochter des Chefs geheiratet hatte.

Als ich während des Zweiten Weltkrieges in Amerika strandete, traf ich wieder mit Serge Rubinstein zusammen. Mein guter gescheiter Freund Baron Felix Gerlitzy holte mich nach der Überquerung des großen Teiches am Hafen in Brooklyn ab. Er mußte bereits vor mir Frankreich verlassen, allerdings nicht wegen der Nazis, sondern aufgrund einer Anordnung der französischen Polizei. Er war, obwohl er zwei Kinder hatte, ein hundertprozentiger Homosexueller. In Nizza besaß er eine wunderbare Villa. Frankreich bereitete sich bereits auf den Krieg vor, und ein Schiff der Marine hatte im Hafen von Nizza angelegt. Baron Gerlitzy wollte einen Matrosen aufgabeln und sprach einen gutaussehenden jungen Matrosen an. Er fragte den Matrosen viele Dinge, aber dieser verstand ihn völlig falsch, lief zu seinem Vorgesetzten und brachte meinen Freund in eine mißliche Lage. Man hielt ihn für einen Spion, und so blieb ihm nichts anderes übrig, als die Wahrheit zu sagen. Die Hafenpolizei glaubte ihm die Geschichte, ordnete aber an, er müsse Frankreich innerhalb von einer Woche verlassen. So kam der Baron Gerlitzy nach Amerika. Als ich im Hafen angekommen war, setzten wir uns in ein Taxi, und der Tratsch ging los. Er erklärte mir einige wichtige Dinge, die ich beachten sollte, um in gute Kreise der New Yorker Emigranten zu kommen. Unter anderem kam auch die Frage, ob ich einen Serge Rubinstein kannte. Ich sagte:»Natürlich kenne ich ihn.« – »So« war die erstaunte Antwort.»Der führt hier ein großes Leben, ist aber nicht besonders angesehen, denn niemand weiß, woher er sein Vermögen hat. [Ich wußte es natürlich.] Du solltest dich lieber von ihm fernhalten, wenn du in guten Kreisen in New York verkehren willst«, sagte mein Freund. Meine erste Nacht verbrachte ich im Hotel St. Moritz, dem einzigen Hotel, in dem Josephine Baker, obwohl sie ein großer Star war, ein Zimmer bekam. In den anderen konnten Schwarze unter keinen Umständen absteigen. Am selben Abend ging ich noch in die Bar des Hotels Pierre, wo ich am nächsten Tag ein Zimmer bekommen sollte. Und wer sitzt neben mir? Serge Rubinstein. Ich fragte mich, was ich tun sollte. Ihn kennen oder nicht kennen war die Frage. Es war zwar keine schöne Sache, ihn zu verleugnen, doch ich war gerade in New York angekommen und als junger Mann darauf bedacht, nicht gleich in Verruf zu geraten.

Er erkannte mich sofort. »Grüß Gott, Kostolany«, sagte er zu mir. »Erkennst du mich nicht?« Ich sagte: »Nein.« – »Ich bin Serge Rubinstein. Du bist der André Kostolany und hast in Paris einen ungarischen Paß gehabt.« Mir war sehr schnell klar, daß es zwecklos war zu leugnen, und ich sagte: »Was heißt ›ungarischen Paß gehabt‹? Ich bin doch Ungar!« Und so setzte ich mich über den Rat meines Freundes Gerlitzy hinweg und nahm den Kontakt mit ihm wieder auf. Ich war immer zu seinen Festen eingeladen.

Als Amerika in den Krieg eintrat, wurden die jungen Männer in die Armee eingezogen. Auch ich war zur Musterung gegangen und war bereit, meinen Dienst zu leisten, denn auf keinen Fall wollte ich meine eventuelle amerikanische Staatsbürgerschaft riskieren. Ich hätte allerdings einen legalen Grund gehabt, den Wehrdienst zu verweigern, da von immigrierten Amerikanern nicht verlangt wurde, gegen ihre eigenen Landsleute zu kämpfen. Ich nahm dieses Privileg nicht in Anspruch, hatte aber, wie oft im Leben, Glück. Roosevelt hatte sich die Soldaten angesehen und entschieden, daß Männer mit 38 Jahren zu alt für die Armee seien. Serge Rubinstein aber war zehn Jahre jünger als ich und als portugiesischer Staatsbürger neutral. Er versuchte, sich der Einberufung durch einen Trick zu entziehen. Er war Aktionär verschiedener Rüstungsfirmen und ließ sich durch die Vorstände bescheinigen, daß er ein wichtiger Mitarbeiter sei.

Ich traf ihn in Lake Placid während eines Skiurlaubs, als die zunächst genehmigte Rückstellung vom Wehrdienst aufgehoben wurde. Ich nahm ihn zur Seite und sagte:»Serge, wie kannst du nur so etwas machen? Das wird doch schlecht enden.« Er lachte mich aus und sagte, ich sähe doch, es passiere nichts. Zwei Monate später stand die Staatsanwaltschaft vor der Tür und verhaftete ihn wegen falscher Angaben bei seinem Rückstellungsantrag. Man sperrte ihn für zwei Jahre ins Gefängnis, was für die Presse ein gefundenes Fressen war. Sie sah mit Schadenfreude zu, wie der hergelaufene Rubinstein, der die großen Feste gab, das Palais von Bache kaufte und groß Baccara spielte, nun hinter Gitter wanderte.

Nachdem er aus dem Gefängnis kam, wurde er zur Deportation verurteilt, doch man gewährte ihm immer wieder befristeten Aufenthalt, so daß er letztlich in den Vereinigten Staaten bleiben konnte. Sein Vermögen war natürlich noch immer da, und er hatte zwei Töchter aus einer Ehe mit einem Mannequin, das ihn, während er inhaftiert war, allerdings verlassen hatte.

Für mich war klar, ich mußte ihn sofort besuchen und mich mit ihm öffentlich zeigen, damit er wußte, daß ich mir nichts aus dem Getratsche machte.

Eines Tages fand man meinen Freund Rubinstein ermordet in seinem Palais, kastriert und brutal zugerichtet. Die Mörder fand man nie; die Art und Weise, wie er ermordet wurde, sprach jedoch klar dafür, daß sie Mazedonier waren. In Mazedonien war es nämlich üblich, den Mann zu kastrieren, der die eigene Frau oder Geliebte verführt hatte. Diese Theorie machte bei Serge durchaus Sinn, denn er hatte die fürchterliche Angewohnheit zu versuchen, jede Frau zu verführen, die nicht frei war. Er wollte sich beweisen, daß er durch sein Geld in der Lage war, anderen die Frauen wegzunehmen. Freie Damen haben ihn nicht interessiert.

Serge Rubinstein hatte sicher schlechte Eigenschaften, aber er war eigentlich ein netter Kerl und nicht das Monster, als das ihn die Presse immer dargestellt hat. Nur die Frauen haben ihn trotz der miesen Kampagnen verteidigt, vielleicht weil er ein Kavalier und ein guter Liebhaber war. Seinen zwei Töchtern hinterließ er fünfzehn Millionen Dollar. Natürlich hatte ich als Broker auch meine Tricks, Kunden zu werben. Ein besonderer Fall war ein sehr börseninteressierter Herr Lieber, der mich unentwegt anrief oder zu mir kam, um mit mir über die Börse zu sprechen. Er hielt mich so zwar von der Arbeit ab, Kunde jedoch war er leider nicht, da er über das Reden nicht hinauskam. Ich überlegte mir, wie ich ihn packen könnte, und beschloß, zum letzten Angriff auszuholen. So schlug ich ihm vor, einmal gemeinsam essen zu gehen. Er war wieder besessen darauf, meine Meinung und Empfehlungen zu erfahren. Ich sagte ihm, ich wüßte eine große Sache, die man zur Zeit machen könnte. Er war in Aufregung versetzt und wollte wissen, um was es sich handelte. Ich begann mit meiner strategischen Kriegsführung. Immer wenn er glaubte, ich würde es ihm gleich sagen, lenkte ich vom Thema ab, sprach den Ober an oder nahm einen großen Schluck Wein aus meinem Glas. Immer wieder hakte mein schon nervöser Interessent nach: »Was haben Sie für einen Tip? Sagen Sie es schon!« Als er vor Spannung fast platzte, fragte ich ihn : »Warum werden Sie eigentlich nicht mein Kunde?« Er willigte sofort ein und eröffnete noch am selben Tag ein Konto. Welche Idee ich damals hatte, weiß ich leider nicht mehr.

Früher flüchteten die Menschen, heute flüchtet nur noch ihr Geld

Die Einführung der Zinsabschlagsteuer hat die Sparer nach Luxemburg getrieben. Ist das der richtige Weg für Anleger?
Dazu lautet mein Kommentar:»Geld schwarz zu machen ist nicht schwer, es zu verwalten aber sehr.« Wer sich durch die Flucht in eine Steueroase der Quellensteuer entzieht, erzielt

allenfalls einen kurzfristigen Vorteil, wenn er ursprünglich einmal brav versteuertes Geld in Schwarzgeld verwandelt. Und die meisten Gelder, die in die rund vierzig auf dem Globus verteilten Steueroasen fließen, stammen aus dieser Quelle. Die anderen, die aus bereits unversteuertem Einkommen stammen, wie zum Beispiel Bestechungsgelder oder die an der Registrierkasse eines Gastwirtes vorbeigelaufenen Einnahmen, mußten sich auch vor der Einführung der Zinsabschlagsteuer ein anonymes Plätzchen zur Vermehrung suchen. Um diese Gelder geht es in der Diskussion ja aber auch nicht. Nach Luxemburg wandert das weiße Geld von Hinz und Kunz. Schwarz wird es erst, wenn es die Grenze überquert und erste Zinsen verdient, die der Besitzer dem Finanzamt vorenthält.

Geld reagiert wie ein Kaninchen. Es gerät in Angst und Panik, wenn es die kleinste Gefahr wittert. Dabei aber handelt es unüberlegt. Anlagehaie sind daher auch ganz heiß auf die deutschen Spargroschen. Die Anleger glauben sich im Ausland vor der größten Gefahr – dem Fiskus – sicher und werfen dann in naiver Weise unseriösen Beratern ihr Geld hinterher. Diese haben mit dem Schwarzgeld besonders leichtes Spiel. Die wenigsten geschädigten Anleger trauen sich, aus Angst, der Fiskus würde sie auch dann zur Kasse bitten, Anzeige zu erstatten, wenn der Verwalter mit dem Geld untertaucht.

Die deutschen Kreditinstitute beteiligen sich stark am Kampf um das steuerflüchtige Geld. Sie empfahlen besonders kurz nach der Einführung der Zinsabschlagsteuer den kleinen Grenzverkehr nach Luxemburg. Mit großen Zeitungsannoncen warben sie für ihre neuen Filialen im Großherzogtum. Diese Werbung verstößt in höchstem Maße gegen die nationalen Interessen. Deshalb sage ich ja, die Banken sind keine Verbrecher, aber auch nicht mehr als Kaufleute, die ausschließlich ihre eigenen Interessen verfolgen. Wer von den Geldhäusern erwartet, daß sie dem nationalen Interesse dienen, muß sie verstaatlichen. Und obwohl ich bekanntlich ein Anhänger der freien Marktwirtschaft bin, glaube ich, daß es kein Malheur wäre, wenn einige Banken verstaatlicht würden. Frankreich jedenfalls hat es nicht geschadet, als de Gaulle sie verstaatlicht hat.

Die meisten Sparer, die ihr Geld in eine Steueroase tragen, durchblicken gar nicht, was sie tun. Die Banken helfen zwar bereitwillig beim Schwarzfärben des Geldes, soll es jedoch wieder weiß werden, weil der Anleger zum Beispiel ein Häusle bauen will, machen sich die Fluchthelfer nicht die Finger schmutzig. Auf keinen Fall wollen sie mit der Geldwäsche von Drogen oder Waffengeldern in Verbindung gebracht werden. Diesbezüglich herrscht weitgehende Solidarität.

Mit einer anderen Legende möchte ich in diesem Zusammenhang auch aufräumen: dem sogenannten anonymen Nummernkonto in der Schweiz. Dieses ist nämlich keineswegs ein reines Nummernkonto. Auch in Helvetien gibt es zu jedem Konto den Namen seines Besitzers. Der Unterschied ist, daß nur eine begrenzte Anzahl von Angestellten diesen kennt. Auf den Kontoauszügen steht nur die vereinbarte Nummer und eventuell ein erfundener Name. Geraten die Schriftstücke in falsche Hände, hat das so keine Auswirkungen. Grundsätzlich ist das Bankgeheimnis garantiert, und seine Verletzung wird strafrechtlich verfolgt.

Sicher fühlen kann sich aber nur der Anleger, der seine Zinsen brutto wie netto kassieren will. Bei kriminellen Handlungen wie Veruntreuung wird das Bankgeheimnis so löchrig wie ein Schweizer Käse. Es bedarf jedoch eines besonderen Gerichtsurteils, um das Bankgeheimnis aufzuheben. Den Steuerbehörden ebenso wie der Devisenpolizei wird jede Auskunft verweigert.

Wenig nützte das Schweizer Bankgeheimnis jedoch einem großen Kunden meines Freundes P. de B., Generaldirektor einer Schweizer Großbank. Als der Kunde wieder einmal in Genf bei meinem Freund war, nahm er seine Kontoauszüge des vergangenen Jahres in Empfang und steckte sie ein. Mein Freund war sehr erstaunt und fragte:»Was machen Sie damit.« Sein Kunde gab ihm zur Antwort:»Ich nehme die Papiere mit nach Paris.« P. de B. riet ihm aufgrund der Gefahr, entdeckt zu werden, davon ab, doch sein Klient ließ sich nicht umstimmen. Auf dem Flugplatz in Paris mußte er dann durch den Zoll. Man kontrollierte seinen Koffer, in dem nichts zu finden war. Doch dann bat ihn der Zöllner, die Zeitungen, die er unter den Arm geklemmt hatte, zu zeigen, und heraus fielen die ganzen Kontoauszüge der Schweizerischen Kreditanstalt. Man verhaftete den Klienten meines Freundes sofort, ließ seine Wohnung in Paris durchsuchen und brummte ihm eine riesige Strafe auf.

Als er später wieder einmal nach Genf kam, fragte ihn mein Freund, warum er so etwas Dummes gemacht habe. Seine Antwort war einleuchtend: »Ich bin einsam in Paris und weiß nicht, was ich mit meiner Zeit anfangen soll. Und wenn ich mich langweile, schaue ich meine Konten durch und berechne, wieviel ich besitze.«

Über Geldflucht könnte man ein ganzes Buch schreiben. in Amerika sagte man immer: Erst kamen die armen Einwanderer ohne einen Pfennig, dann kamen die Flüchtlinge mit Geld, und heute kommt das Geld ohne Einwanderer. In Westeuropa ist die Zeit der großen Flucht seit dem Zweiten Weltkrieg Gott sei Dank vorbei. Doch das Geld flüchtet auch heute noch.

In den meisten Fällen lohnt es sich aber nicht. Der Fiskus holt die Sparer immer wieder ein.

Mein Rat: Kauft Aktien! Den größten Teil der Rendite bringen sie ihrem Besitzer durch Kursgewinne, und die sind in Deutschland nach sechs Monaten steuerfrei.

Es gibt viele, die sagen, die Zinsbesteuerung sei ungerecht, weil sie einmal versteuertes Geld noch mal besteuere.

Ich halte die Zinsbesteuerung für berechtigt. Zinseinkünfte sind auch eine Einkunftsart, und der Staat muß sich schließlich in irgendeiner Weise finanzieren. Die Zinsbesteuerung ist dazu eine weitverbreitete Möglichkeit.

Zu Steuern kann ich folgendes feststellen: Einmal zahlen muß man, zweimal aber nie. Wer nicht gerade wie die großen Sportstars, Models oder Schauspieler in Monaco lebt, dem einzigen zivilisierten Land ohne Steuern, der muß in irgendeinem Land, zu dem er durch den Wohn- oder Geschäftssitz oder die Staatsangehörigkeit eine enge Verbindung hat, Steuern zahlen. Ich habe jedoch auch vorsichtige Menschen getroffen, die aus Angst, etwas falsch zu machen, lieber zweimal bezahlten. Vor einigen Jahren rief mich in Paris eine Frau Mendelssohn an. Sie sagte, sie sei ein Abkömmling der Bankiersfamilie Mendelssohn aus Berlin. Ich entgegnete:»Dann sind Sie ein Nachfahre von Nathan dem Weisen aus Gotthold Lessings Schauspiel, dessen Vorlage für die Figur des Nathan sein guter Freund Moses Mendelssohn war. Seine Söhne wurden dann Bankiers, und einer seiner Enkel war der berühmte Komponist Felix von Mendelssohn-Bartholdy.« Sie bejahte.

Nach dem Krieg hatte sie für die Enteignung des Bankhauses eine große Wiedergutmachung bekommen und dieses Geld in Wertpapiere investiert. Sie wollte mich unbedingt treffen, um mir ihr Portefeuille zu zeigen. Ihre Schwester, die in Stuttgart lebte und mit der ich persönlich schon bekannt war, hatte ihr empfohlen, mich zu treffen. Ich besuchte sie also in ihrem Appartement im zehnten Stock eines Hauses ohne Aufzug in St-Germain des Près in Paris, dem Viertel der Intellektuellen. Sie sprach ein sehr schönes, gebildetes Deutsch und erzählte mir, daß sie Bücher über soziologische Themen verfasse.

Ich prüfte ihr Wertpapierdepot, das sie bei einer Großbank in der Bundesrepublik unterhielt: Es war eine ausgewogene Mischung aus international gestreuten Anleihen und Blue Chips. Ich hatte keine Einwände.»Und wo zahlen Sie Steuern?« fragte ich Frau Mendelssohn.

»In Frankreich und in der Bundesrepublik.« Ich erwiderte: »Aber Sie sind doch englische Staatsbürgerin, Sie leben in Frankreich, das Depot liegt zwar in Deutschland, aber das verpflichtet Sie nicht, dort Steuern zu bezahlen. Sie haben durch dieses geographische Dreieck sogar die Möglichkeit, eine Menge Steuern zu sparen.« – »Nein, nein« war die Antwort, »der Direktor meiner Bank ist ein guter Freund von mir, und er würde keine Steuertricks zulassen.«

Keine Anekdote erschien mir geeigneter für ihren Fall als die des preußischen Offiziers, dem Rothschild schließlich zwei Stühle anbot. Ich sagte zu ihr: »Bitte, bitte, Frau Mendelssohn, zahlen sie dreimal Steuern.« Sie lachte sehr herzhaft, doch dann fing sie sich wieder, weil sie nicht nur eine Berliner Jüdin, sondern auch eine Preußin war, die Steuerangelegenheiten sehr ernst nahm und der Witze darüber unangenehm waren. Wahrscheinlich war das auch der Grund dafür, daß ich nie wieder etwas von ihr hörte.

Dabei hatte ich sie keineswegs zur Steuerhinterziehung aufgefordert, sondern nur empfohlen, meinem Grundsatz zu folgen: Einmal muß man Steuern zahlen, doch wo man es tut, ist eine andere Frage.

Kosto's Kampf
gegen das Establishment

... zu ernst, um es den Volkswirten zu überlassen

Für die langfristige Börsenbeurteilung spielt die
richtige Wirtschaftsprognose eine entscheidende
Rolle. Wie kann man die zukünftige konjunkturelle
Entwicklung richtig einschätzen?
Ganz sicher kann man diese Prognose nicht mit Hilfe von volks-
wirtschaftlichen Theorien erstellen. Daß die Volkswirte für
Börsenprognosen unbrauchbar sind, habe ich bereits gesagt.
Nun gehen Wirtschaft und Börse nicht parallel, und man könnte
hoffen, daß die Volkswirte zumindest für die Wirtschaft die
richtigen Prognosen erstellen. Doch weit gefehlt. In den letzten
vierzig Jahren verfolge ich die Wirtschaftsprognosen der Volkswirte und der Professoren für Volkswirtschaftslehre und mußte
feststellen, daß sie mit diesen genauso danebenliegen wie mit
ihren Voraussagen für die Börse. Warum? Weil sie rechnen und
nicht denken. Und die Zahlen und Statistiken, mit denen sie
rechnen, sind »tempi passati«, Vergangenheit. Und selbst das,
was hinter den Zahlen der Vergangenheit steht, erkennen sie
nicht, sie betrachten doch nur die Dinge an der Oberfläche. Sie
sind Gladiatoren, die mit verbundenen Augen kämpfen. Wissen
alles, was man aus Büchern büffeln kann, sehen aber die
Zusammenhänge nicht. Oder eine andere Definition: Ein Volkswirt ist wie Christoph Columbus. Er weiß nicht, wohin er star-
tet. Wenn er angekommen ist, weiß er nicht, wo er ist. Und
zurück in der Heimat, weiß er nicht, wo er war.
Ich erinnere mich noch an meinen Besuch beim Wirtschafts-
symposium in Alpbach, kurz nachdem der erste Abrüstungsver-

trag zwischen Gorbatschow und Reagan geschlossen worden war. Ich hörte mir die Vorträge der Volkswirtschaftsprofessoren an, konnte den ganzen Tag aber von keinem der Vortragenden nur einen Nebensatz über dieses Thema vernehmen. Sie diskutierten statt dessen darüber, ob das Wachstum des folgenden Jahres 2,2 oder 2,3 Prozent betragen werde. Die bahnbrechende Entwicklung in der Politik konnten sie nicht in ihre Prognosen einbeziehen, denn sie steckte natürlich in keiner Statistik. Und noch ein anderes Ereignis ließen sie vollkommen außen vor, als sie über die zukünftige Wirtschaftsentwicklung der USA lamentierten: die Steuerrevolution Reagans. Als ich am Ende des Tages die studierten Herren fragte, warum keiner von ihnen wenigstens eines der Ereignisse erwähnt habe, bekam ich zur Antwort, die Auswirkungen seien noch zu ungewiß, als daß man mit ihnen rechnen könne.

Es fehlen in den Wirtschaftsprognosen der Volkswirtschaftslehre die Phantasie und die Psychologie, obwohl sie für die Zukunft eine wesentlich wichtigere Rolle spielen als die Zahlen der Vergangenheit.

Meine Wirtschafts- und Finanzanalysen gleichen dagegen einem impressionistischen Bild – ein Strich hier, ein Punkt oder Farbtupfer da, um eine ganze Landschaft darzustellen –, die kleinen Einzelheiten brauchen nicht mit genauer Feinheit ausgearbeitet zu sein. Ich ziehe meine Schlüsse nur aus einigen wenigen Zahlen, die aber für die Zukunft viel mehr aussagen als viele Einzelheiten.

Beispielsweise verfolge ich seit vierzig Jahren die »Kipplinger-Analyse« aus Washington und konnte feststellen, wie treffend ihre Schlußfolgerungen für die Wirtschaft waren. Diese Analysen beruhen nicht auf wissenschaftlichen Thesen, sondern auf Fakten aus sämtlichen Sektoren der Wirtschaft und des Handels in den USA. Sie machen überall Umfragen, bei den Unternehmen quer durch alle Branchen, außerdem bei den Verbrauchern und den Verbrauchervereinen. Ich habe dank ihrer Zahlen zweimal große Gewinne in Chrysler gemacht, die ich schon erwähnte. Kipplinger veröffentlicht regelmäßig das Durchschnittsalter der auf den amerikanischen Straßen zugelassenen Autos. Mitte 1992 war aus der Analyse zu entnehmen, daß rund achtzig Millionen der amerikanischen Autos über acht Jahre alt waren. Ein ungeheurer Nachholbedarf lag auf der Hand, auch wenn die Autoindustrie noch rezessionsgeplagt war. Ich kaufte daraufhin gegen die allgemeine Stimmung wieder Chrysler. Autopapiere wollte zu diesem Zeitpunkt niemand mehr haben. Der Kurs hat sich seitdem mehr als verdoppelt, mein zweiter Erfolg in Chrysler. Daraus ergibt sich als Konsequenz, daß man auch in der Wirtschaft antizyklisch denken muß.

Natürlich sind die Mitarbeiter von Kipplinger auch Volkswirte. Ich spreche ihnen eine Existenzberechtigung nicht vollkommen ab, für die Kipplinger-Analyse leisten sie zum Beispiel sehr wichtige Arbeit. Ich brauche sie, auch wenn das vielleicht etwas überheblich klingt, als Handlanger und Helfer, in etwa so, wie ein erfahrener Arzt die jungen Mediziner mit ihren modernen Untersuchungsmethoden braucht. Sie liefern ihm die Einzelergebnisse: Röntgenbilder, Ultraschallaufnahmen, Blutuntersuchungen und ähnliche Details. Die Diagnose aber macht der alte erfahrene Arzt selbst.

Genauso gebrauche ich die Volkswirte. Sie liefern mir die Mosaiksteine, aber das Bild setze ich zusammen. Wofür wir aber das Heer von Volkswirten, das in den letzten Jahren herangezüchtet wurde, brauchen können, ist mir ein Rätsel, und damit stehe ich nicht allein. Die zweitgrößte Maklerfirma an der Pariser Börse (400 Angestellte) schiebt die Kandidaten, die sich mit einem Wirtschaftsdiplom bewerben, sofort mit der Begründung zur Seite, daß diese mit Scheuklappen leben, nicht global denken und zudem noch Besserwisser sind.

Manchmal bekomme ich böse Briefe, weil ich die Volkswirte immer so hart angreife. Ich halte es aber für meine Pflicht, weil es bei ihnen große Mode geworden ist, Untergangsstimmung zu verbreiten und vom großen Wirtschaftskrach zu sprechen. Damit richten sie unglaublichen Schaden an. So wie der große französische Staatsmann Georges Clemenceau, genannt der Tiger, sagte, der Krieg sei eine zu ernste Sache, um sie den

Militärs zu überlassen, so sage ich, die Weltwirtschaft ist eine zu ernste Angelegenheit, um sie den Volkswirten zu überlassen. Doch es bedarf sehr vieler Arbeit und Mühe, ihre auf verstaubten Theorien aufgebauten Prognosen zu widerlegen, und nur wenige sind dazu bereit, sich diese Mühe zu machen. Molière sagte:»Man braucht doppelt soviel Geist, wenn man es mit Dummen zu tun hat!«

Natürlich gab es und gibt es unter den Volkswirten, ja sogar unter den Professoren ein paar wenige kluge Köpfe. Sie schauen über den Tellerrand dessen, was sie an der Uni gelernt haben, hinaus. Aristoteles zum Beispiel war eine Art Volkswirt, David Ricardo ebenso. Ich schätze auch den ehemaligen Vorsitzenden des Weltwirtschaftsinstituts in Kiel, Professor Giersch, oder den Chefvolkswirt der Deutschen Bank, Norbert Walter, sehr. Ihre Prognosen decken sich in Grundzügen häufig mit meinen.

Mein väterlicher Freund, der Volkswirtschaftsprofessor Albert Hahn, der ein Vermögen von rund 40 Millionen Dollar hinterließ, beschrieb seine Börsenspekulationen kurz, aber ehrlich: »Ich gebe doch nichts auf meine eigenen Dummheiten, die ich als Professor verkünde!«

Oder wie aufrichtig und vielsagend war mit seinem Eingeständnis der Gouverneur des Staates New York, Al Smith, ein berühmter, sehr populärer amerikanischer Staatsmann, der beinahe Präsident geworden wäre. Bei einer Volksversammlung rief ihm jemand zu:»Hi, Herr Gouverneur, an welcher Universität haben Sie graduiert?«–»Ich? Auf dem Fischmarkt von New York City!«

Die wirklichen Wirtschaftsexperten unter den Volkswirten bleiben aber Ausnahmen. Das Gros ähnelt jenen französischen Aristokraten, die nach der Revolution aus der Emigration zurückkamen. Über sie sagte der berühmte Talleyrand:»Sie haben nichts vergessen und nichts dazugelernt.«

Vor ein paar Jahren, ich glaube, es war 1990, erstaunte mich besonders die Verleihung des Nobelpreises für Wirtschaftswissenschaften. Der begehrte Preis wurde an amerikanische Volkswirtschaftsprofessoren verliehen. Und zwar für ihre

»bahnbrechende Arbeit« unter anderem auf dem Gebiet der Portfolioanalyse, wie es in der Begründung der Schwedischen Akademie der Wissenschaften hieß.

Das Bahnbrechende suchte ich vergebens. Eine These besagte, daß *»für die Anlageentscheidung eines einzelnen Investors zwei wichtige Faktoren existieren: die erwartete Rendite und das Risiko«.* Nein wirklich?

Eine andere These lautete: *»Wenn Anleger Investments mit hohem Risiko akzeptieren, müssen sie auch mit einer höheren Rendite entlohnt werden.«* Und noch eine bahnbrechende Erkenntnis förderte die wissenschaftliche Arbeit der drei Professoren zutage: *»Die erwartete Portfoliorendite müsse dem gewichteten Durchschnitt der erwarteten Rendite der einzelnen Investments entsprechen. Beispiel: Bringt Aktie A 10 Prozent und Aktie B 20 Prozent, so beträgt die erwartete Portfoliorendite 15 Prozent.«* Ist es wahr?

Noch eine Binsenwahrheit bekam man mitgeteilt: *»Wer das Gesamtrisiko eines Anlageportfolios senken will und die Aktien eines Unternehmens besitzt, das unter steigenden Ölpreisen leidet, muß Aktien eines solchen Unternehmens dazukaufen, das von steigenden Ölpreisen profitiert!«*

Solche bahnbrechenden Wahrheiten kennt jeder Laufbursche an der Börse. Sie sind das Einmaleins der Börse, aber ganz sicher nicht des Nobelpreises für Wirtschaftswissenschaften würdig. Börsenerfahrung können die Ausgezeichneten jedenfalls keine gehabt haben, sonst hätten sie sich nicht mit so allgemeinen Postulaten lächerlich gemacht.

Für diese Arbeit hätte man schon wesentlich früher den Nobelpreis verleihen können. Seit über hundert Jahren wurden unzählige Bücher über optimale Portfolio- und Wertpapieranalyse geschrieben. Ein Klassiker stammt noch aus dem vorigen Jahrhundert, geschrieben wurde er von einem Engländer namens Major Angas. Das Buch erreichte Dutzende von Auflagen, und Angas hätte genauso wie viele Autoren nach ihm mit gleichem Recht den Nobelpreis verdient (im äußersten Fall sogar ich!).

Statt den Nobelpreis aber an diese drei Professoren zu vergeben, wäre es schon besser gewesen, man hätte ihn dem Börsenguru Joe Granville verliehen. Er sagte ja immer, er erwarte ihn für seine treffsicheren Börsenprognosen. Treffsicher waren zwar auch seine Prognosen nicht, aber er war wenigstens amüsant.

Das alles erinnert mich an eine Anekdote, die mir eine Dame erzählte, deren Vater Zeuge des Vorgangs war: Einstein hält einen Vortrag vor Studenten. Einer fragt ihn, ob er nicht seine Relativitätstheorie kurz und für Laien verständlich erklären könne.

»Nehmen wir an«, sagte Einstein, »ich sitze auf einem heißen Ofen, drei Minuten lang – es wird mir vorkommen, als wären es dreißig Minuten. Aber habe ich auf meinem Schoß eine hübsche junge Dame dreißig Minuten lang, kämen mir die wie drei Minuten vor.« Die jungen Leute lachen, aber man hört, wie einer der Studenten seinem Nachbarn ins Ohr flüstert: »Und dafür hat er den Nobelpreis bekommen . . .?«

Kostolany gegen Schlesinger

Sie haben in den letzten Jahren einen engagierten Kampf gegen die Bundesbank geführt und dabei insbesondere die Hochzinspolitik von Exbundesbankpräsident Helmut Schlesinger kritisiert. Mußte er nicht so handeln?
Keinesfalls bin ich der Meinung, daß er so handeln mußte, wie er es tat. Ich hatte Herrn Schlesinger schon zuvor, als er noch Vizepräsident der Bundesbank war, kritisiert. Er war der Anführer der monetaristischen Clique innerhalb der Bundesbank. Seine öffentlichen Äußerungen zeigten eindeutig, daß er ein Starrkopf war und nur ein Ziel hatte: die Null-Inflation. Im September 1992 gab er mir Anlaß, ihm in Form eines offenen Briefes eine ganze Kolumne zu widmen. Ich glaube, ich schrieb, was viele dachten, aber nicht öffentlich zu sagen wagten. Wahrscheinlich war ich der einzige Wirtschaftsjournalist in Deutsch-

land, der alt und unabhängig genug war, ein paar Bemerkungen zu machen. Zuvor hatte in München das Treffen der G7, der wichtigsten Industrienationen der Welt, stattgefunden. Europa war damals in den Fängen der Rezession, die Amerika bereits zuvor erreicht hatte. Nur in der Bundesrepublik boomte die Wirtschaft, bedingt durch den Kaufkraftschub, den die Währungsunion verursacht hatte, noch. Die Bundesbank hatte die Zinsen bereits in mehreren Schritten erhöht, die anderen Länder Europas brauchten aber dringend tiefere Zinsen, um ihre Wirtschaft wieder anzukurbeln. Sie standen jedoch durch ihre Einbindung in das Europäische Währungssystem unter dem Zinsdiktat der Bundesbank und konnten ihre Leitzinsen nicht senken, ohne daß die Bundesbank es tat. Ansonsten hätten sie riskiert, daß ihre Währung unter den offiziellen Stützungskurs gefallen wäre. Interventionen in Milliardenhöhe wären dann nötig gewesen, an deren Ende dann doch eine Abwertung gestanden hätte.

England, Frankreich und Italien, neben Deutschland die anderen europäischen Nationen der G7, baten daher die Bundesbank quasi auf Knien darum, die Zinsen zu lockern, um Europas Wirtschaft zu fördern. Die Sitzung ging zu Ende, und Helmut Schlesinger fuhr zurück in seine Festung nach Frankfurt. Und eine Woche danach drehte er auch an der Zinsschraube. Aber nicht herunter, sondern herauf. Ich wollte es zuerst gar nicht glauben. War die Meldung ein Tippfehler? Diese Zinserhöhung war eine solche Unverfrorenheit und ein Schlag ins Gesicht Europas. Dieser Schritt und die Aussage Schlesingers, nur seine Politik sei die einzig wahre für Europa, veranlaßten mich, ihn einmal näher zu durchleuchten.

Er war vierzig Jahre lang ein braver Beamter gewesen, und nun hatte er quasi wie ein Pfingstkönig für ein Jahr vor seiner Pensionierung die Macht, zu zeigen, daß nicht Kohl, sondern er der Herr im Hause ist.

Er ähnelte einem Postbeamten hinter seinem Schalter, der mit Freude ansieht, wie die Leute nervös warten, bis er ihnen gnädigerweise die begehrten Briefmarken verkauft. Ich fragte ihn, ob er vielleicht auf die Couch gehöre. Helmut Schieber, ein Mitglied des Bundesbankdirektoriums, antwortete damals in *Capital* auf meinen offenen Brief. Er rügte die persönlichen Angriffe gegen Helmut Schlesinger. Schließlich sei nicht Herr Schlesinger allein, sondern ein Gremium von achtzehn Mitgliedern für die Entscheidungen der Bundesbank verantwortlich. Das weiß ich natürlich auch, doch warum gibt es dann überhaupt einen Präsidenten? De jure ist der Vorstandsvorsitzende eines Unternehmens auch nicht mächtiger als seine anderen Kollegen. De facto sieht es aber völlig anders aus. Und meine Bemerkungen, Herrn Schlesingers Persönlichkeit betreffend, waren sicher spitzzüngig, aber eine notwendige journalistische Bewertung, da ich davon überzeugt bin, daß Schlesingers Politik auch zu einem guten Teil durch sein Persönlichkeitsbild geprägt war. In der Antwort hatte man sich auch die Mühe gemacht, auf die Argumente, die ich gegen die Bundesbankpolitik vorgebracht hatte, Stellung zu nehmen – leider mit wenig stichhaltigen Gegenargumenten.

Ich hatte die Politik als europafeindlich bezeichnet. Die Bundesbank antwortete darauf, ihre Politik sei langfristig nicht europafeindlich und werde auch vom europäischen Ausland begrüßt. Die Äußerungen der anderen europäischen Regierungen, insbesondere die John Majors, des britischen Premiers, zeigten, wie sehr Schlesingers Hochzinspolitik begrüßt wurde. Es kam von allen Seiten Kritik. Ein Mann wie Jacques Delors war zu fein und zu sanft, es so auszudrücken, wie ich es tat. In England entstand sogar eine richtiggehende Deutschfeindlichkeit. Man machte, und zwar nicht zu Unrecht, die Bundesbank für die Schärfe der Rezession verantwortlich. Das kurze Zeit später erfolgte Ausscheiden des britischen Pfundes und der italienischen Lira aus dem EWS sowie die Bandbreitenerweiterung für alle Währungen ein Jahr später machten das Argument im Antwortschreiben der Bundesbank zur Makulatur. Ich will nicht unbedingt behaupten, daß Europa durch den Zusammenbruch des EWS Schaden genommen hat, darum geht es hier auch nicht, denn die Währungshüter in Frankfurt hatten behauptet, ihre Politik trage zur Stabilität des EWS bei. Helmut Schlesinger hatte bei seiner Politik nur eines im Auge: die Geldmenge M3. Die Wirtschaft, die Arbeitslosigkeit und die geringe Inflationsrate interessierten ihn nicht. Das hatte ich kritisiert, zumal durch das Erhöhen der kurzfristigen Zinsen die Geldmenge M3 sogar noch aufgebläht wird, weil die Anlagegelder dann in das hochverzinsliche Festgeld und ähnliche Anlagen fließen, die einen gewichtigen Anteil an M3 haben. Seine Theorie ist ein Spaß. Wenn man die Zinsen erhöht, weil die Geldmenge M3 steigt, und dadurch M3 weiter erhöht: Man denkt dabei an einen alten Witz: Zwei alte Freunde treffen sich. »Wohin gehst du?« fragt der eine. »Ins Kino.« – »Was spielt man?« – »Quo Vadis«, lautet die Antwort. »Was heißt das?« – »Wohin gehst du?« – »Ins Kino.« – »Was spielt man?« Selbst Schlesingers Vorgänger Karl-Otto Pöhl hat in einem Interview mit der *Süddeutschen Zeitung* erklärt, er verstehe die Geldmengenpolitik Helmut Schlesingers nicht. Die Bundesbank argumentierte, es seien nicht in erster Linie die Festgelder, die M3 aufblähten, sondern die Ausweitung der Kredite sei daran schuld. Ich will mich auf keinen Fall in die Detailforschung über Geldmengen einmischen. Witzigerweise behaupteten zur selben Zeit Volkswirte einiger Wirtschaftsforschungsinstitute und Banken, unter ihnen auch sehr angesehene, das Gegenteil. Persönlich halte ich es eher mit dem Notenbankpräsidenten Alan Greenspan, der kürzlich sagte, er sehe sich die Geldmenge gar nicht mehr an, weil niemand wisse, was sie ist.

Und selbst wenn die Kreditexpansion höher war als üblich: War die Wiedervereinigung, das große Geschenk des Himmels, nicht 1,5 Prozent Inflation wert? Selbst dann – und das hatte die Bundesbank kritisiert –, wenn ein großer Teil des Geldes zunächst als Einkommensbeihilfe in den Konsum floß? Schließlich mußten die sechzehn Millionen neuen Bürger zunächst erst einmal leben. Investitionen in Kapazitätsausweitungen zahlen sich erst nach ein paar Jahren aus. Kennen die Bundesbänker denn nicht die elementarsten wirtschaftlichen Zusammenhänge? Nach Meinung der Wirtschaftsfachpresse setzt sich die

Mehrheit des Zentralbankrates aus inkompetenten, hochdotierten und unbrauchbaren Staatsbediensteten zusammen, für die man ein Abstellgleis brauchte. Wenn das wirklich so ist, dann halte ich es für um so gefährlicher, diese Herren in eine Institution zu setzen, die unabhängig ohne jede Gewaltenteilung den wirtschaftlichen Kurs eines Landes bestimmen kann. Ist ein Mitglied des Zentralbankrats erst einmal ernannt, wird man es kaum wieder los, wenn es nicht gerade goldene Löffel klaut.

Helmut Schlesinger hätte man bereits ein Jahr vor seiner Pensionierung wegen seines unmöglichen Zinsschrittes abberufen müssen. Ich bin der Überzeugung, viele Arbeitslose können sich bei ihm dafür bedanken, daß sie ihren Job verloren haben. Belohnt hat er nur den braven deutschen Sparer, der sein Geld nicht der Wirtschaft für Investitionen zur Verfügung stellt, sondern nur regelmäßig hohe Zinsen kassieren will.

Als Schlesinger 1993 dann in den Ruhestand trat, dachte ich an den Satz der Marschallin aus Richard Strauss' *Rosenkavalier* (Text: Hugo von Hofmannsthal): »Da geht er hin, der aufgeblasene schlechte Kerl.«

Und sollten ihn seine Enkel in Zukunft fragen: »Großvater, wie heißt es richtig, fünf Percent oder fünf Prozent?«, wird er wahrscheinlich antworten: »Besser ist sieben.«

Viele Leute in Deutschland würden widersprechen und sagen, die Politik der Bundesbank sei die erfolgreichste der Welt.

Ich weiß natürlich auch, daß die Bundesbank in Deutschland riesiges Ansehen genießt. Mein Kampf ist fast aussichtslos. Nun bin ich nicht der Meinung, daß die Bundesbankpolitik durchweg schlecht war – keinesfalls. Karl-Otto Pöhl halte ich für einen besonders fähigen Bundesbankpräsidenten, Schlesinger dafür um so weniger. Doch wird der Anteil der Deutschen Bundesbank am deutschen Wirtschaftswunder gnadenlos überschätzt. Man glaubt, weil die Notenbank in Deutschland unabhängig ist, sei die Mark eine so stabile Währung geworden. Das ist Unsinn, und die Unabhängigkeit der Bundesbank ist eine heilige Kuh. Die Deutsche Mark ist so stabil, weil die Deutschen über die Tugenden verfügen, die zu einer stabilen Währung führen. Sie sind fleißig und sparsam. Die Franzosen genießen lieber das gute Leben und arbeiten etwas weniger. Speziell die deutsche Nachkriegsgeneration, die das Wirtschaftswunder schuf, ist viel zu bescheiden, denn nicht die Bundesbank, wie sie glaubt, sondern sie selbst mit ihrem Fleiß und ihrer Disziplin hat die stabile Währung geschaffen.

Trotzdem herrscht in der deutschen Bevölkerung die Ansicht, die Notenbank eines Landes müsse, koste es, was es wolle, unabhängig sein.

Und auch im Ausland gibt es Bestrebungen in diese Richtung, die ebenso vom Irrglauben geleitet sind, die Unabhängigkeit der Deutschen Bundesbank habe zu der festen Währung geführt. In Frankreich oder in den USA steht die Forderung jedoch nur auf dem Papier. Sie wird keineswegs so unerbittlich praktiziert wie in der Bundesrepublik. Die Franzosen lassen schon mal fünf gerade sein, nichtsdestoweniger geht es den Galliern nicht schlecht. Ganz im Gegenteil: Ihre Inflation liegt zur Zeit unter der deutschen.

Die Bundesbank ist nach ihren Statuten der Geldwertstabilität verpflichtet. Aber es gibt in einem Land nicht nur Anleihen- und Festgeldbesitzer, sondern auch Unternehmer, Arbeitnehmer und Aktionäre. Die Notenbank muß der Wirtschaft Geld geben, wenn diese es braucht. So wie Helmut Schmidt ganz richtig sagte: »Lieber fünf Prozent Inflation als fünf Prozent Arbeitslosigkeit!« Eine kleine Inflation schadet der Wirtschaft überhaupt nicht. Sie ist, wie Nikotin und Alkohol, in geringen Maßen sogar fördernd. Nur darf man kein Kettenraucher oder Alkoholiker werden. Kaiser Franz-Joseph besuchte einmal die ungarische Provinz und fragte einen Bürgermeister: »Na, wie war heuer die Ernte?« Der gute Mann antwortete: »Nicht schlecht, Majestät, aber ohne ein bisserl Wucher könnten wir nicht leben.« So ist es auch mit ein bisserl Inflation: Ohne sie kann die Wirtschaft nicht wachsen.

Die Stabilität einer Wirtschaft ist nicht allein an ihrer Inflationsrate zu messen. Eine kontinuierliche Investitionstätigkeit und sozialer Friede sind ein ebenso wichtiger Bestandteil, und den hat die Bundesbank völlig aus den Augen verloren. Auch mit 1 bis 2 Prozent niedrigeren Zinsen würde die Deutsche Mark die stärkste Währung der Welt bleiben, und die deutschen Touristen würden weiterhin in Spanien oder Italien billig Urlaub machen können.

Alle Demokratien sind heute auf dem Prinzip der Gewaltenteilung aufgebaut. Aber wer kontrolliert die Bundesbank? Eine Notenbank darf kein Staat im Staate sein. Das Verhältnis zwischen der Zentralbank und der Regierung ähnelt der Zusammenarbeit zwischen Chirurg und Internist. Der Chirurg darf ohne die Einwilligung des Internisten keinen Eingriff vornehmen. Sonst heißt es am Ende:»Operation gelungen, Patient tot.«

Die totale Unabhängigkeit und die absolute Preisstabilität sind nicht das Nonplusultra. Erst kommen der Staat, der Wohlstand der Menschen, der Friede, den man nicht vergessen sollte, oder die Abscheu vor den Kommunisten. Und erst dann die Notenbank mit all ihren Geldmengentheorien und Schlesingers.

Kosto's weltpolitische Großwetterlage

Sie haben Bilanz gezogen und waren pleite

»Wird das Wunderland überleben?«
Diese Frage stellten Sie in Ihrem Buch
Im Wunderland von Geld und Börse. Ihr Fazit war die
Hoffnung, die westliche Welt werde den Sowjets
Paroli bieten. An einen Zusammenbruch des
Kommunismus dachten aber auch Sie nicht.

Nein, den konnte niemand voraussehen, auch ich nicht. Die Pleite des Kommunismus war viel größer, als ich mir das je hätte vorstellen können. Für mich sah die Situation der kommunistischen Staaten eher so aus wie die der amerikanischen Großbanken vor zwanzig Jahren. Sie waren alle pleite, mußten aber nicht Bankrott erklären, konnten deshalb weiterarbeiten und sich später sanieren. Solange ein Unternehmen oder eine Bank keine absolut ehrliche Bilanz macht, ist es nicht pleite. Ich erinnere mich noch an das Ungarn meiner Jugendzeit. In Budapest gab es eine sehr vornehme Privatbank namens Latzko & Popper. Plötzlich war sie pleite. Ich fragte meinen Vater:»Papa, warum sind sie pleite?« Seine Antwort war kurz und vielsagend:»Sie haben Bilanz gezogen.« Ebenso war es doch mit dem Medienzar Robert Maxwell. Nach seinem Tod machte man die Bücher auf und stellte fest, wie pleite er war. Würde er heute noch leben, gäbe es seine Medienholding aber wahrscheinlich noch. Dazu fällt mir ein phantastischer Witz ein: Der Grün dreht sich im Bett hin und her und kann nicht schlafen. Seine Frau bemerkt es und fragt ihn:»Was ist mit dir los?« – »Ach«, sagt er, »der Kohn hat einen Wechsel von mir über zehntausend Gulden, der morgen fällig ist, aber ich kann nicht zahlen.« –»Du hast das Geld für den Kohn nicht? Dann warte einen Moment!« Sie geht zum Telefon und klingelt den Kohn aus dem Bett. »Herr Kohn, es ist zwar zwei Uhr in der Früh', aber ich wollte Ihnen etwas sagen. Sie haben einen Wechsel von meinem Mann über zehntausend Gulden. Ich sage Ihnen schon jetzt, er wird nicht bezahlt.« Grüns Frau geht zurück ins Bett und sagt: »Jetzt kannst du schlafen, jetzt wird der Kohn nicht schlafen.« Die Pleite der Sowjets und des gesamten Ostblocks hat zu seinem Zusammenbruch geführt. Allzuoft wird jedoch vergessen, daß dies Ronald Reagan zu verdanken ist. Er hat die Sowjets mit seiner Hochrüstung in die Knie gezwungen und vielleicht sogar bewirkt, daß ein Reformer wie Gorbatschow an die Spitze des Obersten Sowjets gelangen konnte. Reagan hätte meines Erachtens dafür den Friedensnobelpreis noch eher verdient als Gorbatschow. Doch das Komitee ist immer sehr antiamerikanisch eingestellt und sieht auch nur die Ereignisse an der Oberfläche, die wahren Hintergründe durchschaut es nicht.

Die Ostpolitik Willy Brandts, Egon Bahrs und Hans-Dietrich Genschers hätte bestimmt nicht zum Zerfall des Sowjetreiches geführt. Sie hat ihn mit ihren Annäherungen und Verträgen nur verzögert. Diese Politik machte mir damals angst, und deshalb stellte ich auch die Frage: »Wird das Wunderland überleben?«

Überall auf dem Gebiet der ehemaligen Warschauer-Pakt-Staaten gibt es kriegerische Auseinandersetzungen. Ist der Frieden wirklich so sicher wie seit hundert Jahren nicht mehr?
Der generelle Weltfriede ja. Wie können zwölf dezentralisierte Staaten gefährlicher sein als die geballte Macht der Sowjetunion? Natürlich gibt es regionale Konflikte, die menschliche Tragödien sind. Doch weltpolitisch sehe ich keine Gefahr mehr für den Westen. Durch die Streitereien untereinander werden die GUS-Republiken und die ehemaligen Staaten des Warschauer Paktes militärisch sogar geschwächt.

Der Konflikt im ehemaligen Jugoslawien ist aber doch eine Katastrophe, oder?

Menschlich ist der Konflikt im ehemaligen Jugoslawien eine große Katastrophe, das ist keine Frage. Ich will gleich Mißverständnissen vorbeugen. Ich bin nicht auf der Seite der Serben. Aber die ganze Katastrophe hätte gar nicht erst begonnen, wenn die westlichen Länder, allen voran die Bundesrepublik, damals noch unter Außenminister Hans-Dietrich Genscher, Bosnien nicht als souveränen Staat anerkannt hätten. Warum mußte Bosnien plötzlich souverän werden? Es war es nie. Bosnien war ein Teil der k.u.k. Monarchie und davor Teil des Osmanischen Reiches. Es war den Serben immer ein Dorn im Auge, daß Bosnien nicht zu Großserbien gehörte, denn die Serben waren zu allen Zeiten fanatische Patrioten.

Anfang des 20. Jahrhunderts wurde die über Serbien herrschende Obrenović-Dynastie durch die schon lange rivalisierende Familie Karajordjević von der Macht verdrängt und ausgelöscht. Während die Obrenović' nach einer Verständigung mit der k.u.k. Monarchie gesucht hatten, standen die neuen Herrscher Österreich-Ungarn feindlich gegenüber. Nach der Annexion Bosnien-Herzegowinas durch Österreich-Ungarn begann eine Reihe von Terrorakten, die in dem Attentat auf den Thronfolger Erzherzog Franz Ferdinand und seine Frau gipfelte. In der Folge brach dann der Erste Weltkrieg aus – also wegen Bosnien.

In Wien marschierten die Massen mit der Parole durch die Straßen: »Serbien muß sterbien.« Ein anderer Beweis dafür ist ein Lied, das man damals in Ungarn während der überall vorherrschenden euphorischen Kriegsstimmung sang: »Warte nur, warte, du Hund von Serbien, du wirst Bosnien nie besitzen, solange der Ungar und der Deutsche noch einen Tropfen warmes Blut in den Adern haben.«

Heute singen die Serben umgekehrt: »Bosnien gehört zu Serbien und wird nicht souverän sein, solange der Serbe noch einen Tropfen warmes Blut in den Adern hat.« Und in Kenntnis dieser Tatsache müßte ein westlicher Politiker mit Rückgrat Bosnien dazu

229

bewegen aufzugeben. Es ist ein Jammer, daß die beiden Völker, vor allem aber die Bosnier, völlig umsonst leiden müssen. Ein militärisches Eingreifen, wie es zur Zeit immer wieder diskutiert wird, halte ich auch für vollkommen unsinnig. Man könnte durch eine übertriebene Militärpräsenz den Krieg zunächst stoppen, doch wenn die Nato oder wer auch immer die Truppen wieder abzieht, würde der Krieg da weitergehen, wo er aufgehört hat. Nun gibt es aber einen glücklichen Unterschied zwischen diesem Konflikt und dem am Beginn unseres Jahrhunderts. Die übrige Welt geht der Konflikt nichts an. Eine Krisenstimmung zwischen Ländern der Europäischen Union kann er nicht auslösen. Und da komme ich zurück auf das, was ich schon so oft gesagt habe. *Der Zusammenbruch der Sowjetunion ist der größte Segen.* Denn gäbe es die UdSSR noch, stände sie auch manu militari sofort auf der Seite der Serben, und eine internationale Spannung wäre unvermeidbar.

Welche der ehemaligen Satellitenstaaten der Sowjetunion haben die größten Chancen?
Vor Jahren schrieb ich:»Die Roten kommen, machen Pleite, werden vertrieben, aber die Pleite bleibt.« Diese Aussage gilt natürlich für alle ehemals kommunistischen Länder. Als erstes, glaube ich, wird sich Polen zusammen mit Tschechien und Ungarn erholen. Danach werden die baltischen Staaten und Rußland folgen. Das tschechische Volk ist ausgesprochen fleißig und hat die deutschen Tugenden. Die Ungarn sind weniger fleißig und lebenslustiger, aber weil sie gut leben wollen, sind sie, wenn auch nicht fleißig, so doch tüchtig.
In Ungarn gibt es diesen berühmten Witz: Ein Ausländer kommt nach Ungarn und sieht das gute Leben. Er spricht einen Ungarn an:»Ihr sagt immer, Ungarn sei ein armes Land, aber alle leben gut.«–»Ja«, sagt der Ungar,»es gibt in ganz Ungarn nur eine 1000-Forint-Banknote, doch die ist jeden Tag in der Tasche eines anderen.«
In Budapest sehe ich außerdem noch ein anderes Aktivum. Es leben heute noch 120 000 Juden dort, während in Prag vielleicht

noch 3000 und in Warschau überhaupt keine mehr sind. Die Juden sind sehr aktiv, risikofreudig, haben die besten internationalen Verbindungen und sind damit von großem Wert in einer Wirtschaft. Leider hört man aus den meisten Ländern zur Zeit nur Schlechtes. Insbesondere Rußland steht immer wieder im Mittelpunkt des Medieninteresses. So wird zum Beispiel vor den Gefahren der Russenmafia gewarnt. Ich meine, auch dies sollte man differenzierter sehen. Sicherlich ist die Brutalität und Kriminalität der Russenmafia zu verurteilen, doch darf man nicht vergessen, daß sie heute den Schwarzmarkt und die Wirtschaft organisiert. Kein Land ist in der Übergangsphase zur Prosperität ohne Schwarzmarkt ausgekommen. Erinnert sei an das Deutschland der Nachkriegszeit, als die Zigarette zur Währung wurde. Aus dem Schwarzmarkt wird der freie Handel. Unmittelbar nach der Besetzung Frankreichs im Zweiten Weltkrieg war das ganze Leben in Frankreich »schwarz«. Der Dollar, dessen offizieller Kurs 50 Franc war, wurde auf dem Schwarzmarkt mit 500 Franc gehandelt. Es waren genügend Dollars in französischen Taschen, doch der Greenback war so beliebt, daß der Kurs bei 500 Franc blieb. Auch ich wechselte 1946, als ich wieder nach Frankreich kam, meine Dollars natürlich zum Schwarzmarktpreis. In den üblichen Restaurants gab es fast nichts Genießbares auf der Karte. Jedoch gab es einige schwarze Restaurants, die alles hatten. Preise standen natürlich nicht auf der Karte, die bekam man vom Wirt. Er mußte seine Lebensmittel schließlich auch auf dem Schwarzmarkt kaufen. Die großen Schwarzhändler bestachen die Kontrolleure, die ihrerseits davon profitierten und besser leben konnten. Kurz und gut, ohne Schwarzhandel ging nichts.

Betonen möchte ich aber noch mal, was für alle Länder des ehemaligen Ostblocks gilt: Aktien würde ich dort trotz meines Optimismus nicht kaufen. Die noch unterentwickelten Börsen sind für das deutsche, englische und amerikanische Publikum konzipiert, die Kurse sind manipuliert und zu weit von der wirtschaftlichen Realität entfernt.

Überall kommen in den ehemaligen Ostblockstaaten
jetzt wieder Linksparteien an die Macht. Ist hier nicht
eine Gefahr des Rückfalls?
Man muß zwischen den einzelnen Ländern unterscheiden. Die
Parteien, die die Wahlen in Ungarn und Polen gewonnen haben,
sind nicht die Kommunisten von früher. In Ungarn zum Beispiel
ist Gyula Horn zum Regierungschef geworden. Er ist kein Kom-
munist. Die Deutschen haben ihm zum großen Teil zu verdanken,
daß sie jetzt wieder ein Volk sind. Horns Entscheidung als damaliger ungarischer Außenminister, die in die Botschaft der Bundesrepublik geflüchteten DDR-Bürger in den Westen ausreisen
zu lassen, brachte die Führung in Ost-Berlin massiv unter
Druck. Ungarn war ja im Prinzip schon vor Gorbatschow heim-
lich auf die Marktwirtschaft eingeschwenkt. Vor dreißig Jahren
bereits fragten sich die Ungarn: »Ist unser Kommunismus schon
perfekt, oder kann es noch schlimmer kommen?« Die Regierung
unter János Kádár, diesem klugen alten Mann, stoppte die Entwicklung damals noch kurz vor Toresschluß. Und später gab es
noch während des Bestehens der Sowjetunion eine Börse.
Ich glaube, daß die ehemals der Staatspartei angehörenden
Politiker wiedergewählt werden, weil sie die erfahreneren Po-
litprofis sind. Sie können die Klaviatur der Bürokratie bedienen
und haben die notwendigen Beziehungen. Wahrscheinlich können sie so für ihr Land mehr tun als ein unerfahrener Politiker,
der einer liberalen, aber noch zu jungen Partei angehört. Für
die konjunkturelle Entwicklung Polens, der Tschechischen
Republik, der Slowakei und Ungarns ist die wirtschaftliche
Entwicklung der Bundesrepublik viel entscheidender als die
Regierungspartei. Und das Schicksal der deutschen Konjunktur hängt von der Lokomotive Amerika ab.

Sie haben es nicht für möglich gehalten, daß die
Wiedervereinigung Deutschlands so geschehen würde,
wie sie dann passierte. Was waren die Gründe?
Ich glaube bis heute, daß meine Einwände historisch durchaus
berechtigt waren. Daß ich mit meinen Zweifeln, glücklicherwei-

se, wie man natürlich sagen muß, nicht recht behielt, lag wohl daran, daß ich die Pleite der Sowjets total unterschätzt habe. Sicher war die deutsche Vereinigung aber auch der Umstand glücklicher Zufälle, denn die Sicherheitspolitik der Sowjets stand im krassen Gegensatz zur Wiedervereinigung beider deutscher Staaten innerhalb der Nato.

Ich hatte Rußlands Vorgehen im Zweiten Weltkrieg noch in reger Erinnerung. Im September 1939 brach der Zweite Weltkrieg aus. Zunächst war er ein Sitzkrieg. Aber am 30. November griff die russische Armee das kleine unschuldige Finnland an. Die ganze Welt empörte sich, England und Frankreich planten sogar, Finnland eigene Truppen zur Hilfe zu schicken. Doch die Russen ließen sich nicht einschüchtern und führten den Krieg unerbittlich weiter, bis Finnland nach vier Monaten schließlich unterlag. Im Friedensvertrag vom 13. März 1940 mußte das kleine, tapfere Land große Zugeständnisse machen, die Russen schoben ihre strategischen Grenzen deutlich nach vorne – diese Grenzverschiebung richtete sich allerdings nicht gegen die Finnen, sondern gegen die mit den Sowjets verbündeten Deutschen. Der Militärchef in Helsinki war damals Marschall Carl Gustaf Emil Freiherr von Mannerheim (in seiner Emigration nach dem Krieg bin ich ihm sogar einige Male selbst begegnet); er war eingeschworener Feind Rußlands. Dieser würde, so fürchteten die Russen, die Deutschen mit Wonne gegen Rußland vorstoßen lassen. Die russischen Militärs ahnten also, daß Hitler bald in Rußland einfallen und Leningrad bedrohen würde. Ohne den finnischen Krieg wäre Leningrad vielleicht gefallen, und damit wäre die gesamte Verteidigung Rußlands zusammengebrochen.

Viele Wirtschaftsexperten haben die deutsche Währungsunion kritisiert. War das Umtauschverhältnis von 1:1 nicht ein fataler Fehler?
Eine Währungsunion war unumgänglich, da sonst alle DDR-Bürger in den Westen gekommen wären. Über das Umtauschverhältnis kann man lange lamentieren. Ich halte es für nicht so

entscheidend. Es hätte sich in jedem Fall um ein Geschenk an die Ostdeutschen gehandelt, da die Ostmark allenfalls zwanzig Pfennig wert war.

Mein Vorschlag war damals, die Ostmark langsam aufzukaufen und ihren Kurs so anzuheben, um den Lebensstandard der Ostdeutschen zu erhöhen. Dieser Weg wäre sicher etwas sanfter gewesen. Doch die Diskussion, ob die Währungsunion und das Umtauschverhältnis richtig waren, halte ich für sehr fruchtlos. Es ist tempi passati. Die Wirtschaftsexperten sollen die Probleme von heute lösen.

Pax Americana, Schutz gegen die Bedrohung aus Nahost

Viele Experten behaupten, dem Ost-West-Konflikt folge der Nord-Süd-Konflikt.
Der Golfkrieg hat diese Vermutung bestätigt.
Liegen hier nicht die nächsten Gefahren?

Der Nord-Süd-Konflikt ist bereits offensichtlich, keine Frage. Man kann ihn aber nicht auf die gleiche Ebene bringen wie den Ost-West-Konflikt. Zwischen der Nato und dem Warschauer Pakt bestand bezüglich der militärischen Stärke etwa Gleichstand. Eine Zeitlang waren die Sowjets überlegen und später unter Reagan dann die Amerikaner. Es handelte sich aber jeweils nur um eine Überlegenheit auf dem Papier, die psychologisch zwar große Bedeutung hatte, praktisch aber irrelevant war, da das Waffenpotential beider Machtblöcke immer ausgereicht hätte, den Gegner vollständig zu vernichten.

Das ist zum Wohl der Welt zwischen Süd und Nord so nicht der Fall. Viele dem islamischen Fundamentalismus zugewandten Länder wären nur darauf erpicht, der USA den Krieg zu erklären. Doch die Überlegenheit der Amerikaner ist so groß, daß dies von Beginn an zwecklos wäre. Der Golfkrieg hat diesen Kräfteunterschied deutlich gezeigt, und das, obwohl der Irak ursprünglich vom Westen als Bollwerk gegen den Iran mit modernen Waffen ausgerüstet worden war. Die westlichen Länder einschließlich Rußlands und natürlich Israels müssen und werden alles daransetzen, daß die feindlich gesinnten Länder des Nahen Ostens keine Atomwaffen erhalten. Ich bin optimistisch, daß dies mit Hilfe des Geheimdienstes der Israelis auch glücken wird. Rabin hat bereits erklärt, daß sie, ohne mit der Wimper zu zucken, eine Atomwaffenanlage der Iraner sofort zerstören würden. Bekomme ich recht, sehe ich keine Gefahr für die Welt. Das Vorgehen gegen den Irak hat ein neues Zeitalter eingeläutet und gezeigt, daß Aggressoren wie Saddam Hussein zukünftig keinen mächtigen Verbündeten in der Welt mehr finden.

War der Einsatz im Golfkrieg denn berechtigt?

Das militärische Vorgehen gegen den Irak war nicht nur berechtigt, sondern richtig. Der Irak hat territoriale Grenzen verletzt, und deshalb war es richtig und notwendig, mit der Weltgemeinschaft gegen dieses Handeln vorzugehen und ein Zeichen zu setzen. Eine alte Bauernregel heißt: »Zweimal lass' ich mich nicht foppen.« Ein zweites Münchener Abkommen wäre eine Katastrophe gewesen. Als die französische Delegation unter Leitung Édouard Daladiers 1938 von der Isar an die Seine zurückkehrte, bekam Daladier große Angst vor eventuellen Demonstrationen und Unruhen. Immerhin hatte Frankreich gerade seinen Verbündeten, die Tschechoslowakei, an Großdeutschland verraten. Doch nichts geschah. Zwar fand sich zum Empfang der Delegation eine Riesenmenge ein, doch die Franzosen protestierten nicht, sie jubelten. Der Friede schien für Jahrtausende gesichert. »Die Trottel«, flüsterte Frankreichs Ministerpräsident seinem Begleiter Alexis Léger ins Ohr. Daladier hatte ja so recht: Es folgte das übelste Kapitel der Weltgeschichte. So wie das französische Volk damals fatal geirrt hat, so irrte im Golfkrieg auch die Friedensbewegung, die in Deutschland mit Parolen wie »Kein Blut für Öl!« auf die Straße ging. Eine zweite Münchener Lösung hätte dazu geführt, daß sich der Irak Kuwait einverleibt, die Kontrolle über seine Ölreserven erlangt und durch die so gestärkte finanzielle Potenz am Ende noch in den Besitz einer Atombombe gekommen wäre. Weitere Aggressionen und Erpressungen, dann wahrscheinlich an die Adresse Saudi-Arabiens, wären vorprogrammiert gewesen. Es war ein Glück, daß Israel vor Jahren das irakische Atomkraftwerk zerstört hatte. Man erinnere sich noch, wie groß damals der weltweite Aufruhr gegen dieses Meisterstück war. Heute würde man jubeln.

Mit der Welt war aber zum Glück kein zweites München zu machen. So wurde für alle amerikafeindlichen Länder der Region ein Zeichen gesetzt.

Aber was hat es bewirkt? Saddam Hussein sitzt immer noch in Bagdad.

Das war eine strategische Entscheidung der Amerikaner. Nachdem Saddam Hussein gegenüber den Alliierten schon quasi kapituliert hatte, gewannen die Schiiten, die führende Schicht im Iran, auch im Irak stark an Einfluß. Das war eine Entwicklung, die George Bush unbedingt verhindern wollte und verhindern mußte. Der Persische Golf wäre sonst zum Binnenmeer eines großpersischen Reiches geworden. Und der Iran ist sogar noch fanatischer und gefährlicher als der Irak. Für den Rest der Welt ist es besser, die Sunniten im Irak und Schiiten im Iran bekämpfen einander, als daß eine vereinte Kraft zu einem Machtfaktor wird und in der Region für Unfrieden und Terror sorgt.

Sie haben in Ihrer Kolumne lange vor Ausbruch des Golfkriegs vorausgesagt, daß sich die Börsen bei Kriegsausbruch drehen und in die Höhe schießen werden. Wie konnten Sie das wissen?

Durch meine Erfahrung. Ich habe bereits Dutzende Male erlebt, daß sich die Börsen in dem Moment eines erwarteten Kriegsausbruchs um 180 Grad drehten und in die Höhe schossen. Das bestechendste Beispiel dafür war der Ausbruch des

Zweiten Weltkrieges. Nach der Besetzung Prags durch Hitler war die Pariser Börse kontinuierlich gefallen. Knapp vor Kriegsausbruch glaubten einige wenige Börsianer dennoch, man müsse bei den billigen Preisen kaufen, da man kein Risiko eingehe. Entweder komme es nicht zum Krieg, dann werde man eine stürmische Hausse erleben, oder der Krieg komme doch, dann sei sowieso alles egal, das Ende der Welt in Sicht. Dann sei es auch gleichgültig, ob man Geld habe oder nicht.

Mein Gott, wie haben wir uns alle geirrt! Ich selbst hatte mich schon seit längerer Zeit an der Pariser Börse auf Baisse engagiert. Die Preise waren zuerst langsam abgebröckelt, später etwas rascher, und ich konnte bereits einen schönen Gewinn verbuchen. Meine Baissespekulation war natürlich ein Termingeschäft, das von Monat zu Monat verlängert wurde. Am Anfang jeden Monats, dem sogenannten Kassatag, konnte ich die Gewinne einstreichen, die durch den Kursrückgang während des vorangegangenen Monats entstanden waren. Am Kassatag im September, dem 6. September, um genau zu sein, hätte ich einen schönen Profit einstreichen können.

Nach dem Abschluß des deutsch-sowjetischen Nichtangriffspaktes am 23. August 1939 war ich überzeugt davon, daß der Krieg kommen mußte. Der 6. September war nur mehr vierzehn Tage entfernt, aber diese Frist schien mir eine Ewigkeit.

Ich verlor aber nicht die Nerven, sondern überlegte, wie ich meine Angelegenheiten in Ordnung bringen könnte. Kam der Krieg, so mußte es zu einem Zusammenbruch an der Börse kommen. Allerdings erwartete ich, daß man die Börse vorher schließen würde. Banken und Bankiers wird die Regierung Moratorien gewähren. Ich würde also nicht nur meine Terminengagements nicht auflösen können, sondern auch meine Bankdepots, die zur Sicherstellung meiner Börsenoperationen dienten, würden eingefroren. Mein Entschluß war schnell gefaßt: Ich mußte zumindest meine Depots retten. Um über sie verfügen zu können, mußte ich aber meine Baisse-Engagements lösen, und das war gar nicht nach meinem Geschmack, denn ich war davon überzeugt, daß die Kurse weiter fallen würden.

Aber derlei Überlegungen waren inzwischen unwichtig geworden. Meine Sorge galt nicht mehr weiteren Gewinnen, ich war überzeugt, daß die Börsen und Banken geschlossen werden würden. Also rette sich, wer kann! Nachdem ich meine Baisse-Engagements glattgestellt hatte, überwies ich meine Depots nach Amerika. Mein Vater pflegte zu sagen: »Es gibt Menschen, die gescheit reden und dumm handeln, und solche, die dumm reden und gescheit handeln.« Ich gehörte damals zu letzteren. Es kam nämlich alles völlig anders, als ich es erwartete.

Ich hatte die Ereignisse falsch beurteilt, hatte aber trotzdem Glück. Der Krieg brach am 3. September aus, ich ging auf die Straße, und mit Erstaunen stellte ich fest, daß die Banken überhaupt nicht geschlossen waren, sogar der Terminhandel ging weiter. Es gab keine Moratorien, nicht einmal Devisenkontrollen wurden eingeführt. Am 6. September hob ich meine letzten Baisseprofite ab und überwies sie nach Amerika. Das war mein Glück, denn was geschah? Die Kurse stiegen in stürmischer Hausse sprunghaft an. Alle diejenigen, die gekauft hatten, und ich, der sein Baisse-Engagement gedeckt hatte, hatten phantastisches Glück gehabt. Die Kurse stiegen sechs Monate am Stück. Erst nach dem totalen Zusammenbruch der französischen Armee kam die Baisse.

Dasselbe wiederholte sich beim Ausbruch des Golfkrieges und viele Male davor. 1939 hatte ich nur Glück, 1991 wußte ich aus Erfahrung, warum es wahrscheinlich war, daß die Börse steigen würde, wenn es zum Krieg käme. Es ist das Phänomen der »vollendeten Tatsache« oder, wie die Franzosen es sagen, des »Fait accompli«. Erwarten die Börsen ein ganz besonders schlechtes Ereignis, beispielsweise einen Krieg, gehen die Kurse ununterbrochen zurück. Und dann, »Bumm«, der Krieg bricht aus, und schon, horribile dictu, saust die Börse in die Höhe und ist nicht mehr zu bremsen. Umgekehrt war es mit den

238

Ölpreisen. Diese waren in Erwartung des Krieges und einer Ölverknappung von rund 20 Dollar auf 40 Dollar pro Barrel explodiert und verloren am Tag nach dem ersten nächtlichen Luftangriff mehr als die Hälfte ihres Kursgewinns wieder. Kommt der Krieg indes überraschend – wie der Einmarsch Iraks in Kuwait –, kann die Wirkung verheerend sein. Womöglich gerät die Börse in Panik. Auch in individuellen Fällen, bei einzelnen Aktien, gibt es die Wirkung des Fait accompli. Erwarten die Spekulanten eine höhere Dividende, steigt das Papier. Erwarten sie dagegen einen Dividendenausfall, fällt es. In dem Moment, in dem der eine oder andere Fall publik wird, dreht sich die Tendenz.

Die Alltagslogik ist nicht mit der Börsenlogik gleichzusetzen. Und doch läßt sich das Fait accompli erklären. In der Erwartung eines Krieges verkaufen die Börsianer, weil sie davon ausgehen, daß die Kurse fallen, wenn der Krieg ausbricht. Alle Marktteilnehmer wollen aber nun so klug sein und schon vorher verkaufen, und so fällt die Börse schon im Vorfeld zusammen. Bricht der Krieg dann tatsächlich aus, haben bereits alle ihre Papiere verkauft, und es kommt kein Material mehr an die Börse. Die Papiere liegen in den starken Händen, und die wollen nicht verkaufen, weil sie mit einem positiven Kriegsausgang rechnen. Und so gibt es plötzlich nur noch Käufer und kaum noch Aktienbesitzer, die verkaufen wollen. Die Hausse ist da und verstärkt sich durch ihre Anziehungskraft auf das Publikum von selbst.

Das Wiederaufflammen des Nationalismus

Sie sind katholisch getauft, aber jüdischer Herkunft. Sind Sie, wie viele auch, stolz darauf?
Stolz auf diese Herkunft bin ich überhaupt nicht. Sie ist für mich eine Tatsache, und damit hat es sich. Man sollte sich weder schämen noch stolz darauf sein und so endlich zu einem normalen Verhältnis in dieser Frage kommen.

Ich verleugne meine Herkunft nicht, und ich empfinde auch eine starke Bindung zu Israel. Ich war schon dreimal dort, und ich erinnere mich speziell an eine Situation. In Tel Aviv in der Innenstadt stand ich an einem Busbahnhof zwischen vielen Reisenden. Und da begann ich nachzudenken. Was habe ich mit diesen Menschen gemeinsam? Eigentlich gar nichts. Sie kommen aus den verschiedensten Ländern und verschiedenen Volksgruppen. Was sie zusammenhält, sind die Verfolgung und die jüdische Religion. Ich bin katholisch getauft, und auch meine Eltern sind in der Schweiz katholisch begraben. Nicht einmal die Sprache dieser Menschen spreche ich. Und dennoch spürte ich tief in meinem Herzen ein Heimatgefühl. Ich fühlte mich sicher, sah mich um und wußte, hier kann ich jederzeit hinkommen und werde niemals Verfolgung ausgesetzt sein.

In vielen Ländern, auch in der Bundesrepublik,
gibt es ein Wiederaufflammen des Nationalismus.
Da werden Asylbewerber und Ausländer angegriffen.
Macht Ihnen das angst?
Ich empfinde Ekel und Abscheu. Persönlich aber habe ich keine Angst. Ich konnte persönlich, abgesehen von einer Ausnahme, bisher in Deutschland keinen Antisemitismus feststellen. Die Ausnahme war bei einer Konferenz in Frankfurt am Main, wo über Staatsbankrott und pro und contra Gold diskutiert wurde. Einige der anwesenden *Propheten* prognostizierten, daß die Deutsche Mark bald ihren Wert total verlieren würde. Ich wandte dagegen ein, daß sich das deutsche Geld immer nur nach einem verlorenen Krieg entwertet habe, nach dem Ersten Weltkrieg und nachdem Hitler Deutschland zugrunde gerichtet hatte. Abends erhielt ich dann im Hotel einen Brief, wahrscheinlich wegen der Bemerkung über Hitler, in dem stand, daß ich sehen werde, wie aus meiner Kopfhaut auch noch einmal Lampenschirme gemacht würden.
Doch ich betone, das war die absolute Ausnahme. Sonst spürte ich sogar eher das Gegenteil. Fürst Johannes von Thurn und Taxis sagte einmal während einer Diskussion über Gott und das

Geld leise zu seiner Nachbarin:»Mal sehen, was der g'scheite alte Jud dazu sagt.« Das hat mich nicht gestört; bei ihm spürte ich nicht den Hauch eines antijüdischen Ressentiments, ich hörte eher ein Kompliment heraus.

Ich meine, man darf den objektiven Blick für die Dinge nicht verlieren. Die Gruppe derer, die Gewaltakte gegen Ausländer verüben, ist verschwindend klein. Es sind zumeist nicht einmal Volljährige, die irgendwie fehlgeleitet werden. Die Masse der Deutschen, das haben auch die vielen Demonstrationen gezeigt, ist ausländerfreundlich. Ich sehe keine Gefahr, daß dieser zwar fürchterliche Ausländerhaß einer absoluten Minderheit eskaliert. In Frankreich zum Beispiel, wo man mit Le Pen auch eine Welle der Ausländerfeindlichkeit speziell im Süden erlebt, gibt es dennoch keinen Antisemitismus.

Bei einer Volksabstimmung über die beliebtesten Franzosen würde eine Jüdin an zweiter Stelle stehen: Simone Veil, die ehemalige Präsidentin des Europäischen Parlamentes.

Treffe ich gelegentlich aber auf Antisemitismus, reagiere ich sehr sensibel. Keineswegs bin ich gewillt, so zu tun, als gäbe es ihn gar nicht mehr.

Ich war bis vor kurzem mit einem ungarischen Freund über ein Jahr böse. Mittlerweile haben wir uns glücklicherweise ausgesöhnt. Dem Streit vorausgegangen war eine Diskussion über Literatur. Wir sprachen über die größten deutschen Dichter, und ich sagte, der größte Lyriker nach Goethe sei Heinrich Heine. Mein Freund antwortete darauf:»Heinrich Heine ist kein deutscher Lyriker.« Ich fragte:»Was, bitte, ist er dann?« –»Er ist ein Lyriker deutscher Sprache.« Ich war schockiert und gab ihm zurück:»Dann war Alexander Petöfi, der größte ungarische Dichter, Lyriker und Freiheitskämpfer, der für die Ungarn ein Volksheld ist, auch nur ein Lyriker ungarischer Sprache, denn er war eigentlich Serbe. Sein wirklicher Name war Petrovics.« Er konnte mich nicht widerlegen, blieb Heine betreffend bei seiner Meinung und traute sich nicht, auszusprechen, was er dachte:»Heine war kein Deutscher, sondern Jude.« Er hat sich später dann entschuldigt und mir erklärt:»Schau, André, ich gehe manchmal in Zürich ins Kaffeehaus. Dort treffe ich ungarische Flüchtlinge, alles ehemalige Nazis. Die haben mich mit ihren Reden angesteckt.«

Nietzsche, er war weder Philo- noch Antisemit, schrieb, was ich meinem Freund gesagt hatte: Der größte deutsche Lyriker außer Goethe ist Heinrich Heine.

Der Kommunismus – tot oder scheintot?

Der Kommunismus ist tot. Ist er es für immer, oder könnte die Philosophie wieder verlockend wirken, vor allem dann, wenn die abschreckenden Beispiele des real existierenden Sozialismus verschwunden sind?

Das hängt stark vom kapitalistischen System ab. Wenn die politisch Verantwortlichen große Fehler machen, besteht die Gefahr, daß die kommunistischen Ideen neuen Zulauf erhalten. Die freie Marktwirtschaft darf nicht unsozial sein. Die Auswüchse und Übertreibungen auch an den Finanzmärkten fügen dem System großen Schaden zu. Und natürlich wird die Mehrheit des Volkes ein System, das ihr keine Vorteile bringt, eher verteufeln als eines, in dem sie zufrieden im Wohlstand lebt. Armut und Arbeitslosigkeit sind immer der Nährboden für Revolutionen. Wer weiß, was aus der freien Marktwirtschaft geworden wäre, hätte Roosevelt 1933 nicht den Goldstandard abgeschafft. Eine Wiedereinführung der durch Gold gedeckten Währungen würde den Kommunisten sicher in die Hände spielen, denn schwere Krisen wären infolge einer solchen Entscheidung unvermeidbar. Deshalb plädiere ich ja vehement dafür, das perverse Devisenspiel einzudämmen, denn je wilder der Dollar von den Devisenfritzen hin und her gekickt wird, desto eher kommt der Ruf und die Sehnsucht nach stabilen Wechselkursen und dem Goldstandardsystem.

Gefunden werden muß der goldene Mittelweg. Ein Kapitalismus, in dem nur der Starke überlebt, ist genausowenig gefragt wie die Gleichmacherei der Sozialisten, die Leistung und Kreativität nicht fördert. Ich erinnere mich noch, wie es war, als ich 1946 nach dem Krieg nach Budapest fuhr. In Amerika herrschte ein aufgeheizter, übersteigerter Kapitalismus. Auf Partys ging es nur um ein Thema: Geld. Nicht, was jemand war, sondern nur, was er verdiente und besaß, war von Bedeutung. Und dann erlebte ich in Budapest den krassen Gegensatz. Dort sprach man nur über das, was die Leute machten und mit welchem Erfolg sie es taten. Der eine komponierte erfolgreich, der andere hatte einen Bestseller geschrieben. Der nächste war anerkannter Wissenschaftler etc. Niemand sprach über Geld, doch alle dachten daran. Da aber wenig Hoffnung bestand, in den begehrten Besitz zu kommen, sprach man lieber nicht darüber. Das eine Extrem ist so schlecht wie das andere. Wie gesagt, gesucht werden muß ein Mittelweg.

Sind zum Beispiel Anlagebetrüger auch daran schuld, daß sich manche Ostdeutschen der SED-Nachfolgepartei PDS zuwenden?
Natürlich. Welchen Eindruck müssen beispielsweise die von Betrügern vom grauen Kapitalmarkt abgezockten Ostdeutschen vom Kapitalismus haben? Viel Geld hatten sie sowieso nicht, und dann verlieren sie es noch an windige Anlagebetrüger. Was ihnen vierzig Jahre lang eingetrichtert wurde, nämlich daß der Kapitalismus ungerecht und schlecht sei, bekommt vor diesem Hintergrund doch erst richtigen Sinn.
Hier ist der Gesetzgeber auf den Plan gerufen, und zwar nicht erst seit dem Fall der Mauer. Auch Desaster wie das der IOS hätte man schon verhindern können und verhindern müssen. In den USA haben die Fonds von Bernie Cornfeld nie die Zulassung erhalten.
Deutschland ist, was Kapitalanlagen betrifft, der Wilde Westen. International geht bei Finanzvertrieben daher schon lange um: Was man nicht in Amerika, England oder Frankreich verkaufen kann, wird man immer noch in Deutschland los.

Sie wuchsen auf, als der praktizierte Kommunismus
noch jung war. Haben Sie selbst auch mal Sympathien
für die Idee gehegt?
Der Verlockung des Kommunismus bin ich selbst nie erlegen.
Links aber war ich in meiner Jugendzeit schon. Die meisten
sind es doch in diesem Alter. Man träumt von der großen
Gerechtigkeit, was von einem guten Charakter zeugt. Nur links
bleiben darf man nicht, dann ist man ein Dummkopf. Die Erfahrungen haben mich die Einsicht gelehrt, den Kapitalismus als
die bessere Alternative zu erkennen, zum Wohlergehen aller.
Deshalb sage ich doch:»Mein Herz ist links, mein Kopf ist
rechts, und meine Brieftasche ist schon lange in Amerika.«

Rationalisierung schafft Arbeitsplätze

Wir befinden uns in den kapitalistischen Ländern in
einer Strukturkrise und lassen das Tal der Rezession
gerade hinter uns. Viele Menschen sind arbeitslos und
können zur Zeit nicht einmal an Geldanlage denken.
Welche Zukunft sehen Sie für diese
Bevölkerungsschicht?
Auch was die hohen Arbeitslosenzahlen angeht, bin ich Optimist, wahrscheinlich sogar der einzige. Ich erkläre Ihnen,
warum ich nicht davon überzeugt bin, daß die Massenarbeitslo-
sigkeit dauerhaft sein wird. Die Lösung des Problems ist die
Steigerung der *Produktivität*. Sie ist der einzige Weg aus dem
Dilemma. Andere Ideen, wie die 35-Stunden-Woche, Arbeitsbe-
schaffungsmaßnahmen etc., sind unbrauchbar. Ich will erklären, wie das Ganze funktioniert.
Wenn zehn Unternehmen der verschiedensten Branchen mit
jeweils hundert Arbeitern ihre Produktivität um 10 Prozent
erhöhen, dann kann man im gleichen Zug die Zahl der Beschäf-
tigten auf neunzig pro Unternehmen reduzieren. So entstehen
hundert Arbeitslose. Zur gleichen Zeit aber können die Löhne
der jeweils verbliebenen Arbeiter in den verschiedenen Betrie-

ben um 10 Prozent steigen, ohne daß die Preise der produzierten Produkte erhöht werden müssen. Folglich haben nun 900 Arbeiter 10 Prozent mehr in der Lohntüte, die sie ausgeben können. Und von dieser gesteigerten Kaufkraft kann nun ein elftes Unternehmen leben, in dem dann die hundert Arbeitslosen eine Stellung finden. Nun könnte man die Wiener zitieren: »Wie der kleine Moritz sich das vorstellt.« Natürlich ist die Realität komplexer, doch muß man manche Tatsachen vereinfacht erklären, um vor lauter Details nicht den Blick für das Wesentliche zu verlieren. Der beschriebene Vorgang läuft selbstverständlich nicht so unproblematisch und natürlich auch zeitversetzt ab, und das ist es eben, was uns für einen gewissen Zeitraum die Arbeitslosen beschert.

Für die große momentane Unterbeschäftigung ist aber hauptsächlich das Ausbrechen aus dem zuvor beschriebenen Modell verantwortlich. Jahrelang sind die Löhne schneller gestiegen als die Produktivität; der Industriestandort Deutschland ist zu teuer geworden, und viele Arbeitsplätze wanderten ins Ausland ab. Der Arbeitsmarkt der Bundesrepublik ist heute kein freier Markt mehr, und diese Tatsache ist für die hohe Sockelarbeitslosigkeit verantwortlich. In den Vereinigten Staaten können die Löhne auch fallen, wenn es einem Unternehmen schlechtgeht, und zwar bei gleicher Arbeitszeit. Dies ist in Deutschland auch heute noch ein undenkbarer Vorgang. Der amerikanische Arbeitsmarkt ist flexibler; Amerika hat deshalb im Wirtschaftsaufschwung der achtziger Jahre auch die Vollbeschäftigung erreicht, Deutschland gelang das nicht.

Ist es denn aber nicht so, daß die Armen immer ärmer und die Reichen immer reicher werden?
Das ist völliger Unsinn. Ich komme aus einer wohlhabenden Großbürgerfamilie, hatte also immer das Glück, einen höheren Lebensstandard zu haben als die Allgemeinheit. Und aus diesem Blickwinkel kann ich fernab von irgendwelchen Statistiken ein realistisches Zeitzeugnis geben. Ich habe früher besser gelebt als heute. Zu einer Zeit hatte ich drei Hausangestellte,

die ich mir ohne großen Aufwand leisten konnte. Mit 25 Jahren besaß ich bereits einen Chauffeur. Die Löhne waren für Wohlhabende Peanuts. Auch in Luxushotels zu wohnen war keine große Sache. Wochenlang wohnte ich im Palace-Hotel in St. Moritz. Das kostet heute ein Vermögen; damals habe ich mir nicht einmal Gedanken darüber gemacht. Der Grund sind die stark gestiegenen Löhne für Dienstleistungen. Zimmermädchen und Pagen konnten in Hotels früher kostenlos wohnen und bekamen noch ein kleines Taschengeld. Selbst einmal in einem Hotel abzusteigen war für sie allerdings undenkbar, während es für die wohlhabende Klasse keine große Sache war.

Heute fahren alle in den Urlaub, auch die Ärmeren. Trotz der Rezession in Deutschland haben die Reisebüros zweistellige Zuwachsraten verbuchen können. Demgegenüber werden die großen Hotels, die 300 Mark und mehr ohne Frühstück pro Nacht kosten, heute kaum noch von Privatleuten, sondern fast ausschließlich von Firmen gebucht.

Ich würde sogar so weit gehen, zu sagen, Karl Marx wäre mit der heutigen Situation nicht unzufrieden. Ganz sicher leben wir nicht in der Gesellschaft, die er sich als die kommunistische Gesellschaft vorstellte, doch hat er mit seiner Vision die Anhebung des Lebensstandards für die breite Masse im Auge gehabt, und das hat der Kapitalismus nun geschafft.

Wie hatte doch schon die Mutter von Karl Marx gesagt, die eine Holländerin war und nur gebrochen deutsch sprach: »Mir wäre lieber, Karlchen macht mehr Kapital als schreibt Kapital.«

Kosto ganz privat

Sie hatten sicher ein erfülltes Leben. Gibt es einen
Wunsch, den Sie sich noch erfüllen wollen?
Ich möchte die Jahrtausendwende erleben. Ob es klappt, weiß
nur der liebe Gott. Zumindest nach Meinung des großen französischen Dichters und Philosophen Paul Valéry, den ich noch persönlich kannte, habe ich gute Chancen. Seine Philosophie: »Wer
auf seine Vergangenheit mit Freude zurückblicken kann, der
kann sich sein Leben verlängern«, und genau das will ich gern
weiterhin probieren ...

Gibt es einen Wunsch, den Sie sich
nicht erfüllen konnten?
Natürlich – Musiker wäre ich gern geworden. Das war und ist
mein großer Traum und Wunsch, den ich mir nicht erfüllen
konnte. Was gäbe ich darum, Komponist zu sein. Oft werde ich
gefragt, ob mein Sohn, wenn ich einen gehabt hätte, auch Börsianer hätte werden sollen. Auf die Frage gibt es von mir ein
klares Nein.
Hätte ich einen Sohn, dann müßte er bestimmt Musiker werden. Mein zweiter Sohn würde Maler oder Bildhauer, der dritte
Schriftsteller oder Journalist und der vierte Börsianer, um die
anderen drei zu ernähren. Das ist das Resultat meiner Fami-
lienerfahrung.

Wie wichtig ist Ihnen Geld?
Nicht Geld ist wichtig, sondern die Unabhängigkeit. Und die
erlangt man wiederum durch Geld. Der Millionär ist noch heute
der Inbegriff des Reichen. Ich gebe dieses Prädikat denen, die

jederzeit jedem, der ihnen nicht paßt, Goethes Götz zitieren können. Der Wohlstand ist zweifellos angenehm für mich, aber nachrangig, entscheidender ist die Gewißheit, sich zum Beispiel an einem Regentag umdrehen zu können und nicht aufstehen zu müssen.
Wäre ich finanziell nicht so gut gestellt, wie ich es heute bin, würde ich lieber Babysitter oder Hundeausführer als Broker oder Banker sein. Denn Broker und Banker sind nach meinem Maßstab ärmer. Babysitter und Hundeausführer haben keinen Chef und keine Untergebenen. Hoffmann von Fallersleben sagte es so: »So ist es gut, so ist es recht, niemands Herr und niemands Knecht.«

Sie haben nie den Status eines Börsengurus gehabt, auf den die Welt schaut, wenn er seinen Finger erhebt. Hätten Sie sich dieses Prestige manchmal gewünscht?
Nein, ich pfeife darauf. Gurus kommen und gehen, aber ich bin noch immer da. Zum Guru wird man durch Tips und kurzfristige Zockerprognosen.
Tips aber will ich nicht geben. Ich bin für alle diejenigen da, die nicht hoffen, an der Börse durch einen heißen Tip oder eine Insiderinformation schnell das große Geld zu machen, sondern für die, die die Börse lernen wollen. Und wenn meine Schüler über Jahrzehnte immer wieder zu meinen Seminaren kommen, ist das für mich viel wesentlicher.
Die großen Börsenstars leben nur kurz. Wie viele habe ich wie Sterne am Firmament aufgehen und schon kurze Zeit später wie Sternschnuppen verglühen sehen. Die meisten von ihnen tanzen nur einen Sommer, fünf Jahre hält kaum einer durch.
Selbst wenn ich die geschafft hätte, was hätte ich dann in den restlichen 84 Jahren tun sollen?

Manche Profis belächeln Sie. Stört Sie das?
Überhaupt nicht. Es schmeichelt mir. Da die sogenannten Profis und Experten, die Banker und Volkswirte, fast immer dane-

benliegen, wäre es fatal, wenn sie mich nicht belächeln würden. Wenn ich auf drei Jahre eine Prognose mache, hält man mich während zweieinhalb Jahren für einen Trottel. Im übrigen engagieren mich die Banken häufig für Vorträge, zu denen das Publikum in Scharen kommt. Und wenn ich von den Studenten in die Unis eingeladen werde, sitzen die Professoren fast immer in der ersten Reihe und hören aufmerksam zu. Am Ende eines Uni-Vortrages stelle ich dem Auditorium immer die Frage, was nun der große Unterschied zwischen der Weltwirtschaft von heute und der von 1929 ist. Dann lächeln die Professoren auch immer, wahrscheinlich aber eher aus Verlegenheit, denn bis heute konnte mir noch niemand die Frage beantworten. Die Antwort lautet: das Goldstandardsystem.

Wenn Sie noch mal am Anfang Ihres Lebens stünden, würden Sie etwas anders machen?
Wie ich schon sagte, ist mein unerfüllter Traum die Musik. Aus heutiger Sicht würde ich wohl versuchen, Musik zu studieren. Ob ich Börsianer werden würde, weiß ich nicht. Ich wurde es ja mehr durch Zufall. Ich studierte bis 1927 an der Budapester Universität Philosophie und Kunstgeschichte. Ein Treffen meines Vaters mit seinem guten Freund Alexander, der Börsenmakler in Paris und hundertfacher Millionär war, veränderte mein Leben schlagartig. Alexander wollte nicht einsehen, wozu meine Studien nützen sollten. Er sagte zu meinem Vater: »Will er Poet werden? Schicke ihn zu mir, da wird er mehr lernen!« Und so landete ich quasi mit dem Fallschirm auf der Pariser Börse. Ich bin darüber keineswegs unglücklich, nur meine Sehnsucht nach der Musik blieb eben unerfüllt.

Würden Sie sich als Realist, als Träumer oder Visionär bezeichnen?
Alle drei Charakterisierungen treffen zu. In finanziellen Dingen bin ich Realist, an der Börse eher Visionär, und zum Träumer werde ich, wenn ich Musik höre.

Was war Ihr größter persönlicher Erfolg?
Meine journalistische Karriere. Ich bin seit dreißig Jahren
Kolumnist bei *Capital*, und meine Seite ist die erfolgreichste im
Heft. Das macht mich besonders stolz, weil mein Konkurrent
um diese Ehre kein Geringerer als mein guter alter Freund
Johannes Gross ist, der ein riesiges Prestige genießt und für
viele Journalisten als großes Vorbild gilt. Auch für mich ist er
der klügste und gebildetste Mann, der mir in Deutschland begegnet ist.
Aber nicht nur meinen Erfolg als Schreiberling, sondern auch
den als Vortragsredner zähle ich natürlich dazu. Vor ein paar
Jahren habe ich einmal über hundert Vorträge in einem Jahr
gehalten. Und wenn ich an die vielen tausend Schüler denke, die
durch meine Seminare gingen, um das Geplauder eines alten
»Scharlatans« zu hören, dann denke ich schon, daß das ein
Erfolg ist. Ein weiteres Thema sind meine Bücher, die in über
sieben Sprachen übersetzt sind und von denen ich insgesamt
bereits mehr als eineinhalb Millionen verkauft habe. Dabei ist
mir mein Autorenhonorar viel weniger wichtig als die Tatsache,
daß die Leser bereit waren, sogar das Zehnfache dessen für
meine Börsenweisheiten und Anekdoten auszugeben.
Noch mehr als Zahlen und Mengen erfreuen mich die kleinen
Geschichten und Erlebnisse, die mir meine Popularität als
»Börsenexperte« bescheren.
Vor noch gar nicht langer Zeit kam ich am Münchener Flughafen
an. Ausnahmsweise wurde ich nicht von meinem engen Münchener Freund Peter Rieger abgeholt, mit dem ich so gerne die
Börsensituation erörtere. Also mußte ich ein Taxi nehmen. Der
Fahrer, der an der Reihe war, stieg sofort aus dem Auto und
rief:»Herr Kostolany, Herr Kostolany, steigen Sie ein.«
Er war Ungar, und noch bevor wir uns in Bewegung setzten,
sagte er mir, er habe alle meine Bücher gelesen und davon so
wunderbar profitiert, daß er etwas sparen konnte, um nun nach
Ungarn zurückzugehen und sich dort selbständig zu machen.
Wir plauderten die ganze Fahrt über sehr nett miteinander, und
als wir angekommen waren, fragte ich:»Was bin ich Ihnen schul-

dig?« Die Antwort kam prompt: »Gar nichts, es ist ein Geschenk von mir, denn den Audi, in dem Sie sitzen, konnte ich mir nur dank der Lektüre Ihrer Bücher leisten.« Ich wollte es nicht annehmen, aber er bestand darauf. Dafür schickte ich ihm, persönlich gewidmet, mein damals neuestes Buch, *Kostolanys beste Geldgeschichten*, das er noch nicht besaß.

Welche persönliche Begegnung hat Sie am meisten beeindruckt?

Wie soll es anders sein, wir landen wieder bei meiner großen Leidenschaft, der Musik. Ich hatte das große Glück, und es war ohne Frage die beeindruckendste persönliche Begegnung, die ich in meinem bisherigen Leben machte, Richard Strauss noch persönlich kennenzulernen. Ich bezweifle, daß sich dieses Gefühl noch steigern läßt, denn erstens bin ich bereits sehr alt, und zweitens sind die großen Komponisten, die ich so verehre, schon lange tot.

In den fünfziger Jahren machte ich Urlaub in Vitznau am Vierwaldstätter See. Wir hatten gerade unsere Zimmer bezogen, da kam meine Frau aufgeregt zu mir und sagte: »André, weißt du, wen ich in der Halle gesehen habe?« Ich fragte: »Nein, wen?« – »Richard Strauss; er sitzt mit seiner Frau in einem extra Salon.« Ich war in Hochstimmung versetzt. Allein der Gedanke, daß der große Meister nur wenige Meter von mir entfernt war, ließ mein Herz höher schlagen, genauso wie es den Groupies von heute wahrscheinlich geht, wenn sie ihren Star hinter getönten Scheiben im Auto sehen.

Mir war klar, daß ich ihn kennenlernen mußte. Eine solche Begegnung war eine Weisung des Schicksals, die einmalige Chance, die nie wiederkommen würde. Am nächsten Tag traf ich Dr. Strauss, wie er sich nannte, auf der Straße, ging auf ihn zu und begrüßte ihn. Er war sehr freundlich und keineswegs abweisend. Wir gingen spazieren bis zum Hotel, in dem wir wohnten. Ich hatte damals einen funkelnagelneuen Wagen, und er bat mich, ihn nach Baden bei Zürich zu fahren, wo er zur Pediküre wollte.

Der große Komponist Anton Bruckner war ein solcher Verehrer Richard Wagners, daß er bei der ersten Begegnung mit ihm auf die Knie fiel und ihm die Füße küßte. Ich dachte mir, so weit brauche ich nicht zu gehen, ich fahre mein Idol zur Pediküre. Wir haben dann noch einige Ausflüge gemacht und hatten interessante Konversationen. Richard Strauss lebte eher zurückgezogen und ruhig. Seine psychische Verfassung war damals nicht mehr die beste. Das Schicksal Deutschlands hatte ihn sehr getroffen, denn er war deutscher Patriot, ich betone: Patriot – kein Nazi. Wir blieben auch über den Urlaub hinaus noch in ständigem Kontakt, natürlich zu meiner großen Freude.

Sind Sie manchmal traurig, daß Sie keine Kinder haben?
Ich antworte mit Wilhelm Busch: »Kinder machen ist nicht schwer, Kinder haben aber sehr.« Momente gab es, aber es ist ja auch nicht immer leicht, Kinder zu erziehen. Die Drogen zum Beispiel sind heute ein großes Problem. Viele meiner Freunde beklagen sich bei mir über ihre Schwierigkeiten, die Kinder in die richtige Bahn zu lenken.
Ich habe es da eigentlich viel besser und kann mir meine Sprößlinge aussuchen. Von meinen Schülern, die ich in Deutschland habe, könnten einige meine Kinder, viele meine Enkel und einige auch schon meine Urenkel sein. Und sie sind noch mehr für mich als Kinderersatz. Sie sind meine neuen Freunde und ein Ersatz für die alten, die nach und nach von mir gehen, was mich mit Schmerz erfüllt. Als kürzlich ein guter alter Freund aus Paris verstarb, erinnerte ich mich an das Lied von den zehn kleinen Negerbuben, das ich in der Kinderzeit lernte. Bald, so fürchte ich, muß ich singen: »Da gab es nur noch einen. Der nahm sich Frau und Stuben und zog sich auf zehn Negerbuben.« Für letzteres bin ich leider zu alt.

Wann setzen Sie sich zur Ruhe?
Wenn ich eines Tages aufwache und senil bin. Zu diesem Thema hat sich kürzlich eine interessante Geschichte ereignet. 1994

erschien ein neues Börsenmagazin mit dem Titel *Broker* im deutschsprachigen Raum. Es wurde mit einer großen Werbung auf Formel-1-Autos eingeführt und nach zwei Ausgaben wieder eingestellt, da die Initiatoren wegen Betruges in Untersuchungshaft genommen wurden.

In der ersten Ausgabe hatte sich ein gewisser Franz Rapf als mein Nachfolger feiern lassen. Ich war verdutzt, denn erstens kannte ich meinen Nachfolger allenfalls flüchtig. Er gehört zum Stuttgarter Aktienclub und hat einige Bücher über die Börse geschrieben. Und zweitens merkte ich beim Kneifen in den Arm, daß ich noch immer da bin und mein Kopf ausgezeichnet funktioniert, auch wenn meine Augen, Ohren und Beine jeden Tag schwächer werden.

Ich dachte an Mark Twain, der auf eine Zeitungsmeldung über sein Ableben prompt konterte, Nachrichten über seinen Tod seien reichlich übertrieben. Zunächst war ich über den Artikel befremdet, doch dann sah ich ihn mit der Weisheit des Alters. Denn für meinen selbsterkorenen Nachfolger war ich offensichtlich eine Art Börsenidol. Er berichtete stolz, alle meine Bücher und Schriften gelesen zu haben. An sich bin ich auch nicht ärgerlich, wenn man mich kopiert. Wie die große Modeschöpferin Coco Chanel bin ich sogar stolz darauf, wobei Coco Chanel sich wahrscheinlich im Grabe umdrehen würde, könnte sie sehen, was ihr Nachfolger aus dem Original gemacht hat.

Wenn andere Börsenexperten oder solche, die es werden wollen, meine Weisheiten zitieren, dann denke ich immer an einen wunderbaren Witz.

In einem Zugabteil sitzen zwei Herren, die sich ständig Zahlen zurufen. »Drei«, sagt der eine, und beide lachen. »67«, sagt der andere, und wieder lachen die zwei Herren. Ein anderer Herr, der in das Zugabteil kommt, lauscht dem Treiben und fragt irgendwann voller Spannung: »Meine Herren, was machen Sie da? Sie rufen sich Zahlen zu und lachen. Was soll das?« Die Erklärung kommt prompt: »Sehen Sie, wir kennen uns schon so lange und auch alle unsere Witze auswendig. Und deshalb haben wir eine Liste mit 100 Witzen gemacht. Wenn einer eine Zahl sagt, weiß jeder, welcher Witz gemeint ist.« Der Herr ist begeistert und sagt:»Ich möchte auch eine Liste haben und die Witze lernen.« Er bekommt sie, und einige Wochen später trifft er die zwei im Zug wieder und sprudelt gleich los:»34.« Nichts. »98.« Nichts. »Jetzt aber – 68.« Und wieder lacht keiner. »Meine Herren«, sagt der Mann, »ich kenne Ihre Liste auswendig und habe Ihnen eben die besten Witze daraus erzählt. Warum lachen Sie nicht?« – »Na ja«, erklärt einer, »man muß sie eben auch erzählen können!«

Es mag sein, daß ich bald einen Nachfolger benötige; Gott weiß, wo ich mich beim Erscheinen dieser Zeilen befinden werde. Noch aber komme ich ganz gut mit mir allein zurecht.

Sollte ich eines Tages jedoch ausfallen, wüßte ich für meine Kommentare keinen Besseren als Gottfried Heller: Mein jahrzehntelanger Schüler und Partner in der Fiduka-Depotverwaltung in München wäre mehr als nur ein billiger Ersatz; ich sehe in ihm aufrichtig meinen würdigen Nachfolger. Zwar trennen uns rund dreißig Jahre, doch wir sehen uns fast täglich und diskutieren oft stundenlang. Schon wegen des Generationsunterschiedes ergeben sich nicht selten verschiedene Meinungen. Aber fest steht: Unsere philosophischen Anschauungen über Börsen, Finanzen, Märkte und die menschliche Dummheit weichen lediglich graduell voneinander ab. Seine und meine Erfahrungen bedeuten einen Schatz, von dem er und seine Freunde nur profitieren können.

Wenn ich nicht mehr sein werde, wird Gottfried Heller hoffentlich die Kosto-Fahne weitertragen.

Welchen Wunsch hinterlassen Sie Ihrer Nachwelt und Ihren Schülern?

Daß meine optimistischen Prognosen eintreffen werden und wir eine Wirtschaftseuphorie und gute Börsen bekommen. Wenn sich meine Schüler dann erinnern und sagen:»Der Kosto hat doch recht gehabt«, wäre ich schon zufrieden.

Nachwort

Von Stefan Riße

24. November 1986, 16.30 Uhr, Bremen: Ich betrete die Buchhandlung Leuwer Am Wall. An einem Tisch sitzt André Kostolany und signiert sein neuestes Buch, *Kostolanys Börsenseminar*. Aus der Zeitung hatte ich von der Signierstunde erfahren, und die Möglichkeit konnte ich mir auf keinen Fall entgehen lassen, einmal dem großen Meister zu begegnen, der in mir – einem achtzehnjährigen Schüler – die Leidenschaft für die Börse geweckt hatte.
Ich reihte mich in die Schlange ein und erhielt nach einigen Minuten die begehrte Signatur. Sollte das alles gewesen sein? Ich will den Moment festhalten, den Esprit des Börsenaltmeisters noch länger erleben und bleibe noch. Mit seinem guten Freund und Begleiter Peter von Quadt komme ich ins Gespräch.
Plötzlich steht Kostolany von seinem Stuhl auf. Ich blicke mich in der Buchhandlung um. Alle Kunden und auch alle Angestellten sind bereits gegangen, nur der Eigentümer ist noch in der Buchhandlung. Die Zeit war dahingeflogen. »Peter, wir haben noch zwei Stunden bis zum Flug. Was sollen wir machen?« – »Fahren wir schon zum Flughafen und setzen uns dort ins Restaurant, Herr Kostolany«, kommt die Antwort. »In Ordnung«, sagt der Altmeister und, auf mich zugehend – »und, Sie können mitkommen, wenn Sie wollen.« Natürlich will ich. Auf der Fahrt im Taxi und im Flughafenrestaurant plaudern wir über Gott und die Welt und natürlich über die Börse – völlig ungezwungen, als würden wir uns schon lange kennen. Schließlich wird der Flug aufgerufen; ich begleite die beiden noch zum Gate. »Schreiben Sie mir, oder rufen Sie mich an. Vielleicht kön-

nen wir uns einmal in Hamburg treffen«, sagt Kostolany, während er mir die Hand schüttelt. Ein Satz, dessen Folgen meinen Berufsweg und mein Leben entscheidend beeinflussen sollten.

Seitdem habe ich André Kostolany unzählige Male getroffen. In Hamburg, in München, in Budapest und überall in Deutschland, wenn er wieder einmal als Wanderprediger auf Vortragsreise war.

So einmalig, wie die Begegnung mit Kosto für mich war, so beispielhaft ist sie für ihn. Überall, wo ihn Menschen treffen und ansprechen, ist er aufgeschlossen und offen. Überheblichkeit und Arroganz sind ihm fremd. Mit einer unendlichen Geduld beantwortet er an einem Abend auch zum zehnten Mal die gleiche Frage. Besonders der jungen Generation fühlt sich der Altmeister sehr verbunden. Einmal monatlich trifft sich der von Kostolanys Freund Peter Rieger ins Leben gerufene Kostolany Börsenstammtisch im Palais-Keller des Bayerischen Hofs in München. Die meisten Teilnehmer könnten eher seine Enkel als seine Kinder sein.

Ich bin in meiner noch kurzen Karriere bereits vielen Börsenexperten begegnet, und gerade deswegen gilt für mich heute mehr denn je: Kostolany ist der größte – nein, der einzige.

Bremen, im April 1995

Stefan Riße